中等职业学校物流服务与管理专业教学用书

现代物流设备与设施

第3版

主　编　伍玉坤　潘　波
副主编　黄　伟　秦玉龙　鲁建畅
参　编　赵建萍　蔡晓娟　姜卫红　姚建玲

机　械　工　业　出　版　社

本书是中等职业学校物流服务与管理专业的核心课程教材。内容包括：物流设备认知、运输设备与设施认知、装卸技术设备认知、物流输送机械认知、仓储设备与设施认知、物流加工与包装设备认知、物流信息采集与传输设备认知、物流设备管理与安全使用规范认知。

本书可作为中等职业学校物流服务与管理专业的教材，也可供从事职业培训、物流企业管理的人员参考。

图书在版编目（CIP）数据

现代物流设备与设施/伍玉坤，潘波主编. —3版. —北京：机械工业出版社，2014.6（2024.7重印）
中等职业学校物流服务与管理专业教学用书
ISBN 978-7-111-46959-9

Ⅰ.①现… Ⅱ.①伍…②潘… Ⅲ.物流-设备管理-中等专业学校-教材 Ⅳ.F252

中国版本图书馆CIP数据核字（2014）第120759号

机械工业出版社（北京市百万庄大街22号 邮政编码100037）
策划编辑：朱 华 责任编辑：朱 华 郎 峰 周晓伟
版式设计：常天培 责任校对：薛 娜
封面设计：陈 沛 责任印制：邓 博
北京盛通数码印刷有限公司印刷
2024年7月第3版·第6次印刷
184mm×260mm·13印张·315千字
标准书号：ISBN 978-7-111-46959-9
定价：39.80元

电话服务
客服电话：010-88361066
010-88379833
010-68326294

网络服务
机 工 官 网：www.cmpbook.com
机 工 官 博：weibo.com/cmp1952
金 书 网：www.golden-book.com
机工教育服务网：www.cmpedu.com

前言

中等职业学校物流服务与管理专业教学用书自2004年出版以来，经过2008年修订，内容不断充实和完善，深受广大师生和业界读者的欢迎，取得了较好的社会效益。

在本套教材多年的使用、实践过程中，我们对物流企业的岗位技能要求及用人需要作了深入的调查和了解，广泛收集了各院校和读者对本套教材的反馈意见和建议，深感有必要在新形势下对本套教材从结构到内容方面进行调整和修订，以使本套教材更能适应物流行业对人才的实际要求，更方便广大师生使用，更适合职业院校学生的培养目标和教学特点。

于是，在第2版的基础上，我们充分借鉴和吸收国内外物流学的基本理论和最新研究成果对本套教材作了新的全面的修订。修订后的教材密切结合我国物流业的发展与物流职业教育的实际，充分体现“以学生为主体”“以能力为本位”和“以就业为导向”的理念；按照人才培养目标与物流服务岗位群能力培养的要求，参照物流职业资格标准，突出岗位能力和职业素质培养；淡化专业基础、专业理论与专业实训内容的界限，按照物流服务活动相关流程工作岗位的要求重组课程体系和课程内容；在课程内容设计上，依据物流技术标准和物流工作岗位所需掌握的知识、技能、素质，制订全新的课程标准和教材内容。

同时，在每个单元前面增设“知识目标”和“技能目标”，使读者能简明扼要地了解需要掌握的知识点和应该学会的技能；在进入新内容之前有“案例导入”作铺垫，增强了教材的趣味性。每单元后增加了“技能训练”，包括任务描述、任务准备、任务实施、任务评价、任务小结、任务拓展，通过完成任务的过程，让学生将所学知识融入到实践中去，做到学以致用，以增强学生实际工作的能力。

《现代物流设备与设施　第3版》由伍玉坤、潘波主编和统校。编写分工为：伍玉坤负责单元一、单元八；黄伟、姚建玲负责单元二；黄伟、蔡晓娟负责单元三；潘波、姜卫红负责单元四；秦玉龙负责单元五；鲁建畅、赵建萍负责单元六；潘波负责单元七。

本套教材在编写过程中，参考和引用了许多专家和学者的研究成果，在此谨对这些专家和学者们表示衷心的感谢，有些资料的引用由于疏忽未注明出处，编者在此谨表示歉意。

由于编者水平有限，书中难免有不妥之处，敬请广大专家和读者批评指正。

编　者

目录

单元一　物流设备认知

知识目标

1. 了解物流设备与设施在现代物流中的作用。
2. 了解物流设备的发展趋势。
3. 掌握物流设备的分类。

技能目标

1. 能正确地评价物流企业的设施与设备。
2. 能正确地选用物流设备。

课题一　现代物流设备的发展

一、物流设备与设施在现代物流业中的作用

物流设备与设施是现代化物流系统最重要的环节，先进的物流设备与设施是物流全过程能高效、优质、低成本运行的保证。

在原材料、在制品、成品等从供应地向目的地有效转移的全过程中，用来完成运输、装卸搬运、储存、分拣、包装、流通加工、配送等方面工作的设备，统称为物流设备。而物料在进行运输、装卸搬运、储存、分拣、包装、流通加工、配送时所需要的场所，则称为物流设施，如车间、仓库、车站、港口码头等。

物流设备与设施在现代物流业中起着非常重要的作用。现代物流工程是以现代管理理论和方法，运用现代信息技术，通过现代化物流设备与设施，为用户提供多功能、一体化服务。物流设备与设施是整个物流系统工程中最重要的组成部分，是物流系统工程中的物质基础。物料在运输、装卸搬运、储存、分拣、包装、流通加工、配送等过程中离不开机械设备。因此，现代物流设备是实现物流工程的技术手段。

在物流过程中，运输、装卸搬运、储存、分拣、包装、流通加工、配送的每一环节都要消耗大量的人力和物力，而每一环节所耗费用的多少则要由过程的机械化程度以及物流机械的性能来确定。因此现代物流设备和设施能大大降低物流成本。

现代物流设备是现代物流效率得以大大提高的重要保证。随着我国经济的快速发展，全球经济的一体化，现代物流业显现出两大特征：物流量越来越大，企业不再追求全功能，产品供给全球化，似乎全球的物资都在流通；物流的速度越来越快，以前从南到北水运一船货物要一年半载，现在则只需几天或几个小时。只有采用高速、高效、专业化的现代物流设

备，通过现代化的管理手段才能使现代物流业得以实现。

二、物流设备的发展概况

第二次世界大战结束后，工业生产、科学技术以及经济得到了迅速发展，物流业及物流设施与物流设备也随之快速发展起来。从运输设备来看，20世纪50～60年代散货货船的载重量一般是几千吨至一万吨，运输的货物以煤及建材为主。水运工艺的第二次革命是将谷物由袋装改为散装，并因此出现了5～8万t级的巴拿马型散装货船。1987年韩国还建成了超巴拿马型的散货船，其载重量达到36.5万t。至20世纪60年代末，在公路上首先出现了集装箱运输。集装箱运输因为具有能实现机械化作业、提高装卸效率、提高货运质量、适合组织多式联运的运输方式等优点而很快被应用到水路运输上，引发了水运工艺的第三次革命。1976年出现了第一代集装箱运输船。此外，还出现了能满足不同货物运输要求的各种专用船舶。

汽车运输具有快捷、方便的特点，能做到门对门运送，满足小批量、多品种的原材料、产成品的运输要求，因此近年来公路运输发展迅速。普通的载货车只能完成一般的货物运输，以满足运量要求。为满足运输货物的特殊要求，出现了越来越多的专用车辆，如自卸车、罐式车、冷藏车等专用车已成为物流系统中不可缺少的设备。

随着物流业的发展及运输工具的大型化、专用化，物料搬运装卸设备也朝着大型化、高速、高效方向发展，从原始的手动向全自动化发展。20世纪50～60年代，轮胎起重机、汽车起重机等流动式起重机起重量大多为5～8t。之后的通用型流动式起重机以中小型为主，起重量在40t以下，专用型流动式起重机则向大型化发展。为满足大型石油、化工、冶炼设备搬运及高层建筑构件安装等的要求，已出现了起重量达800t的轮胎起重机，汽车起重机的起重量可达1000t。

早期的流动式起重机大多是采用机械式传动。液压传动因其结构紧凑、可无级调速、操作方便、运转平稳，目前在流动式起重机上广泛使用，尤其是大吨位的全液压起重机发展迅速。有些流动式起重机还采用液力传动，这种传动方式使液力变矩器与发动机匹配合理，发动机的转矩能自动适应行使构件。

为减小起重机臂架的自重，设计上普遍采用低合金高强度钢，并对臂架截面的合理选型进行了大量的研究。为了防止流动式起重机倾翻，已研制并应用了计算机控制的起重力矩限制器。

由于近代国际集装箱运输系统的迅速发展，出现了第六代集装箱运输船舶，并相应发展了岸边集装箱起重机。服务于第一、二代集装箱船舶的岸边集装箱起重机的起重量为22.68t，外伸距为23.78m。而目前世界上最大的岸边集装箱起重机是由上海振华港口机械有限公司生产的，其外伸距达到了65m，吊具下起重量65t。最新研制的双小车岸边集装箱起重机的生产率达到了60TEU/h。

带式输送机是用来将散货和件货进行平面输送的机械。早期的移动带式输送机单机长度仅几十米，固定带式输送机单机长度不过100m。通过采用钢绳芯带，增加驱动单元的数量，采用中间驱动方式，增大单个驱动单元的功率，增加输送带与传动滚动间的摩擦系数等方法，使单机长度大大提高。长距离输送可实现无转载运输。目前的带式输送机长度最长达到1500m。带式输送机单机由最初的手动操作，到后来在输送机系统中各个单机采用电气控制方式进行顺序操作，到目前已发展为在中央控制室里对输送系统进行集中控制，实行无人操作及运行。

为了提高装卸效率，散货船舶的装卸从采用门座起重机等通用设备发展到用装船机、卸船机等专用机械。目前亚洲最大的抓斗卸船机的生产率达到2500t/h，而移动式煤炭装船机的生产率达到了10000t/h，弧线式矿石装船机的生产率则达到了16000～20000t/h。

物流产业的发展促使传统的仓储部门的功能从被动的储存和保管向物流中心和配送中心等物流组织转化。美国于1959年开发了世界上第一个自动化立体仓库，并于1963年率先使用计算机进行自动化立体仓库的管理。1974年郑州纺织机械厂建立了我国的第一个自动化立体仓库。进入20世纪80年代，自动化立体仓库在全世界发展迅速，使用范围几乎涉及所有的行业。仓库的规模由最初的几百至几千个货位，发展到几万至几十万个货位。仓储设备从最初的人工管理、手动控制发展到计算机管理和自动控制。在自动化物料搬运系统中，扫描技术、条形码技术、数据采集技术、射频数据通信技术越来越多地运用到巷道堆垛机、自动导向车、出入库输送机等设备上。仓库的利用率达到了96%～98%。大型自动化立体仓库每小时可以完成500～800次出入库作业。

在自动化立体仓库中，早期大多采用桥式堆垛起重机向货架存取货物。为节省土地、提高仓库面积的利用率，货架的高度增加了，货架间的巷道变窄，巷道堆垛机成了自动立体仓库主要的堆垛设备。巷道堆垛机的高度更大、机身更窄，可以同时进行货物的垂直提升和起重机的水平运行，所以工效更高。巷道堆垛机从最初的由驾驶员手动控制来存取或拣取货物，发展到由可编程序控制器控制，无人驾驶，可自动存取货物，且具有较高的认址搜索能力、平层认址精度和运行速度。

1976年北京起重运输机械研究所研制出我国第一台滚珠加工用的自动导向车。目前承载量从50kg～100t的各种自动导向车广泛应用在仓库、货场、加工车间等场合，其中使用最多的是自动导向搬运车。近年来，已制订了各种自动导向车的技术标准和安全操作规程，并对自动导向车采用了更完善的安全保障技术，如传感控制智能化处理技术、非线路导向技术、实时双向无错传输技术，使自动导向车在自动化物料搬运系统中更好地适应系统柔性的要求。

在传统的仓库里，工人们根据订货单拣取货物，再将拣取出的多种货物组合、装箱。在自动仓库里，自动分拣机将从输送机运来的货物自动分拣，由移动式机器人或机械手将订单上所列的多种货物拣到集装容器中，大大提高了分拣速度和准确性，降低了工人的劳动强度。

三、物流机械设备的发展趋势

为适应现代物流产业的需要，物流机械设备呈现以下的发展趋势。

1. 大型化和高速化

随着船舶的大型化、车辆的专用化、交通运输方式的现代化，装卸搬运设备的容量、能力越来越大，设备的运转/运行速度大大加快。履带起重机的最大额定起重量为3000t，起重力矩达400000kN·m，主臂长72m，副臂长42m。浮式起重机的起重量可达500t。带式输送机通过加大带宽、提高带速和增加槽角等方法来提高生产率，目前最大输送能力已经达到37500t/h。抓斗卸船机的最大额定起重量为85t，卸船能力达到了4200～5100t/h。

2. 实用化和多样化

在现代化物流系统中，流动过程中的原材料、在制品、产成品已从低产量、大批量、少品种发展到高产量、小批量、多品种的状况，“零库存”、“及时供货”、“供应链管理” 等物流管理方式被普遍采用。因此，近年来，国内外在建设物流系统及自动化仓库方面更加注重实用性，大型自动仓库已不再是发展方向。美国 HALLMARK 公司曾建造了多达 120 个巷道的自动化立体仓库系统。为了适应工业和物流的发展形势，目前更趋向于采用规模更小、动作速度更快和用途更广的自动化仓库系统。利用先进的微电子控制技术，对货物进行分段输送和按预定路线输送，对货物的储存和输送保持了高度的柔性，并且具有高的生产率。

为了提高起重机械在使用时的安全性和可靠性，在其传动和控制系统中采用了新型的安全装置，如激光、红外线、超声波防撞装置，带语言提示功能的超负荷、超行程限制器，以及室外工作起重机的新型防滑装置等。

电动车辆由于无废气排放、低振动，特别适宜在仓库内和车间内作业。加上高能量、长寿命、易充电的新一代蓄电池的应用，室外作业场合也开始采用电动车辆。因此，电动车辆必将成为工业车辆发展的重点方向。

物流机械设备也向多品种方向发展，开发特殊用途的起重机，如海上钻井平台用的起重机，使其服务领域更加广阔。通过采用花纹带、波状挡边搁板带、压带、磁性带、吊挂带等方式，使带式输送机能水平、大倾角，甚至垂直输送货物。

3. 自动化和智能化

广泛采用微电子技术、自动控制技术、人工智能技术，实现现代物流机械设备的自动化和智能化是物流设备今后的发展方向。

桥式起重机、抓斗装卸机、集装箱龙门起重机或者它们的某些机构采用全数字控制或遥控方式，多台电梯和自动化仓库的多台堆垛起重机采用群控的方法，实现机械的自动化作业，大大提高了作业效率。

带式输送机已经实现无人操作及远程监控。在中央控制室可以对系统中的主机、辅助设备和各种装置进行集中控制，对整条输送线路的情况实施远程监视以便及时发现故障和可能发生的事故。

电动车辆运行已经实现较大范围的无级调速。由于采用了微电子技术，进一步完善了车辆的性能，电动车辆可以实现自调速、自诊断和自保护。

内燃车辆用计算机对发动机工况进行管理，控制燃料的消耗和废气的排放，不仅改善了发动机的效率，提高了经济性，还降低了能耗和保护了环境。用计算机对发动机的特性、变矩器的特性，以及实时车速、对应的发动机转速等传动系统数据进行分析，完全实现了自动换挡。

> **知识卡**
>
> **自动化仓库**
>
> 自动化立体仓库采用射频数据通信技术，能够实现移动的搬运工具与固定的中央控制室之间的数据传输，快速完成数据的采集、处理和交换。

在自动导向车系统中，自动导向车由计算机控制能够按照设定的指令进行无人导向运行、平层认址和载荷交换。新技术应用日新月异，随着物流作业要求的提高，导向车的故障自动诊断和排除，双向无错传输技术、能源自动补充技术和非线路导向技术得到进一步发展。巷道堆垛机应用电子技术和自动控制后，具有了更高的认址精度和搜索能力。

自动化立体仓库已经进入智能储运技术阶段。自动化仓库的一个发展方向是采用扫描技术，普遍采用扫描技术，可以提高信息的传输速度以及传输的准确性。

4. 成套化和系统化

在实现了物流机械单机自动化作业基础上，将一些物流机械设备组成了一个系统。通过计算机控制，使它们在作业过程中能够很好地衔接、协调和高效地工作。

工厂内的生产搬运自动化系统、物流中心货物集散与配送系统、集装箱装卸搬运系统、货物自动分拣和输送系统是物流设备今后的重点发展方向。

现代化港口采用集装箱自动装卸系统。无人驾驶的集装箱搬运车装有自动导向装置，能够沿着规定的路线将集装箱搬运到堆场上的指定位置。用跨运车进行集装箱的堆垛作业，同时在车上的检测设备测取集装箱的箱号、堆放位置等信息，并与中央控制室之间实现无线传输。

当集装箱需要出港时，中央控制室的计算机将有关箱号、堆放位置等数据传输给跨运车或集装箱龙门起重机，并根据指令完成集装箱的拆垛作业。自动导向车将集装箱运到码头前沿，再由岸边集装箱起重机装船或装入集装箱卡车出港。

我国自行研制、开发的成品自动化物流系统，不仅能够收集箱号、数量、外形尺寸等数据，还能完成货物的外形检测，根据包装的大小装入托盘和自动装到自动导向车上。自动导向车沿着规定的线路将货物送到高层货架巷道口的载货台上，巷道堆垛机从载货台上叉取货物后，自动存入指定的货格。

比如香烟需要出库时，巷道堆垛机得到从计算机取得的箱号、货位指令，从货架上的货格中取出托盘货物搬运到巷道口，自动导向车将托盘货物搬运到自动分拣机。货物在分拣机上按货号分流，然后在各个分拣出口处汇集，再由装卸机械装车出库。这个自动化物流系统还有许多功能，我们将在以后的课程中具体分析。

5. 模块化和标准化

物流机械设备运用标准化设计，采用模块结构。与传统的设计和生产模式相比，模块化和标准化的方式极大地适应了客户的需求，客户需要什么功能就可组装成其需要的设备，而且价格也更加合理。

在分析起重机械相近系列产品的结构和规格的基础上，选出几种基型，然后将零部件制成通用的组合件，根据用户的要求，将各种组合件拼装成不同的产品或派生出新产品。这种模块化和标准化的生产方式，降低了设计成本，缩短了制造周期，同时也加快了新产品的开发。

标准化、模块式的自动化仓库系统已引起人们的关注。与传统的根据用户要求而专门设计、制造的自动化仓库相比，这种模块系统有更多现成的硬件和软件方面的产品，可以更快、更容易地组成用户要求的仓库，而且价格合理。

轮胎起重机、汽车起重机等流动式起重机已经系列化，可以根据参数选择。通用的部件和机构，如驱动桥、转向桥、中心回转接头、起升机构和回转机构等完全采用标准化设计，使得同一部件或机构能够在不同型号的起重机上使用。

6. 绿色化

所谓物流机械设备的“绿色”化就是提高设备的牵引力，有效地利用能源，减少污染排放。内燃机车辆可以采用液化石油气作燃料，使废气的排放符合国际标准。压缩天然气燃料将得到推广应用。内燃机车辆的噪声降低到75～80dB，而转向盘处的振动力不能太大。

物流机械设备的“绿色”化还体现在对各物流机械设备的调度、使用和维护方面。如带式输送机在输送散货物料时要采用防护罩，尤其在粒度小和速度快的情况下，要避免粉尘飞扬。

知识检验

一、填空题

1. 物流设备与设施是物流全过程高效、优质、低成本运行的__________。
2. 现代物流的两大特征是__________和__________。

二、简答题

简述物流机械设备的发展趋势。

课题二　物流设备的分类

现代物流设备是物流系统中的物质基础，是实现现代物流的基本手段及有机组成，它种类繁多，涵盖面广，应用广泛，在国民经济各个工业部门、各行各业都有应用。按大类可分为交通运输工具、装卸与搬运设备、仓储设施与设备、包装与流通加工设备等。

一、交通运输工具

运输工具具有将货物在各个环节位置转移的功能，是物流系统中最基本的功能，是物流业的基础，是物质得以流通的根本保证。运输工具主要由船舶、铁路机车与车辆、汽车、飞机和管道组成。

1. 船舶

船舶是水路运输的工具。水路运输的特点是运量大、成本低，但运输速度慢。在综合运输体系中，水路运输的功能主要是：承担大批量货物的运输，特别是集装箱的运输；承担原材料、半成品（如建材、煤炭、矿石、粮食、石油等）的散货运输；国际贸易运输。水路运输是国际商品贸易的主要运输方式之一。

船舶的类型主要有：杂货船、集装箱船、散货船、滚装船、载驳船、冷藏船、液货船等。

2. 铁路机车与车辆

铁路机车是铁路运输的动力设备，铁路车辆则是铁路运输的载运工具。铁路运输的运量大、成本较高、货损率高，由于铁路的限制，不能实现“门对门”的运输。在运输体系中，铁路运输担负的主要功能是：大宗低值货物中、长途运输；散装货物（如煤炭、矿石、谷物）、罐装货物（如化工产品、石油产品）的运输；集装箱货物的运输；大批量旅客的中、长途运输。

铁路货车的类型主要有：篷车，用来装运防湿及贵重的货物；敞车，装运不怕湿的散装货物及一般的机械设备；罐车，用来装运液体、半液体、粉状和气体货物；平车，装运长、大件货物和集装箱；冷藏车，用于装运新鲜易腐败的货物。

3. 汽车

汽车是公路运输的主要运输工具。汽车运输快捷、灵活、方便，可实现“门对门”运输，但运量小、成本高。汽车运输的主要功能是：主要承担中、短途运输，但随着高速公路的兴建，汽车运输从短途渐渐形成短、中、远程运输并举的局面，以补充和衔接其他运输方式，即当其他运输方式担负主要运输时，汽车则担负短途的货物集散运输，以便到达其他运输方式到达不了的目的地。

运输汽车主要分为载货车辆和载客车辆。载货车辆的类型主要分为：普通载货汽车；自卸车、厢式车、敞车、平板车、罐装车、冷藏车、集装箱牵引车、挂车、半挂车等为了适应货物的特殊运输要求而出现的专用运输车辆。公路载货汽车有向大型化和小型化两端发展的趋势。其中大型车是指载重量在 8t 以上的重型汽车，小型车一般是指载重量在 2t 以下的汽车。

4. 飞机

飞机是航空运输的主要运输工具。航空运输速度高，能做到远距离直达运输，是所有运输中效率最高的运输方式，但其运价高。航空运输在运输系统中主要功能有：中、长途旅客运输；鲜货、易腐等特殊货物以及价值较高或紧急物资的运输；邮政运输。是实现多式联营中的一种重要的运输方式。

5. 管道

管道运输是一种现代运输方式。管道运输运量大、运输成本低、运输安全可靠、连续性强，但能承运的货物比较单一、灵活性差、不能做到“门对门”的运输服务。管道运输主要承担单向、定点、量大的流体状货物（如石油、煤浆、油气）运输；也可在管道里利用容器包装来运送固态货物。

二、装卸与搬运设备

在同一地域范围内（如车站范围、工厂范围、仓库内部等），改变物质的存放、支承状态的活动称为装卸。改变物质空间位置的活动称为搬运。有时候在特定场合，单称“装卸”或单称“搬运”也包含了装卸搬运的完整含义。搬运是在同一地域的小范围内发生的，而运输则是在较大区域范围内发生的，两者是量变到质变的关系，中间并无一个绝对的界限。装卸活动的基本动作包括装车（船）、卸车（船）、堆垛、入库、出库以及连接上述各项活动的短程输送，是随着运输和保管等活动而产生的必要活动。

在物流过程中，装卸活动是不断出现和反复进行的，它出现的频率远高于其他各项物流活动，每次装卸都要花费一定的时间，一定程度上影响着物流的速度。装卸活动所消耗的人力也很多。所以装卸活动费用在物流成本上所占的比重也较高。在我国，铁路运输的始发和到达的装卸作业费大致占运费的 20% 左右，船运占 40% 左右。此外，进行装卸时，往往要接触货物，这也是货物在流通过程中造成破损、散失、损耗等损失的主要环节。

1. 装卸的主要特点

（1）装卸搬运是附属性、伴随性的活动　装卸搬运是物流每一项活动开始和结束时必须发生的活动，因而有时常被人忽视。例如，一般而言的汽车运输，就实际包含了相随的装卸搬运。仓库保管活动也包含了装卸搬运活动。

（2）装卸搬运是支持、保障性的活动　装卸搬运的附属性不能理解成只是被动的行为，实际上，装卸搬运对其他物流活动有一定的决定性。装卸和搬运会影响其他物流活动的质量和速度。例如，装车不当，会引起运输过程中的损失；卸放不当，会影响物流的下道工序的进行。许多物流活动只有在有效地装卸搬运的支持下才能实现。

（3）装卸搬运是衔接性的活动　在任何其他物流活动互相过渡时，都是以装卸搬运来衔接的，装卸搬运也因此往往成为整个物流的瓶颈，是物流各功能之间能否形成有机联系和紧密衔接的关键。建立一个有效的物流系统，关键看这一衔接是否有效。比较先进的系统物流方式——联合运输方式就是为解决这种衔接而实现的。

2. 装卸与搬运设备的分类

（1）按照装卸搬运设备的使用功能分　大致可以分为两大类：装卸机械设备和输送机械设备。

1）装卸机械设备：装卸机械设备具有自行装卸功能或具有转载装置和连续装卸功能。根据其使用特点又可分装载设备和卸载设备。按工作对象或工作方式来分析，又可将装载机械分为装船机、装车机等。卸载机械分为卸船机、卸车机、翻车机、堆料机、堆包机等。常用的装卸机械设备有铲斗装载机、固定式装载机、链斗卸车机、叉车等。

2）输送机械设备：它是物流设备的重要组成部分。输送机械设备通常是指能使物料或物品沿该机的整体或部分布置线路所确定的方向或走向、连续或间断地运行，以实现自动搬运的机械设备。

在各种现代化的工业企业中，输送机械是使生产过程组成有节奏的流水作业生产线所不可缺少的组成部分。由于输送机械的作用原理、结构特点、输送物料的方法和方向及其他特性上各有不同，且在生产中又与主要工艺过程的装备联系紧密，而这些工艺装备又分别具有各自的特性，因此，通常还可以根据生产特点的不同，将输送机械称为各种专用输送机或输送线。

根据被运送的物料或物品分类，常见的输送机械有：用于输送散粒物料的输送机如螺旋输送机；用于输送成件物品的输送机如辊子输送机；两者兼可输送的输送机如带式输送机、板式输送机等。

从物料的运行方式上分类，常见的输送机械设备可分为两大类：一类是连续输送的机械设备，这便是通常所讲的输送机械；另一类是间歇输送机械。前者所输送的物料的运行是连续的，后者所输送的物料的运行是间断的、脉动的。

输送机械通常具有三大要素：牵引构件、承载构件和运行方向或布置形式。牵引构件即物料或物品运行的动力构件，它是输送机械动力源与物料或物品之间的传输媒介。承载构件则是为物料或物品的运行提供基本条件的构件，它通常包括一些盛放物料或物品的装置、器具等。而运行方向是对输送功能的起始地和目的地而言，它是由牵引构件和承载构件之一所确定，大多数情况下由牵引构件的布置来确定。输送机械设备的三大要素的具体体现各不相同，根据三者之间的相互关系，可以将输送机械设备分为三种：一种是三位一体的，即三大要素均集中于同一构件，如带式输送机，输送带既是牵引构件又是承载构件，同时它又决定了物料或物品的运行方向。另一种是牵引构件与承载构件分属不同的构件，而物料或物品的运行方向却依从于牵引构件，即由牵引构件的布置方式确定运行方向。常见的输送设备大多属于此类，如斗式提升机、刮板输送机等。还有一种是牵引构件与承载构件为不同构件，但物料或物品的运行路线却由两者之间任一构件来决定。工艺要求不同时，运行路线可以改变，或由牵引构件来决定，或依从于承载构件的布置，但最终的目的地是由牵引构件来决定，这一类就是所谓的积放式输送机。这时往往也可以将承载构件再分成二次牵引构件和直接承载构件两部分来分析。积放式输送机可以由所有的连续输送机械设备派生而成。

（2）按牵引构件的结构形式和材质分　可以将输送机械设备分为五大类：

1）以无机带状物作为牵引构件的输送机械设备，称为带牵引输送机。主要有带式输送机、带斗式输送机、带斗式提升机、翘板带式输送机、气垫带式输送机、波状挡边带式输送机等。

2）以闭合的链条或钢丝绳作为牵引构件的输送机械设备，称为链牵引输送机。主要有板式输送机、链牵引带式输送机、架空索道、链斗式输送机、链斗式提升机、小车式输送机、拖式输送机、推链输送机、托盘输送机、悬挂输送机、自动扶梯、托架输送机等。

3）在第二类链牵引输送机的链条上加上了刮板等附件构成牵引构件，称为刮板输送机。主要有管式刮板输送机、槽式刮板输送机、埋刮板输送机等。

4）与前三类输送机不同，它的牵引构件不是挠性的，而是刚性的，即不可弯折的。这种输送机械设备称为刚体输送机。主要有螺旋输送机、振动输送机、非机动辊子输送机等。

5）输送机械设备是以流体作为牵引构件，称为流体输送机。主要有气力输送机和液力输送机等。

另外，输送机械设备在工作过程中，通常是以一个或几个系统的形式存在的，这就要一个辅助装置，其中包括各种存仓、闸门、给料机、称量装置等。综上所述，将现有的输送机械设备从概念、分类的角度基本概括出来，在正确认识输送机械设备之后，就不会把输送机械和运输机械设备混淆。装卸搬运设备的具体分类见图 1-1。

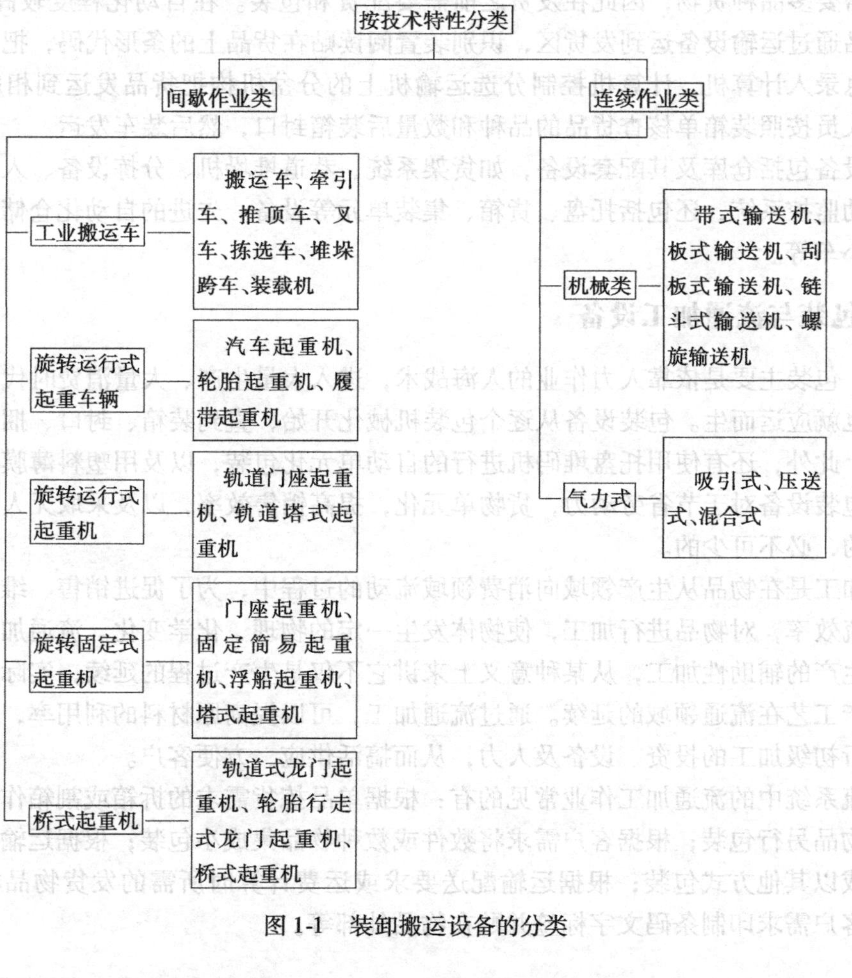

图 1-1　装卸搬运设备的分类

三、仓储设施与设备

物流仓储系统一般包括收货、存货、取货、配货、发货等环节。

在收货环节，配备了供铁路车厢和货运汽车停靠卸货的站台和场地，以及升降平台、托盘搬运车、叉车和各种吊车，用于完成卸车作业。在收货处一般设有计算机终端，用来输入收货的信息，并打印出标签和条码，贴在货物或托盘上，以便在随后的储运过程中进行识别和跟踪。

在存货环节，除在露天货场建立正规适用的货位外，还在库房内建立各种货架，如高层货架、旋转货架等，存货作业通常由叉车或巷道堆垛机来完成。对所存的物品，给定了规定的保管环境，如温度、湿度等，并配备了自动监控系统。

在取货环节，一般是根据客户的订单，由计算机拟定配货方案，拣货员根据配货方案进行拣货、配货。取货大体上分为整体取货和零星取货两种。整托盘取货一般都是机械化或自动化的，零星拣货一般都由工人完成。拣货有两种方式：一种是拣货员在仓库内走动，或随叉车或堆垛机移动，按拣货单到货位取货；另一种是拣货员坐在固定的位置上，由机械设备把货箱或托盘转运到拣货员处。露天货场则借助于各种吊车存取货物。

在配货、发货环节，物流中心根据服务对象的不同，向单一用户或多个用户发货。由于用户一般需要多品种货物，因此在发货之前需要配货和包装。在自动化程度较高的仓库里，拣出的货品通过运输设备运到发货区，识别装置阅读贴在货品上的条形代码，把所判别货品的户主信息录入计算机，计算机控制分选运输机上的分岔机构把货品发运到相应的包装线上，包装人员按照装箱单核查货品的品种和数量后装箱封口，然后装车发运。

仓储设备包括仓库及其配套设备，如货架系统、巷道堆垛机、分拣设备、入出库输送机系统、自动监控系统，还包括托盘、货箱、集装单元等设备。先进的自动化仓储设备还包括自动导引小车等。

四、包装与流通加工设备

以前，包装主要是依靠人力作业的人海战术，进入大量生产、大量消费时代以后，包装的机械化也就应运而生。包装设备从逐个包装机械化开始，直到装箱、封口、捆扎等外包装作业完成。此外，还有使用托盘堆码机进行的自动单元化包装，以及用塑料薄膜加固托盘的包装等。包装设备对于节省劳动力，货物单元化，提高销售效率，以及采取无人售货方式等都是必要的，必不可少的。

流通加工是在物品从生产领域向消费领域流动的过程中，为了促进销售、维护产品质量和提高物流效率，对物品进行加工，使物体发生一定的物理、化学变化。流通加工是在流通领域中对生产的辅助性加工，从某种意义上来讲它不仅是生产过程的延续，实际上也是生产本身或生产工艺在流通领域的延续。通过流通加工，可以提高原材料的利用率，可使使用单位省去进行初级加工的投资、设备及人力，从而搞活供应，方便客户。

在物流系统中的流通加工作业常见的有：根据单品拣货需求的拆箱或割箱作业；根据客户需求将物品另行包装；根据客户需求将数件或数种物品集成小包装；根据运输配送要求将物品装箱或以其他方式包装；根据运输配送要求或运费计算时所需的发货物品核定重量作业；根据客户需求印制条码文字标签并贴在物品外部等。

知识检验

一、填空题

1. 物流的运输工具主要由_____、_____、_____、_____和_____等组成。

2. 装卸与搬运设备主要分为：_____和_____两大类。

3. 装卸机械设备具有__________。

4. 输送机械通常具有的三大要素：_____、_____、_____。

二、选择题

1. “门对门”服务的运输方式应采用（　　）。

A. 飞机　　B. 管道　　C. 汽车

2. 运量大的国际贸易一般采用（　　）。

A. 铁路　　B. 汽车　　C. 船舶

3. 门座起重机按技术特性分属于（　　）。

A. 连续输送机械　　B. 间歇输送机械

4. 带式输送机按技术特性分属于（　　）。

A. 连续输送机械　　B. 间歇输送机械

三、简答题

1. 仓储设备主要包括哪些？

2. 输送机械设备分为哪五大类？

课题三　物流设备的选用和配置

一、物流设备的选用和配置原则

物流设备的选用和配置直接影响设备的使用管理水平和经济效益。选择和配置物流机械设备的总的原则是应遵循技术上先进、经济上合理、生产作业上安全适用、无污染的原则。选择物流设备的目的是为了提高生产效率，降低生产成本，所以物流设备的选用和配置一定要从企业的具体情况出发，同时考虑企业的发展规划，考虑设备的更新和换代，使企业的发展与设备的发展同步。

1. 系统性原则

系统性就是在物流机械设备与设施的配置和选择时采用系统的观点和方法，对物流机械设备运行所涉及的各环节进行系统分析，把各个物流机械设备与物流系统总目标、物流机械设备之间、物流机械设备与操作人员之间、物流机械设备与物流作业任务等有机地严密地结合起来，改善各个环节的机能，使物流机械设备的配置和选择最佳，使物流机械设备能发挥最大的效能，并使物流系统效益最优。

在物流企业，运用系统的观点和方法解决物流机械设备与设施的配置和选择问题是提高企业资源的利用率，实现最合理投资的重要手段。按系统化原则配置与选择物流机械设备不仅要求物流机械设备与整个系统相适应，各物流机械设备之间相匹配，而且还要系统地分析物流机械设备单机的性能，从而进行综合评价，作出合理决策。系统性原则实际上就是一种全面的观点。

2. 生产适用原则

生产适用是指物流机械设备与设施的生产效率与企业的生产需求相适应。物流设备应力求做到机械设备的作业能力与现场作业量之间形成最佳的配合状态。当设备能力不足时，物流受阻；当设备能力过剩时，设备的价值不能充分发挥，二者都会给企业带来经济损失。同时，在配置与选择物流机械设备时，在充分考虑到物流作业的实际需要的同时，还应考虑到与企业的发展规划相适应。另一方面，生产适用是指物流设备与设施的选择与配置应适合货物的特性、货运量的需要，适应不同的工作条件和多种作业性能要求，操作使用灵活方便。因此，首先应根据物流作业特点，找到必要功能后，再选择相应的物流机械设备。这样的物流机械设备才有针对性，才能充分发挥其功能。有人认为，物流机械设备的适用性越强，要求的功能就越多，其实不然。功能越多，厂家的成本投入就越大，物流机械设备的价格就越高，购置时一次支付的费用越多，而且功能太多，既花了钱，物流机械设备又得不到充分利用，造成浪费，就不可能取得良好的经济效益。反之，功能太低，不能满足作业要求，不能体现物流机械设备运用上的优势，物流效益低，同样是不可取的。只有充分考虑使用要求去选择物流机械设备的功能，才能充分体现物流机械设备的适用性，以获得较大的投资效益。

3. 技术先进与经济性原则

技术先进性是指配置与选择的物流机械设备能够反映当前科学技术先进成果，在主要技术性能、自动化程度、结构优化、环境保护、操作条件、现代新技术的应用等方面具有技术上的先进性，并在时效性方面能满足技术发展要求。物流机械设备的技术先进性是实现物流现代化所必备的技术基础，但先进性又是以物流作业适用为前提，以获得最大经济效益为目的，绝不是不顾现实条件和脱离物流作业的实际需要而片面追求技术上的先进。同时，也要防止购置技术上已属落后、已被淘汰的机型。在考虑物流设备与设施技术先进性的同时，当然还得考虑它的经济性。既要考虑物流设备与设施的价格，更重要的是物流机械设备与设施的使用费用要低。任何先进的物流机械设备的使用都受着经济条件的制约，低成本是衡量机械设备技术可行性的重要标志和依据之一。在多数情况下，物流机械设备技术先进性与低成本可能会发生矛盾，但在满足使用的前提下应对技术上的先进性与经济上的耗费进行全面考虑和权衡，做出合理的判断，这就需要进一步做好成本分析。有些物流机械设备原始费用比较低，但其能耗大，故障率高，维修费用高而导致了运行成本很高；相反，有些物流机械设备的原始费用高，但其性能好、能耗少、维修费用低，因而运行成本较低。因此，全面考查物流机械设备的价格和运行费用，选择整个寿命周期费用低的物流机械设备，才能取得良好的经济效益。

4. 可靠性和安全性原则

可靠性是指物流机械设备与设施在规定的使用时间和使用条件下，完成规定功能的能力。它是物流机械设备的一项基本性能指标，是物流机械设备功能在时间上的稳定性和保持性。如果可靠性不高，无法保持稳定的物流作业能力，也就失去了物流机械设备的基本功能。物流机械设备的可靠性与物流机械设备的经济性是密切相关的。从经济上看，物流机械设备的可靠性高就可以减少或避免因发生故障而造成的停机损失与维修费用支出。但是可靠性并非越高越好。因为提高物流机械设备的可靠性需要在物流机械设备研发制造中投入更多的资金，故其价格较贵。因此，不能片面追求可靠性，而应全面权衡提高可靠性所需的费用开支与物流机械设备不可靠造成的费用损失，从而确定最佳的可靠性。

安全性是指物流机械设备在使用过程中保证人身和货物安全以及环境免遭危害的能力。它主要包括设备的自动控制性能、自动保护性能以及对错误操作的防护和警示装置等。随着物流作业现代化水平的提高，可靠性和安全性日益成为衡量设备好坏的重要指标。在配置与选择物流机械设备时，要充分考虑物流机械设备的可靠性和安全性，以提高物流机械设备的利用率，防止人身事故，保证物流作业顺利进行。

5. 灵活性原则

灵活性是指物流机械设备与设施的使用功能具有灵活多变的能力，能适应多种作业。配置用途单一的物流机械设备与设施时，使用起来既不方便，又不利于管理，因此，应发展一机多用或一处多用的物流机械设备与设施。配置和选择一机多用的物流机械设备，可实现一机同时适宜多种作业环境的连续作业，有利于减少作业环节，提高作业效率，减少物流机械设备台数，便于物流机械设备管理，从而充分发挥物流机械设备潜能，确保以最低投入获得最大的效益。如叉车具有装卸和搬运两种功能，正是这点使其得到极为广泛的应用；再如多用途门座起重机，可实现集装箱吊具、吊钩、抓斗多种取物装置的作业，适用于装卸集装箱、钢材和超长超大重件等。在配置与选择物流机械设备与设施时，应该优先考虑一机多用或一处多用的物流机械设备与设施——复合型设备与设施。

二、物流设备的选用与配置方法

1. 分析企业对物流设备与设施的需求

物流设备与设施配置计划的制订是建立在企业需求的基础上，而企业对设备与设施的需求主要考虑三方面的因素。

（1）企业目前的生产现状对设备、设施的需求　为提高企业的生产效率，降低生产成本，企业必须提高生产的机械化程度和设备的使用效率来确保企业各项目标的实现。

（2）企业设备结构的现状对设备与设施的需求　企业目前的设备与设施能否满足企业的生产需要，能否完成企业的各项经济指标，需要一个客观的评价，做出一个全面的设备规划，主要包括设备更新规划、设备现代化改造规划、新增设备规划。对过时设备能进行技术改造的则进行现代化改造，不能改造的则坚决淘汰。该购置新的则购置新的。

（3）企业发展总体规划对设备与设施的需求　企业的发展规划分为短期、中期、长期三种。设备与设施的配置要将企业的规划与设备的使用寿命、设备的更新换代结合起来科学论证。科学的设备规划能减少购置设备的盲目性，使企业的有限投资保证重点需要，从而提高投资效益。

设备规划的编制还须考虑有关安全、环境保护、节能等方面法规的要求，国内外新型设备的发展和科技信息，可筹集用于设备投资的资金等各方面的因素。

2. 收集有关资料，并进行详细分析比较

（1）经济资料　货物的种类及其特性、货运量、作业能力、货物流向等是最主要的经济资料，它们直接影响着物流机械设备的配置与选择，因此，必须多渠道、正确地搜集这些资料。在收集这些资料时，不仅要掌握目前和近期的情况，而且还要预测远景的发展和变化趋势。调查所得的资料应加以正确的整理、审查、核实和分析研究，并做出统计分析表。

（2）技术资料　包括物流机械设备的技术性能现状及发展趋势、主要生产厂家技术水平状况、使用单位对设备技术的评价等。这些资料是从整体上把握物流机械设备技术状况的重要数据和资料。

（3）自然条件资料　主要包括货场仓库条件、地基的承受能力、地基基础、作业空间等资料。

3. 方案初选

初步方案的选定是建立在上面两项内容的基础之上的，只有在充分考虑企业对设备与设施的需求，掌握各方面的经济、技术信息后才能做出。对于同一类货物，同一作业线，同一物流作业过程，可以选用不同的物流机械设备。因而在拟定初步方案时，可先提出几个具有不同优缺点的配置方案，然后，按照配置原则和作业要求确定配置物流机械设备的主要性能，分析各个初步方案的优缺点，并进行初步选择，去劣存优，最后保留2~3个较为可行的、各具优缺点的初步方案，并估算出它们的投资，计算出物流机械设备生产率或作业能力以及初步的需要数量。

4. 决策

为了比较各种配置方案，从经济上分析哪些方案较为有利，必须进行技术经济评价，以便选择一个最有利的方案。其基本要求是：选择方案要重新回到问题和目标上去，审视决策方案对解决问题、实现目标的满意程度，比较择优；选择方案要充分考虑方案实施的后果；选择方案还要考虑实施的时间。此外，方案选择还要确定一个基本标准：价值标准，方案越符合目标的要求就越好；最优标准，这是理论上的标准；不确定条件下的决策标准，决策有确定型和不确定型之分，对于不确定型的决策在具备上述条件后还必须选取好期望值。当然，在确定配置方案时，具体方案中如出现有不可比因素，这就要将不可比因素做一个换算，尽量使比较项目有可比性。

物流机械设备配置方案确定后，接下来就是全面衡量各项技术经济指标，选择合适的机型，在广泛收集物流机械设备市场货源情报的基础上进行。货源情报的来源主要包括产品样本、产品购销指南、产品目录、广告以及销售人员收集的情报等，在进行分类汇编后，从中筛选出可供选择的机型和厂家。对预选出来的机型和厂家进行调查、联系和咨询，详细了解物流机械设备的各项技术性能参数、质量指标、作业能力和效率；生产厂商的服务质量和信誉，使用单位对其设备的反映和评价；货源及供货时间；订货渠道、价格、售后服务等情况。将调查结果填写在设备货源调查表上，经分析比较，从中选择符合要求的两三个厂家为联系目标。对选定的厂家进行联系，必要时派专人作深入调查了解，针对有关问题，如设备性能、价格及优惠条件、交货期及售后服务条件、附件、图样资料、配件的供应等同厂家协商谈判，根据企业的需要签订供货合同。

知识检验

一、填空题

1. 生产适用性是指物流设备的生产效率与________相适应。
2. 可靠性是指物流设备在规定的时间和使用条件下________的能力。
3. 当物流设备能力不足时，物流______。
4. 当物流设备能力过剩时，__________。

二、选择题

1. 设备的先进性与采购成本一般（　　）。

A. 成正比　　B. 成反比

2. 物流设备的作业能力与现场作业量之间形成最佳的配合状态，即符合（　　）原则。

A. 灵活性原则　　B. 技术先进性原则　　C. 生产适用原则

三、简答题

1. 物流设备与设施的配置应考虑哪些因素？

2. 简述物流设备的选用和配置原则。

课题四　技能训练

任务描述

通过对本地区某一物流企业的参观，结合所学的相关知识，通过上网查询，对企业现有的物流设施、设备的性质与用途做相应评价。

任务准备

1）将学生每6～10人为一组，分为四组：交通运输设备组、装卸与搬运设备组、仓储设施与设备组、包装与流通加工设备组。

2）每人准备好笔和设施、设备清单（空表格）。

任务实施

步骤一：每个学生将参观物流企业的所有设施、设备记录在设施、设备清单上。

设施、设备清单　　日期：

序号	设施、设备名称	备注	序号	设施、设备名称	备注
1			16		
2			17		
3			18		
4			19		
5			20		
6			21		
7			22		
8			23		
9			24		
10			25		
11			26		
12			27		
13			28		
14			29		
15			30		

（续）

序号	设施、设备名称	备注	序号	设施、设备名称	备注
31			36		
32			37		
33			38		
34			39		
35			40		

操作要点：

1）按企业安排的通道、路线进行参观，或按小组进行。

2）每个人独自完成记录。

3）记录物流企业内除员工以外的见到的所有设施、设备。

步骤二：对记录进行完善、分类，并确定相关信息。

操作要点：

1）回到学校后，按已经分好的小组进行工作。每个小组，对每人记录下来的设施、设备清单进行完善处理，形成一个相对完整的所参观企业现有的设施、设备清单。

2）在现有的企业设施、设备清单里找出属于本小组探讨的设施或设备名称，列于下面的企业同类设备表中。

企业同类设备表

日期：

序号	名　称	用　途	评　价	建　议
1				
2				
3				
4				
5				
6				
7				
8				
9				
10				
11				
12				

3）小组集体查阅教材，讨论设备的用途，然后把相关内容填在上面的企业同类设备表中。

4）对上面企业同类设备表中的设备进行上网查询，对企业现有设备的先进、落后情况进行评价。

5）提出设备改造、采购的合理化建议，包括建议淘汰现有设备、对现有设备进行改造、增加更先进的设备等。

任务评价

任务编号		1		学时	6学时	学生姓名		总分	
类别	序号	评价项目	评价内容		配分	学生自评	学生互评	教师评价	得分
岗位技能评价	1	设备分类	是否能正确掌握物流设备的分类		15				
	2	理解及运用知识能力	是否能运用所学知识正确填写设备用途和评价		15				
	3	分析及解决问题能力	是否能够运用教材知识结合互联网解决现实问题		15				
	4	完成时间	是否按时完成任务		5				
职业素养评价	5	文明和安全意识	是否遵守企业文明生产规章制度和设备安全操作规程；是否遵守纪律		10				
	6	任务执行	服从安排、积极参与、任务完成情况		10				
	7	工作态度	沟通交流、合作参与意识		10				
	8	团队合作	小组活动的组织、内容、成果展示情况		20				

注：按学生自评占20%、学生互评占30%、教师评价占50%计算总分。

任务小结

授课班级		授课时间		授课地点	
授课教师			任务名称		
学生表现					
存在问题及改进方法和措施					

单元二　运输设备与设施认知

知识目标

1. 掌握铁路运输设备与设施的构成，铁路机车、车辆的类型及作用。
2. 掌握公路运输设备与设施的组成和分类，会分析公路运输设备与设施对公路运输的影响。
3. 掌握水路运输设备与设施的构成、分类和作用。

技能目标

1. 能够对铁路运输设备与设施进行选择。
2. 懂得如何对公路运输设备与设施进行选择。
3. 懂得如何对水路运输设备与设施进行选择。

案例导入

中国重载铁路“魔术变身”

在波兰华沙的国际铁路合作组织办公室，来自格鲁吉亚的统计分析官员格隆季特意找到了中方工作人员。他急迫地想解开一个疑惑：中国653km的大秦铁路9位数的年运量，与波兰全国两万多千米铁路的运量几乎相当，“你们是不是把标点点错了？”

中方人员肯定了数字的正确性。格隆季一脸愕然，像是把硕大的问号顷刻拉伸成惊叹号。惊叹的背后，是以大秦铁路和“和谐型”大功率机车为代表的中国重载铁路的运输奇迹。

我国大秦铁路运煤专线年运量已突破4亿t，实现了一条变四条的“魔术变身”；实现了世界重载强国中拥有亿吨以上年运量重载铁路的“条数之最”；以占世界铁路6%的营业里程，完成了世界铁路25%的工作量，运输效率“世界第一”。

而这个“世界第一”，来自于我国单轴功率1600kW、单机牵引1万t的，被誉为“世界机车金字塔尖”的重载机车成套技术装备。

多年来，位于塔尖的佼佼者只有屈指可数的几家跨国大企业。2004年，我国铁路大功率机车技术引进的大门先后打开。经过长时间艰难谈判，我国与德国西门子、法国阿尔斯通、日本东芝等跨国企业，达成了引进大功率重载机车技术的合作协议。

我国铁路计划引进6轴9600kW大功率电力机车。但是，这款产品国外并没有下线。铁道部（现称为中国铁路总公司）敲定了“两步走”的引进策略——在引进消化吸收8轴大功率电力机车、掌握交流传动技术的基础上，自己研发更先进的6轴大功率电力机车。

铁道部组织中国科学院力学研究所、大连理工大学、西南交通大学的多位院士专家，会同生产厂家技术人员联合研发关键技术。不到半年，6 轴大功率机车交流传动技术、6 轴转向架技术等相关课题被逐一攻克。

中国北车集团大同电力机车有限责任公司总经理杨永林说，“以项目为纽带，在搜集整理源自法国、日本、俄罗斯的3400 余项技术标准的基础上，我们建立了完备的高、低端两套体系。这是我们自己创制的标准”。

经过两年的努力，2008 年12 月29 日，由中国人研制的、世界上第一台6 轴9600kW 大功率电力机车下线。“我们拥有了梦寐以求的‘中国创造’。”中国北车集团大连机车车辆有限公司总经理闵兴难掩兴奋之情。

外方没有想到，中国人的步子迈得如此之快，如此迅速地拥有了先进电力机车的“中国芯”。(资料来源：中青在线—中国青年报 2010 – 12 – 27)

问题：重载铁路的重要意义是什么？上网查询一下我国还有哪些重载铁路？

物流过程中运输是重要的一个环节。运输需要依靠运输工具，如汽车、铁路机车、轮船等运输设备以及车站、机场、港口、货场等设施来完成。运输工具指的是在货物的运输过程中，用于装载货物并使其发生水平位移的各种设备。基本可以分为：提供动力，不装载货物的设备，如铁路机车、牵引车、拖船等；不提供动力，只装载货物的设备，如车辆、挂车、驳船等；既提供动力，又可以装载货物的设备，如汽车、飞机、轮船等。为特殊物品运输服务的设备，指的是管道运输，它以泵站为动力，通过固定的管道作为载货设备进行货物运输，其特点是设备都是在固定的位置上运转。

课题一　铁路运输设备与设施

铁路运输是一种运输容量大、现代化程度较高的陆上运输方式，已经有近 200 年的历史。铁路运输是指利用机车、车辆等技术设备沿轨道运行，运送旅客及货物的一种运输方式。按照车辆的驱动方式以及车辆的支持方式可以分为普通铁路运输和悬浮式铁路运输。

普通铁路运输的运输设备主要由车体、车轮、钢轨组成。车轮与钢轨（标准宽度1435mm）之间通过摩擦获得驱动力，最高速度为 330km/h。车轮与钢轨的三大功能是：支持车体的重量、引导车辆的行进、获得车辆的驱动力。

悬浮式铁路运输采用磁垫支撑车辆，车体与轨道不直接接触，最高速度为 500km/h。

铁路运输系统技术设施主要由线路、机车车辆、信号设备和车站四部分组成。

一、机车

机车是铁路运输的基本动力。由于铁路车辆大都不具备动力装置，列车的运行和车辆在车站内有目的的移动均需机车牵引或推送。

从原动力来看，机车分为蒸汽机车、内燃机车、电力机车；按运用分为客运机车、货运机车、调车机车。客运机车要求车辆速度快、乘坐舒适；货运机车要求车辆功率大；调车机车要求机动、灵活。

蒸汽机车是通过蒸汽机，将燃料燃烧的热能转化成机械能，用来牵引列车的一种机车。但由于蒸汽机车的燃煤燃烧后的污染物对环境污染严重，现已经被其他新型的牵引形式取代。

内燃机车是以内燃机为原动力的一种机车，见图2-1。一般来说，内燃机车由动力装置（柴油机）、传动装置、车体车架、行走部分、辅助设备、制动装置和车钩缓冲装置等主要部分组成。内燃机的热交换率可达30%左右，其独立性也是最强的，线路投资省、见效快，准备时间比蒸汽机车短，起动加速快、运行线路长、通过能力大、单位功率重量轻、劳动条件好、可实现多机联挂牵引。根据从柴油机到车轮之间采用的传动装置的不同，内燃机车可以分为电力传动、液力传动两种类型。液力传动较电力传动效率稍低，适合牵引客运列车。

电力机车是靠其顶部上方的受电弓从接触网上取得电能，并将电能转换成机械能牵引列车运行，见图2-2。电力机车由电气设备、车体车架、行走部分、车钩缓冲装置和制动装置等主要部分组成。电力机车功率大、获得能量不受限制，因而车辆可以实现高速行驶。可以牵引较重的列车，起动、加速快，爬坡能力强，容易实现多机牵引，更适用于坡度大隧道多的山区铁路和繁忙干线。

图2-1　内燃机车

图2-2　电力机车

二、车辆

铁路车辆是运送旅客和货物的工具，一般不具备动力装置，需要联挂成列车由机车牵引运行，分为客车和货车两种。

车辆主要由车体、车架、行走部分、车钩缓冲装置和制动装置几个基本部分组成。目前，在物流领域里使用的铁路车辆主要包括以下几种：

1. 平车（N）

平车是目前铁路上使用最多的车辆，见图2-3a。平车没有车顶车厢、车厢护板，自重小、货物装载的吨位较大、装卸方便、特殊情况时可以装运一些超宽、超长的货物。主要用来运输大型机械、集装箱、钢铁材料及建筑材料等重量较大的物件。

2. 篷车（P）

篷车是目前铁路运输中主要的封闭式车型，见图2-3b。多采用侧面滑动开门，方便使用小型叉车、手推车等小型货物装载工具进行装卸。也有车顶滑动拉开式车门，方便使用吊车进行货物装卸。主要是用来运输防雨、防潮、防丢、防散等较为贵重的货物。

3. 敞车（C）

敞车与平车结构差不多，没有车顶箱，但是有车厢护板，护板有高低不同类型，主要视装载的货物的情况而定，见图 2-3c。主要用来装载不怕雨、不怕潮的较易散落的袋装、箱装、散装的钢材、建材、矿石、煤炭等货物。

4. 罐车（G）

罐车是铁路上用来运输气体、液体、粉末等货物的主要的专用车型，见图 2-3d。按照用途可以分为轻油罐车、重油罐车、酸类罐车、压缩气体罐车、水泥罐车等。各种罐车之间基本上是不能通用的。

5. 漏斗车（L）

漏斗车主要是为了方便散装货物装卸的车型，见图 2-3e。

6. 保温车（又称冷藏车）（B）

保温车主要是进行一些生鲜食品、保鲜货物的运输。

7. 专用车（Z）

专用车指的是运输特殊货物的车辆。见图 2-3f，该专用车能将公路运输的半挂车进行整体载运。

a) 平车

b) 篷车

c) 敞车

d) 罐车

e) 漏斗车

f) 专用车

图 2-3 铁路车辆

三、铁路站场

车站是铁路运输的基本单位，它包含了与铁路运输有关的技术设备，参与整个运输过程的各个作业环节。按照技术作业性质可以分为中间站、区段站、编组站；按照业务性质可以分为客运站、货运站、客货运站；按照车站的等级可以分为特等站、一至五等站。

在车站里，为了保证车辆的正常运行，除了有与正线连接的线路外，还有供车辆进站、出站的线路、机车的调头线路、货物装卸的线路、检修的线路等。

1. 中间站

主要任务是办理列车会让、超车及客货运业务。

2. 区段站

主要任务是办理货物列车的中转作业，进行机车的更换及机车乘务人员的换班，编组区段列车和摘挂列车。

3. 编组站

主要任务是解编各类货物列车、组织和取送本地区车流、供应列车动力、整备检修机车、车辆日常保养。

知识检验

一、填空题

1. 运输主要依靠的运输设施有______、______、______、______等。
2. 普通铁路运输的运输设备主要由______、______、______组成。
3. 中间站主要任务是________、________及________。
4. 悬浮式铁路运输采用_______支撑车辆，车体与轨道不直接接触，最高速度为_______。

二、选择题

1. 机车从原动力来看，分为（　　）；按运用分为（　　）。
   A. 客运机车　B. 货运机车　C. 调车机车　D. 蒸汽机车
   E. 内燃机车　F. 电力机车　G. 动力机车
2. 车轮与钢轨的三大功能是（　　）。
   A. 支持车体的重量　B. 引导车辆的行进
   C. 带动车辆运行　D. 获得车辆的驱动力
3. 在物流领域里使用的铁路车辆主要包括（　　）。
   A. 平车　B. 篷车　C. 敞车　D. 罐车　E. 漏斗车　F. 保温车　G. 专用车

三、简答题

1. 运输工具指的是什么？有哪些分类？
2. 铁路运输系统技术设施由哪些部分组成？
3. 试述铁路站场的分类。

课题二　公路运输设备与设施

公路运输是指使用公路设备与设施运送物品的一种运输方式。其特点是灵活、机动、投资小、见效快，受自然条件限制小，可以做到上门取（送）货，为铁路、水路、航空运输提供集散服务。主要由汽车、公路、站场组成。

一、汽车的型号与分类

1. 汽车类型与标识

目前，我国的汽车主要分为三类：客车、货车、专用汽车。客车又分为小客车（轿车、吉普车等）和大客车。货车主要按照其载重量分为轻型货车、中型货车、重型货车。在物流领域中，货车的应用非常广泛。

我国汽车产品型号见图2-4。

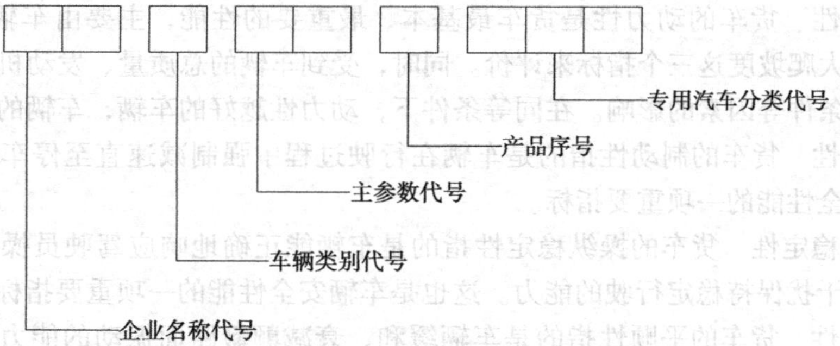

图2-4 汽车产品型号

企业名称代号一般由企业名称头两个汉字的第一个拼音字母表示。

车辆类别代号：用阿拉伯数字表示。1—货车；2—越野车；3—自卸车；4—牵引车；5—专用车；6—客车；7—轿车；8—未定；9—半挂车。

主参数代号：用阿拉伯数字表示。货车、越野车、自卸车、牵引车及半挂车均用车辆总载质量（单位为t）表示；客车用车辆长度（单位为m）表示，小于10m的应精确到小数点后一位，以其数值的十倍数表示；轿车以发动机排量（单位为L）表示，精确到小数点后一位，以其数值的十倍数表示。

专用汽车分类代号：首位X—箱式车；G—罐式车；C—敞式车；T—特种车。第2、3位是表示车辆用途的两个汉字的首位拼音字母。

例如：TJ7136U表示天津微型汽车厂生产的1.3L排量的轿车；

CA1042表示一汽生产的4.2t的货车；

XMQ6120表示厦门金龙生产的12m的客车。

2. 汽车的基本结构

汽车是一种依靠自身所带的动力源驱动的运输工具。主要由发动机、底盘、车身、电气设备等组成。

(1) 发动机　是汽车的动力源。它使燃料燃烧产生动力，驱动汽车的各部分运转工作或行驶。

(2) 底盘　底盘的作用是支承、安装汽车发动机及其各部件、总成，形成汽车的整体造型，并接受发动机的动力，使汽车产生运动，保证汽车的正常行驶。汽车底盘通常由传动系、行驶系、转向系和制动系四个部分组成。

(3) 车身　指的是车辆用来载人装货的部分，客车是整体式的，货车包括驾驶室及车厢两部分。

（4）电气设备　汽车中包括电源、点火、起动、信号照明、仪表和辅助电气装置等构成的电气系统。

3. 货车的选用

目前，公路运输中，货车承担着大部分的物流任务。不同的货车适用的情况也不一样。轻型货车主要适用于一些小件物品的短距离运输；中型货车主要适用于物品的中短距离的运输；重型货车主要适用于大宗物品的长距离的运输。货车的选用可以参考车辆的如下性能指标：

（1）动力性　货车的动力性是货车最基本、最重要的性能，主要由车辆的最高车速、加速时间、最大爬坡度这三个指标来评价。同时，受到车辆的总质量、发动机性能、变速器的配合、使用条件等因素的影响。在同等条件下，动力性越好的车辆，车辆的性能会越好。

（2）制动性　货车的制动性指的是车辆在行驶过程中强制减速直至停车的能力。此项指标是车辆安全性能的一项重要指标。

（3）操纵稳定性　货车的操纵稳定性指的是车辆能正确地响应驾驶员操作的能力以及车辆抵抗外界干扰保持稳定行驶的能力。这也是车辆安全性能的一项重要指标。

（4）平顺性　货车的平顺性指的是车辆缓和、衰减颠簸路面振动的能力。平顺性好的车辆可以减轻运输物品的损坏。

（5）通过性　货车的通过性是指车辆在一定条件下，可以以一定的车速通过各种路段及障碍的能力。它与车辆的接近角、离去角、最小离地间隙、最小转弯半径及路面情况有关。通过性越好，表明车辆对路面的适应能力越好。

（6）经济性　货车的经济性指的是车辆的燃油经济性。

二、专用汽车

随着国家经济的进步，汽车工业在近年来得到迅猛的发展。市场经济快速发展使得社会对汽车运输在效率及经济性方面提出了越来越高的要求，从而使汽车向专用化发展。近几年，专用车辆的使用正朝着多品种、小批量、系列化的方向发展，这是汽车运输从普通运输向专用运输发展的开始，将来会更加完善，是汽车运输领域质的进步。

1. 特点

1）专用车运输可以较好地保持运输货物的原始状态。如易燃、易爆物品专用运输车、保鲜专用运输车等。

2）专用车运输的专门防护设备可以有效地对运输物品进行保护。

3）专用车运输可以提高运输生产率、降低运输成本、减少劳动消耗、缩短货物装卸时间、提高经济效益。

2. 种类

（1）厢式车　是目前使用较多的车辆，与普通货运车辆相比，它具备全封闭的厢式车身以及便于装卸货物的车门，见图2-5a。其特点是结构简单、载货容积大、货厢密封性能好，货物损坏率低。

（2）罐装车　主要用于运输易燃、易爆、易挥发等危险品，密封性能较好，见图2-5b。

（3）自卸车　由于自卸车车厢可以自动翻起，使货物能依靠自身的重力自行卸下的功能，因此被广泛运用在矿山及建筑工地上，见图 2-5c。由于其道路情况不是太好，因此要求它的动力性及通过性较高。

（4）冷藏车　主要用于生鲜食品、保鲜货物的运输，见图 2-5d。

（5）集装箱运输车　集装箱运输车包括牵引车和挂车，见图 2-5e。牵引车专门用于拖带集装箱挂车或半挂车，两者结合组成运输车，是长距离运输集装箱的专用运输工具。它主要用于港口、码头、铁路货场与集装箱堆场之间的运输。集装箱牵引车具有牵引装置、行驶装置，但它自身不能装载货物。集装箱牵引车的驾驶室目前有平头式与长头式的，由于平头式的驾驶室较短，驾驶员的视线较好，车辆的轴距以及车身较小，转弯半径较小，方便驾驶，因此目前应用较为广泛。

a) 厢式车

b) 罐装车

c) 自卸车

d) 冷藏车

e) 集装箱运输车

图 2-5　专用汽车

集装箱挂车分为半挂车和全挂车，见图 2-6。由车架、支撑架、行走装置、制动装置、集装箱锁定装置等部分组成。半挂车的特点是能将挂车和货物的重量由牵引车承担一部分，这样，牵引车的作用可以得到更好的发挥，而且，由于这样布置可以使车辆的整体车身较短，有利于车辆转向及倒车。半挂车还安装有支撑架，方便挂车从牵引车鞍座脱出后稳定地支撑在地面上，安全可靠。全挂车是通过牵引器使牵引车与挂车相连，车身较长，但是，全挂车的牵引车可以像普通的货车一样使用。目前的物流领域中使用较为广泛的是半挂车。

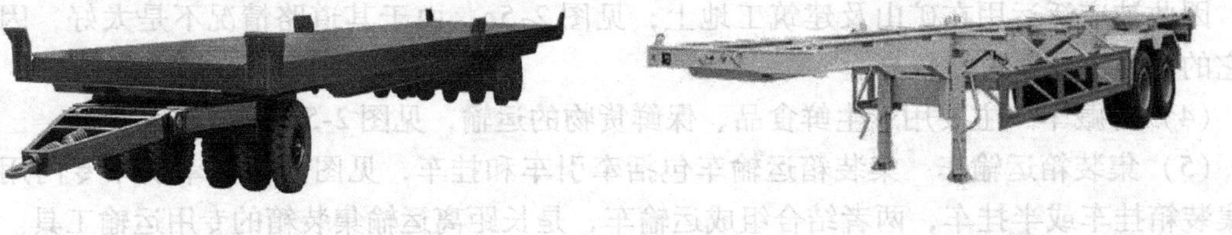

a)全挂车　　b) 半挂车

图 2-6　全挂车与半挂车

随着国家治理公路运输超载、超限力度的加大，以及新的关于车辆载荷及车身尺寸法规的出台，如何加大车辆的承载能力、提高车辆的有效行驶载运里程是目前用户及生产商较为关注的事情，多轴车就可以较好地满足目前的情况，因此，目前较为用户所认同。

三、公路及高速公路

1. 公路

公路是车辆行驶的载体，承受车辆及货物的载荷。由路基、路面、桥涵、隧道、排水系统、防护工程和交通服务设施组成。

（1）路基　路基是支撑路面的基础，主要承受路面传递的行车载荷。

（2）路面　路面是使用各种材料或混合物，依次按层铺设在路基表面形成的。

（3）桥涵　桥涵是桥梁与涵洞的合称。桥梁是为了公路跨越河流、山谷及一些物件而修建的。涵洞是为了排泄地面水流或方便农田浇灌而修建的横穿路基的小型建筑，它在路面的下方。

（4）隧道　隧道是为了公路穿越山岭、地下、水底或其他物件而修建的。

（5）排水系统　排水系统是为了方便排除路面积水或地下水而修建的。

（6）防护工程　防护工程是为了加固路基、确保路基稳定而修建的。

（7）交通服务设施　交通服务设施是指公路沿线设置的交通安全、养护设施、服务设施、环境保护设施。

2. 公路等级及标准

公路根据功能和适应的交通量分为以下五个等级：

（1）高速公路　为专供汽车分向、分车道行驶并应全部控制出入的多车道公路。四车道高速公路应能适应将各种汽车折合成小客车的年平均日交通量为25 000 ~55 000 辆；六车道高速公路应能适应将各种汽车折合成小客车的年平均日交通量为45 000 ~80 000 辆；八车道高速公路应能适应将各种汽车折合成小客车的年平均日交通量为60 000 ~100 000 辆。

（2）一级公路　为专供汽车分向、分车道行驶，并可根据需要控制出入的多车道公路。四车道一级公路应能适应将各种汽车折合成小客车的年平均日交通量为15 000 ~30 000 辆；六车道一级公路应能适应将各种汽车折合成小客车的年平均日交通量为25 000 ~55 000 辆。

（3）二级公路　为供汽车行驶的双车道公路。双车道二级公路应能适应将各种汽车折合成小客车的年平均日交通量为5 000 ~10 000 辆。

（4）三级公路　为主要供汽车行驶的双车道公路。双车道三级公路应能适应将各种车辆折合成小客车的年平均日交通量为2 000 ~6 000 辆。

(5) 四级公路 为主要供汽车行驶的双车道或单车道公路。双车道四级公路应能适应将各种车辆折合成小客车的年平均日交通量为2 000辆以下；单车道四级公路应能适应将各种车辆折合成小客车的年平均日交通量为400辆以下。

3. 高速公路的特点

(1) 车辆行驶速度高 60～120km的车速限制使车辆使用效率大大提高，运输的时间缩短，提高了经济效益。

(2) 行车安全 封闭式的运营管理方式以及良好的行车监控系统都有效地保证了驾驶员及车辆的行驶安全。

(3) 通行能力大 高速公路路面宽阔、平整、车道多，车流量及通行量都比其他等级公路大大提高。

(4) 经济性好 高速公路完善的道路条件及服务设施使整个运输载体——汽车的各种损耗大大地降低，提高了运输的效率。

4. 高速公路的功能

(1) 汽车专用，限速通行 不允许除汽车以外的交通工具及行人、牲畜通行。速度一般要求60～120km之间。

(2) 封闭式、全立交 高速公路实行封闭式的管理，各种汽车只能在互通的车道内出入，能有效地进行交通运营管理。

(3) 汽车分道行驶、设有中央隔离带 高速公路一般都有4条以上车道，实行上下车道分离，有效地隔绝了相向行驶车辆的影响。通过明显的交通标志，使不同车速的车辆按照不同的车道行驶，有效地保证了车辆的行驶秩序，保证了高速公路的畅通。

(4) 较为完善的交通设施及服务设施 除了设有各种安全、通信、监控设施和标志等，还在沿线上建有服务区，满足司乘人员在高速路内进行停车休息、餐饮、住宿、娱乐、加油、维修等服务。

高速公路的优良功能以及目前公里数的增加，也推动了公路运输组织方式的进一步提高，尽量采用汽车列车、集装箱、牵引托挂等方式进行运输。

高速公路发展的同时也推动了国内汽车生产厂的技术发展，汽车生产厂生产的运输车辆要能够充分利用高速公路的优良功能，这将从另一个方面推动国家汽车工业的进步。

5. 高速公路的设施与设备

高速公路的先进性决定了高速公路势必要配置各种先进的设施与设备：

1) 可变限速器板、车辆监测器、气象监测器、可变标志牌、摄像机交通信息台、应急电话、光缆、供电设施等外场设施。

2) 主控台、监视器、大屏投影、服务器、计算机系统、供电设施及计算机管理软件等机房设施。

3) 应急电话每隔2km设置一个，通过有线或无线连接方式连接控制中心。有线通过光缆传输；无线通过移动通信网传输。

4) 车辆监测器主要检测车流量、平均车速、车距、车辆密度、轴重及数量等。

5) 气象监测器主要检测特殊路段的雨、雾、雪及冰冻情况，及时传输到控制中心，由控制中心通过交通电台、可变情报板及限速板等发布安全警告及控制信息。

6) 可变情报板是进行调节高速公路车流、指挥交通的非常重要的信息发布载体。

7）可变限速板和标志牌主要是在特殊情况下用于显示限速、施工情况、事故等的标志信息。有效地进行安全警示。

8）摄像机为可调的，主要设置在危险路段及事故多发路段。

9）供电设施有国家电网、发电机、蓄电池、太阳能电池等。

10）系统管理软件为专门开发设计，是高速公路整个控制系统的核心，由此采集数据并发出控制指令、信息。

四、汽车货运站

1. 汽车货运站的主要业务功能

（1）组织运输功能　汽车货运站应具有对运输市场的组织管理和站内各机构、运输车辆、货流的组织管理功能。能对货源进行调查、预测；详细预算计划内的货物种类、运输容量、运输距离；协助客户选择合理的运输方式及运输线路；联系、承揽货运业务，签订运输合同或协议，制订有效的运输计划；及时掌握货场的货物运输、堆放、储存情况，结合以往经验，提出合理利用货场的建议，制订货场的管理规章制度及操作规范；制订车辆的运行规范及使用维护标准，有效地组织货源。

> 知识卡
>
> **汽车货运站**
>
> 是公路交通运输的基础设施之一，是公路运输的一个连接点，是连接货源及动力的纽带。其主要的功能是公路运输组织、中转和装卸储运、中介代理、通信信息等。能更好地促进公路运输的现代化、综合化、系统化。

（2）货物中转功能　在目前的经济社会条件下，随着工业布局的变化，一些企业的成品及半成品、原材料等货物的收货、集中、到货、分发，大部分需要通过汽车货运站来进行货物中转。零担货物需要进行货运中转，小件物品需要集中到货场后中转，部分港口货物和铁路运输货物也需要在汽车货运站进行中转。

（3）货物的装卸储运功能　货物通过各种运输方式运到货运站需中转或直接运送到客户手里。当货运站没能及时将全部货物中转或直接运送到客户时，就需要将没有及时送走的货物堆放、储存在货运站内。集散的货物有时也需要堆放、储存在货运站内。此时，就需要利用各种装卸设施及设备对货物进行装卸、堆放。目前，有些货运站为了方便用户，将货运站的存储仓库出租给用户，作为客户的库房，同时，也可直接为客户销售、运输。

（4）中介代理功能　货运站除了从事货物运输外，还可以充分利用自身运输方式的优势，与铁路、航空、水运等运输行业建立广泛、密切的货物联合运输方式，既完善了运输体系，又提高了运输效率，增加了运输效益。

（5）通信信息服务功能　由于道路运输区域的特性，交通情况、客货情况、车辆情况、人员情况等都会影响运输质量的好坏。因此，建立一套完善的通信信息服务系统，将能有效地保证运输质量，提高运输效益。其主要功能如下：

1）可以对货物的运输情况（品种、流量、流向等）进行分析，促进货运站的货运组织管理。

2）可以根据车流量、货源、堆放装卸情况、运输距离等提供优化的运输方案，合理安排货物的装卸。

3）可以为货主、车主提供车辆、配载货的情况，为车主和货主牵线搭桥，提高车辆的实载率及利用率。

4）可以提供货场的装卸、堆放信息。

5）可以提供与货物运输有关的其他服务，如包装、加油、车辆维修保养、车辆清洗、代办货物运输业务等。

2. 汽车货运站的分级

按照业务内容分为：整车运输货运站、零担货运站、集装箱货运站、综合货运站。

按照业务功能分为：综合型货运站、货运服务站、配载服务站、信息中心等。

按照服务对象分为：自用型货运站、公用型货运站。

按照业务量分为：货运枢纽站、大型货运站、中型货运站、小型货运站和业务代理站。

知识检验

一、填空题

1. LZ1010 表示____________、LZ6371 表示____________。
2. 冷藏车主要用于____________、____________的运输。
3. 高速公路是指____________的公路。

二、选择题

1. 汽车主要由（　　）等组成。

A. 发动机　　B. 底盘　　C. 车身　　D. 电气设备

2. 货车选用时应注意的车辆性能指标有（　　）。

A. 动力性　　B. 制动性　　C. 操纵稳定性

D. 平顺性　　E. 通过性　　F. 经济性

3. 专用汽车种类有（　　）。

A. 厢式车　　B. 罐装车　　C. 自卸车　　D. 冷藏车　　E. 集装箱运输车

三、简答题

1. 公路运输有哪些基本组成？有何特点？
2. 汽车货运站主要业务功能有哪些？
3. 高速公路较普通公路有哪些优势？

课题三　水路运输设备与设施

水路运输是以船舶为主要运输工具，以港口或港站为运输基地，以水域包括海洋、河流和湖泊为运输活动范围的一种运输方式。水路运输至今仍是世界上许多国家最重要的运输方式之一。

一、船舶

船舶是指航行或停泊于水域进行运输或作业的工具。以载运货物为主的货船大部分的舱位都是用来存放货物的货舱。船型较多，载重量从数百吨到数十万吨。

1. 货船分类

（1）散装货船（Bull Cargo Ship）　用来运输没有外包装的大宗货物的船舶，见图 2-7a。

因为货物较为单一，不需要进行包装后整包、整箱的进行运输，货物不怕挤压，装卸较为方便，因此，此类船舶基本上都是单甲板船，超过5万t的船基本都不装备货物装载工具。按照装载能力可以分为以下几个级别：

1）重量在10万t级以上的称为好望角型。

2）总载重量为6万t级的称为巴拿马型。

3）总载重量为3.5万~4.5万t级的称为轻便型散货船。

4）总载重量为2万~2.7万t级的称为小型散货船。

（2）杂货船（General Cargo Ship） 又称为普通货船，见图2-7b。杂货船主要装载一般包装、袋装、箱装和桶装的杂件货物，由于杂件货物批量较小，一般载货量为1~2万t。货船一般有双层甲板，配有完善的货物装载工具。杂货船既能装载普通杂件货物，也能装载散货、大件货、冷鲜货、集装箱等。

（3）冷鲜船（Refrigerated Ship） 由于大多数食品类货物，如肉、蛋、鱼、果、蔬菜等，在常温条件下长时间的运输、储存过程中，由于微生物的作用，或食物本身的因素，食品容易腐坏，采用冷藏保鲜运输就是一种避免食品腐坏非常有效的运输方式，将这类船舶称为冷鲜船，见图2-7c。

（4）木材运输船（Timber Ship） 木材运输船是用来运载木材或原木的船舶，见图2-7d。此类船舱口较大，舱内无横梁、支柱以及其他有碍货物装卸的设备。船舱及甲板上均可运载木材。

（5）原油运输船（Oil Ship） 专门用来运输原油的船舶。由于原油装载量及运输量很大，其船载重量可以达到50万吨，是运输船舶中最大的。其结构一般为单底，目前，由于环保的要求，有的船舶结构已经变为双壳、双底的结构。甲板上没有大的舱口，装卸原油使用泵和管道，为了防止原油在低温情况下产生凝固而影响装卸，有些船舶设有加热设施。

（6）成品油运输船 专门用来运输汽油、柴油等石油制品的船舶。其结构与原油运输船基本相同，但是吨位要小得多。由于成品油的易燃、易爆性，此类船舶必须具有很高的防火、防爆性能。

（7）滚装船（Roll on/off Ship） 主要用来运输汽车、集装箱的船舶，见图2-7e。此类船舶一般在船舶的侧面或船舶的前、后设有与码头连接的开口斜坡，自身一般不装备装卸设备，汽车或是集装箱（带挂车的）可以直接开进及开出船舶，此类船舶的优点是装卸速度快，不依赖码头的装卸设备，提高了码头的船舶周转速度。

（8）集装箱运输船（Container Ship） 专门用来运输集装箱的船舶，又称货柜船或箱装船，见图2-7f。集装箱船的货舱口较为宽大，货舱的尺寸一般按照装载的集装箱的尺寸设计。大部分船舱都用来装载集装箱，甲板及舱盖上也可以堆放集装箱。目前基本可以分为以下三类：

1）全集装箱运输船。专门用来运输集装箱的船舶，其货舱内设有隔栅式货架，装有上下导轨，方便集装箱的装卸、堆放。一般来讲，全集装箱船的货舱内可以堆放3~9层集装箱，甲板上可以堆放3~4层集装箱。

2）部分集装箱运输船。仅仅在船舶的固定部位进行集装箱的堆放、装载，其余部位进行普通杂货的装运。

3）可转换集装箱运输船。此类运输船的货舱装载集装箱的结构是可以拆卸、重装的。

a) 散装货船　b) 杂货船　c) 冷鲜船　d) 木材运输船　e) 滚装船　f) 集装箱运输船

图 2-7　船舶

在运输时，可以根据运输的需要装运集装箱或普通货物。此类集装箱在运输时灵活性较高。

（9）液化气运输船　专门用来运输液化气体的船舶。由于运输的液化气体包括液化石油气、液化天然气、氨水、液化氯气、乙烯等沸点、易燃、易爆的危险品，有的还有剧毒和强腐蚀性，因此，液化气运输船的结构非常复杂，安全设施多，造价也非常昂贵。按照其储存的方式可以分为三类：

1）低温式液化气运输船。此类船舶在大气压力下，将气体冷却至液体进行运输。船上备有冷却系统及温度和压力控制装置。此类船舶适用于运输大量的液化气体，是目前使用较为广泛的液化气体运输船舶。

2）压力式液化气运输船。此类船舶一般在常温下将气体加压至其变为液体，然后将液化气体储存在耐高压的容器中进行运输。此类船舶由于船体结构及操作技术较为简单，但是由于容器重量太大的问题不利于建造大型的容器，因此，主要在近海进行短途的、少量的液化气体的运输。

3）低温压力式液化气运输船。此类船舶是将液化气体的温度控制在45℃以下、液化气体的沸点以上，加压使气体压至液态进行运输。

（10）载驳船（Barge Ship）　专门用来载运货物驳船的船舶，又称母子船。由于货物驳船是浮在水面上的，可以视为水面上的集装箱。运输方式：先将货物装载在统一规格的方形货驳上，再将货驳装上载驳船，载驳船将货驳运至目的地后将货驳卸至水面上即可，货驳再由拖船拖至各自目的地。其特点是不需要码头和货场，装卸效率高，适合海-河联运，但是由于造价较高，集散组织较为复杂，因此目前使用率不是很大。

2. 船舶的组成

船舶按照各部分的作用和用途，大致可以分为船体、船舶动力装置、船舶舾装三部分。

（1）船体　船体是船舶的基本部分，一般由船壳、船架、甲板、船舱以及位于甲板以上的各种舱室组成。

（2）船舶动力装置　船舶运动的动力来源。主要包括：推进装置（螺旋桨）；为推进装置服务的机械设备和系统；船舶电力系统以及其他的辅助机械和设备。

（3）船舶舾装　船舶舾装包括舱室内装结构、家具、生活设施以及一些小的设施。

3. 船舶的主要技术特征

船舶的主要技术特征包括船舶排水量、船舱主尺度、舱容、船舶总设计图、船体形线图、船体结构图、主要技术装备规格等。

（1）船舶排水量　船体水线以下排开的水的重量就是船舶的总重量。

（2）船舱主尺度　包括船舶总长、设计水线长度、最大宽度满载等。

（3）舱容　指的是货舱、燃油舱、水舱的体积，它是船舶从容积能力方面标志船舶的装载能力和续航能力，影响到船舶的营运能力。

（4）船舶总设计图　设计和建造船舶的主要图样。它能反映出船舶建筑特征、外形尺寸、舱室位置、内部布置、内部梯道和甲板设备的布置。由侧视图、甲板平面图、底舱划分图组成。

（5）船体形线图　表征船舶主体的表面形状和尺寸。由横剖线图、半宽水线图和纵剖线图组成。

（6）船体结构图　反映船舶船体各部分的结构情况，一般用船中横剖面结构图来反应它的各部件尺寸和规格。

4. 船舶的主要性能

船舶的主要性能包括：浮性、稳性、抗沉性、快速性、耐波性、操纵性、经济性等。

5. 船籍和船旗

（1）船籍　船舶的国籍。

（2）船旗　船舶国籍的标志。

6. 船级

表示船舶技术状态的一种指标。在船舶开始生产时，必须得到船级社或其他有关机关的批准；生产过程中，要受到船级社或其他有关机关的监督；生产完毕后，由船级社或其他有关机关对船舶进行性能鉴定，经鉴定合格后发给船级证书，有效期一般为4年，期满后必须进行重新鉴定。船舶入级有利于国家对船舶进行技术监督，保证船舶航行的安全，便于客户选择理想的船只进行货物运输，同时也有利于保险公司决定船只、货物的保险费用。

二、港口

港口是运输网络中水路运输的枢纽，是货物的集散地，是船舶与其他运输工具的交接点，它可以提供船舶靠泊、旅客上下船舶、货物装卸、存储、驳运及相关的服务等。港口有明确的水域和陆域范围，一般有：码头、泊位、港区、港界、作业区、腹地等。

1. 港口分类

（1）按用途分

1）商用港：供商船进出使用的公共性质的港口。

2）军用港：用于军事目的的港口。

3）货主港：企业自己使用的港口。

4）避风港：具有良好的天然地势，为船舶躲避台风等灾害而设置的港口。

（2）按运输功能分

1）支线集散型港口：码头为小型及中型码头，主要停靠支线运输船舶及短途干线船舶。目前世界上大多数均属此类港口。

2）海上转动型港口：是海上运输主要航线的连接点，拥有大型码头，是支线的汇集点。主要功能是在港区范围内接收、堆存货物以及装船发送货物。

3）水路腹地型港口：是国际运输主要航线的端点港，与内陆发达的交通运输网络相连接，是水陆运输的枢纽。主要功能是服务于内陆腹地货物的集散运输，同时兼营海上转运业务。此类港口在现代物流中发挥着举足轻重的作用。

（3）按地理条件分

1）海港：海岸线上的港口。

2）河港：河流沿岸上的港口。

3）河口港：河流入海口的港口。

4）湖港：湖泊岸壁的港口。

2. 港口设施与设备

（1）生产设施与设备

1）生产建筑：为水运企业进行主要生产工艺过程的建筑。在港口中，码头、货场、仓库、客运站、铁路、公路等建筑；还有船坞、船台、轮船生产车间等。

2）辅助生产服务建筑：为水运企业辅助生产服务的建筑物。如修理厂、航修站、消防站、通信建筑以及港务管理办公建筑等。

3）港口作业调度：港口日常装卸作业、生产的调度中心。根据国家的运输计划，结合港口的具体情况编制港口生产作业计划；合理组织和安排船舶与港口的生产活动；协调船港作业，加强水运与其他交通运输和物资部门的紧密配合；及时处理在生产过程中出现的各种情况；充分发挥港口的能力，更好地完成运输任务。

4）候工室：港口作业区工人交接班、临时等候、休息的场所。

5）港口机械：起重机械、运输机械、装卸运输机械及车辆。

（2）港口集疏运输设施

1）港区道路是港区内通行各种流通机械、运输车辆和行人的道路。其联系着码头、仓库、货场等场所以及港区与外界的交通。一般都设置为环形系统，以利于消防要求。

2）港口铁路是港口内专供货物装卸、转运的铁路线路及设备。一般由车站、车场、码头线及货场组成。

3）港口铁路专用线是以轨道方式直接与国家铁路网的铁路线相连接。

3. 港口货物及作业方式

（1）港口货物

1）件杂货：成件进行运输及保管的货物。件杂货一般不分有无包装，种类较多，但是由于单件重量小，形状各异，装卸设备的使用率较低。目前，一般是采用货物成组物件，即用绳扣、货板等将零散的、单件杂货装成较大的成组件，提高货物装卸效率。

2）干散货：包括散装谷物、煤炭、矿石、散装水泥、矿务性建筑材料及化学性质较为稳定的块状、粒状货物。干散货通常都是大宗运输，一般都为其设置专用码头。

3）液体货：包括石油、石油产品、植物油和液化气等，一般都属于易燃液体。运输过程中要特别注意遵守相应的安全规则。

4）集装箱：集装箱是将品种繁多、物件较小的杂货集装成规格化重件，可以大大提高装卸效率、缩短船舶到港时间、减少货损货差、节省包装费用、简化理货手续，便于多式联运及雨雪天气装卸，大大降低了货物的运输成本，是目前运输方式中使用较为广泛的一种。有利于进行易损、易盗等单件价值较高的货物的运输。集装箱运输实现了货物从生产厂经过各个运输环节直接送到客户手中，中间不需要进行拆卸的门对门运输服务。集装箱的出现及发展带动了港口的布置、船舶结构、装卸工艺、营运方式等的发展。

（2）货物在港口作业方式　主要有装卸、存储、短途运输三类，见图2-8。

（3）集装箱码头　是专供停靠集装箱船舶、装卸集装箱的港口作业场所，是在集装箱运输过程中，水路和陆路运输的连接点，也是集装箱多联式的枢纽。对加速车船运转、提高货运速度、降低整体运输成本起非常重要的作用。

1）职能：是集装箱运输系统中的集散站；是提供集装箱货物堆场，作为转换集装箱运输方式的缓冲场所；是水路集装箱运输和陆路集装箱运输的连接点和枢纽。

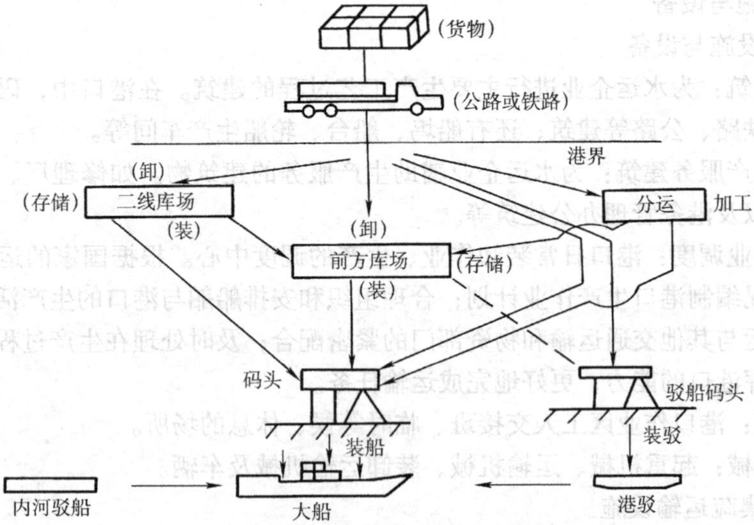

图2-8　货物在港口作业方式

2）任务：组织各类装卸机械在各个不同的运输环节中迅速有效地进行集装箱装卸和换装作业，负责装箱和箱内货物的交换或保管。

3）条件：具备保证大型集装箱船舶可以靠离的泊位，其岸壁及水深可以确保船舶的安全；有宽敞的集装箱堆场和必要的设施，能适应大量集装箱的妥善分类、保管、交换及修理；有足够的装卸、搬运机械和有关设施设备以及可以熟练操作这些机械的人员；具备可以直接连接陆路运输的机能；具备完善的组织管理系统和相关的规章制度、工作流程。

4）设施：作为运输系统的货物交汇点，必要的设施有泊位、码头前沿、集装箱堆场、货运站、控制室、行政楼、检查口、维修车间等。

①泊位：专为停靠船舶使用的场所。一般长度为300m，水深为12m左右。

②前沿：码头岸线从码头岸壁到集装箱堆场的这一部分区域。一般设有集装箱装卸桥，供船舶装卸集装箱使用；安装有集装箱桥吊及桥吊轨道；设有供电设施以及桥吊使用的辅助设施。

③集装箱码头堆场：进行集装箱装卸、交接和保管重箱、空箱的场所。包括前方堆场、后方堆场及码头前沿。通常情况下，出口箱一般放在码头堆场的前方；中间放中转箱；进口箱、冷藏箱、危险品箱、空箱放在堆场的后方。

④货运站：指对集装箱货物进行装箱、拆箱工作，完成货物交接、分类和短时间保管等辅助工作的场所或仓库。是主要进行货物拆、装作业的场所。

⑤控制室：集装箱码头各项作业的指挥调度中心。起到监督、调整和指挥集装箱码头作业计划执行的作用。

⑥检查口：是集装箱码头的出入口，也是划分集装箱码头与其他部门责任的分界点。进出此处必须检查有关的单据、证明及集装箱的有关特征。

⑦维修车间：对所有机械设备进行维修、保养的场所。

知识检验

一、填空题

1. 港口按用途分为__________；__________；__________。
2. 泊位是专为停靠船舶使用的场所，一般长度为__________，水深为__________左右。
3. 港口按运输功能分__________；__________；__________。

二、选择题

1. 按照装载能力重量在10万吨级以上的散装货船称为（　　）。
   A. 巴拿马型　　B. 好望角型　　C. 轻便型
2. 船舶按照各部分的作用和用途，大致可以分为（　　）三部分。
   A. 船体　　B. 船头　　C. 船尾　　D. 船舶动力装置　　E. 船舶舾装

三、简答题

1. 货船有哪些分类？
2. 港口集装箱码头具有什么职能？应具备什么条件？

课题四　技能训练

任务描述

通过网络查询和货运站、汽车贸易园区的调研，结合相关案例，分组讨论我国载货车市场的发展方向和当前货运市场的运输模式，收集商品车运输车辆的结构与装载知识，并撰写调研报告。

任务准备

组织学生到货运站、汽车贸易园区等地点进行现场调研，提供案例资料和网络资源，将学生按6~8人一组进行分组。

任务实施

步骤一：根据下列案例资料（或者组织学生到货运站进行市场调查），了解和讨论我国载货车市场的发展方向及货运市场的运输模式。

案例

中国货运业的发展

随着中国经济的快速发展，经济结构调整的步伐加快，中国公路货运业将面临着变革，更面临着挑战。首先中国经济由投资拉动转向消费驱动，因此中国货运物品的主要类别将发生巨大变化；其次铁路货运、民航快运、水路运输结构变化也将对中国公路货运带来影响；中国公路的小、散、乱、差，公路乱收费等亟须整治；随着市场越来越规范，善于游走于灰色地带的个体运输户将丧失更多的灵活优势，与货运企业在透明规则下公平竞争。

变革将带来巨大机遇，公路货运企业在探索新的公路货运经营模式的基础上，通过优化货运供应结构，深化运输管理体制改革，促进运输经营规模化与集约化，服务功能多样化，装卸操作运行机械化，运输场站布局合理化，货运集散协作化，组织管理现代化，货运管理信息化，投资主体多元化，从而可以走上快速扩张之路。展望未来，中国公路货运将出现如下发展趋势：

1. 甩挂运输等新型运输模式与技术将获得快速发展

市场对运输效率要求越来越高，对节油的市场需求越来越大，因此，甩挂运输等高效与节油运输模式将获得快速发展，大型运输企业将在闭环的运输线路上率先推进甩挂运输；随着甩挂运输的优势被挖掘，在全国运输网络中，将有企业积极推进挂车租赁系统，从而促进全国运输网络中的甩挂运输的发展。

2. 公路货运专业化发展空间很大

随着区域经济的发展及公路基础设施和车辆的不断改进，中长距离公路运输需求增加，公路货运向快速、长途、重载方向发展，专注于货运领域，提供高质量的标准化运输服务，也是货运企业发展壮大的成长路径。大吨位、重型专用运输车因高速安全、单位运输成本低而成为我国未来公路运输车辆的主力。专用车产品向重型化、专用功能强、技术含量高的方向发展。厢式车、罐装车、半挂汽车列车、集装箱运输车、大吨位柴油车及危险品、鲜活、冷藏等专用运输车辆将围绕提高运输效率、降低能耗、确保运输安全三大目标发展。

3. 多式联运将获得较大发展

随着铁路运力的释放，航空货运、水运的发展，中国运输业的运输结构将趋于合理，多种运输方式将趋于整合与协同，不同的运输模式将各自发挥自身特有的优势，因此，国家一直推动的多式联运等运输模式将获得巨大发展，尤其是“公铁联运”发展具有广阔空间，挂车直接开上火车的“驼背运输”模式在国内也将得到重视。

步骤二：通过网络资源或组织学生到汽车贸易园区观察商品车运输车的结构及商品车的装卸方法。

步骤三：总结并发表调研结论（学生分组实施任务后，派代表发言）。

任务评价

任务编号	2	学时	6学时	学生姓名		总分		
类别	序号	评价项目	评价内容	配分	学生自评	学生互评	教师评价	得分
岗位技能评价	1	信息收集及分析能力	运用互联网收集相关资讯及归纳能力	10				
	2	调研能力	调查问卷的设计、调查方法的选择及运用能力	10				
	3	理解及知识应用能力	是否理解所学知识，以及运用所学知识完成任务的能力	10				
	4	语言表达能力	企业或市场调研过程中，与被调查人员进行沟通、交流的能力	10				
	5	完成时间	是否按时完成各项任务	10				
职业素养评价	6	文明和安全意识	是否遵守企业安全文明规章，或市场管理规定	10				
	7	个人礼仪	衣帽、发饰、仪态；在企业或市场调研中的礼仪规范及守纪情况	10				
	8	团队合作	沟通交流、合作参与意识。包括小组活动的组织、展示、内容等；是否在小组活动中勇于发言，踊跃讨论，有独到见解	20				
	9	任务执行	协作性、积极主动性和任务完成情况	10				

注：按学生自评占20%、学生互评占30%、教师评价占50%计算总分。

任务小结

授课班级		授课时间		授课地点	
授课教师			任务名称		
学生表现					
存在问题及改进方法和措施					

任务拓展

国内首台全铝合金挂车在河北研制成功

2012年4月，国内首台全铝合金挂车在河北景县河北普泰机械制造有限公司研制成功，该项目的研制成功填补了国内汽车材料的空白。目前，已通过中国汽车协会认证，并被中国汽车协会专家誉为新材料的一场革命。

据了解，全铝合金挂车是河北普泰机械制造有限公司投入1 000万元科研经费，历时5年，经过上千次实验研制成功的。这种挂车长13m，全部是铝合金结构，率先采用盘式制动器，可以频繁刹车，不易抱轴、烧毁轮胎，刹车制动更安全可靠。同时，装配全套真空胎、铝轮，加快速度，提高制动效率。总重量比铁挂车减轻近3.5t，减重率高达41.4%以上，节油率超过7%，每年可多创造经济效益18万元，使用寿命长达10年。它的研制成功，对提升我国铝加工产业的技术水平和档次，推动汽车工业技术的进步，缩小与发达国家的差距和提高自主品牌汽车市场竞争力和创新力具有重要意义。（资料来源：中国半挂车网）

任务：

1. 通过网络或者市场调查，收集半挂车的类型、结构特点和用途。
2. 掌握牵引车与半挂车的连接方式及连接操作的方法。

单元三　装卸技术设备认知

知识目标

1. 了解起重设备的类型与特点。
2. 掌握起重设备的构造与选用方法。

技能目标

1. 掌握叉车的技术参数与选用方法。
2. 掌握叉车的安全操作规程。

案例导入

我国汽车式起重机市场需求激增情况调查

随着我国工程起重机的快速发展，汽车式起重机作为新秀其市场需求量却在逐年激增，特别是中小吨位的汽车式起重机更是市场销量的主力军，携手电商平台成为企业订单来源的新贵。

汽车式起重机是装在普通汽车底盘或特制汽车底盘上的一种起重机，可在各类公路上通行。近几年，我国的汽车式起重机产业取得了长足的发展，虽然与国外相比还有一定的差距，但是这个差距正在逐渐地缩小。

在新型城镇化成为我国经济发展的引擎时，工程起重机制造业已形成一定的产业规模，汽车式起重机被广泛应用。汽车起重机向大吨位方向发展的趋势也日渐明朗。

据2012年数据显示，我国汽车式起重机销量从各机型销量来看，中小吨位产品仍是市场的主力军，占汽车式起重机总销量的80%以上，尤其是20～25t的产品，累计销量占比超过50%。大吨位产品增长迅速，尤其是全地面起重机的销量上升很快，侧面反映了我国企业生产制造能力的提高及市场需求的变化。

业内人士称，在历年的汽车式起重机销量背后，通过电商平台达成的订单同样在增加。这其中就少不了一个专门针对起重机采购的电子商务平台——起重设备工厂店。

汽车式起重机生产厂家不仅可以免费入驻起重设备工厂店，还可以免费发布产品信息。起重设备工厂店将强势推广您的产品，让您全程享受优质的专属服务。此外，作为专业的起重设备采购平台，起重设备工厂店将为您提供直接面向采购商的机会，免去中间繁琐的环节和不必要的开销，使您的盈利最大化。

起重设备工厂店能让众多生产厂家争先入驻的主要优势就是按效果付费，也就是成单之前不收取任何费用，交易未成功，不收一分钱。供应商只用发布产品信息，起重设备工厂店免费为您的产品提供一切推广。

尽管电商平台成订单新贵，汽车式起重机行业仍需进一步加强研发创新，提高产品质量，采取差异化战略，才能在激烈的竞争中取得更长远的发展。（资料来源：中国行业研究网）

问题：什么是汽车式起重机？汽车式起重机的发展趋势是什么？

课题一　起重设备的特点与分类

一、概述

1. 起重设备的工作特点

起重设备是一种以间歇作业方式对货物进行升降和水平运动的机械设备的总称。它对减轻劳动强度，降低运输成本，提高生产效率，加快车船周转，实现搬运装卸的机械化起着十分重要的作用，在交通运输行业得到广泛的应用。

起重设备的工作程序是：吊挂（或抓取）货物，提升后进行一个或数个动作的运移，将货物放到指定地点后卸载，然后返程准备做下一次动作，这样的一个过程叫一个工作循环，起重设备完成一个工作循环以后，再进行下一个循环。因此起重设备具有间歇重复的工作特点。

2. 起重设备的结构组成

起重设备种类有许多种，但主要都由动力装置、工作机构、金属机构与控制系统四大部分所组成。

（1）动力装置　动力装置是起重设备的驱动装置，是驱动各工作机构动作的机构，它是起重设备的重要组成部分，在很大程度上决定着起重机械的工作性能和结构特点。不同类型的起重机由不同类型的动力装置组成，除了简单的起重设备，现代起重设备主要采用电力驱动、内燃机驱动、或内燃机—电力驱动、内燃机—液压驱动等。如汽车和轮胎起重机多采用往复活塞式内燃机作为驱动装置，由一台内燃机同时对上、下车供应动力；又如应用在港口码头、车站、仓库上方的起重机就用外接的电动机作为驱动装置。

（2）工作机构　货物的垂直升降及其水平移动是靠起重设备的工作机构来实现的。不同类型的起重机，其工作机构也稍有差异。但无论何种类型的起重机一般都由起升机构、运行机构、变幅机构和回转机构四大机构组合而成。如：轮胎起重机和门座起重机就由上述四大机构组成；而桥式起重机却只由起升机构和运行机构组成。

1）起升机构。起升机构是用来升降货物的机构，它是起重机的基本机构。由原动机、卷筒、钢丝绳、滑轮组和吊钩组成。为使货物能在吊钩自身重力作用下自由下降，必须让卷筒与原动机脱开，所以起升机构上还设置了离合器；为使货物安全停止在空中某位置或控制货物的下降速度，在起升机构中还设置了制动器或锁止器等停止机构。

大型起重机一般设有两套起升机构（即主钩和副钩），吊质量大的货物时用主钩；反之用副钩。副钩的起升能力是主钩的1/5～1/3或更小。

2）运行机构。运行机构是用来实现起重机械和起重小车沿固定轨道或路面行走的机构，它有无轨运行和有轨运行两种。前者依靠轮胎或履带在普通路面上行走，多用于汽车、轮胎和履带起重机，其机动性较好，其构造原理与汽车或普通内燃机原理基本相同；后者在轨道上运行，承载力强，运行阻力小，一般起重机应用较多，其运行机构一般可分为集中驱动和分别驱动两种。集中驱动就是由一台驱动装置驱动两个车轮行走，而分别驱动则装有两台以上的驱动装置，各自驱动一个车轮行走。运行机构还有自行式和牵引式之分。

3）变幅机构。变幅机构是依靠臂架俯仰或小车运行的方式使吊具移动而改变幅度的机构。它是通过改变吊钩中心与起重机回转中心轴线之间的距离来实现变幅的。起重机通过变幅扩大了工作范围，即将垂直的直线作业范围扩大到面的作业范围。变幅形式随起重机的形式而不同。轮胎和汽车起重机一般用钢丝绳和液压缸实现变幅，被称为动臂式起重机；有些塔式起重机，变幅是依靠小车沿吊臂水平移动来实现的，称为小车式变幅；用于港口的门座起重机、浮船起重机，则使用带载变幅的工作性变幅机构。

> 知识卡
>
> **回转**
>
> 回转一般分为全回转（360°）和部分回转（270°）。一般轮胎式、履带式、门座式、浮船式起重机多用全回转。

4）回转机构。回转机构就是使起重机的回转部分在水平面内绕回转中心转动的机构。通过回转机构，起重机的工作范围从线、面作业范围扩大为具有一定空间的作业范围。

（3）金属机构　金属机构是起重机的基体和骨架。它主要用来布置和安装起重机的驱动装置和其他机构部分，承受各种载荷并将这些载荷传递给起重机的支撑部分。金属机构主要包括臂架、门架、桥架、转台、人字架和机房等部件。因起重机要承受一定的载荷，故起重机要求有一定的刚度和强度。由于起重机的金属机构的机件较多，所以质量大，耗钢多，其质量约占整个机器的一半。

（4）控制系统　起重机除了有上述三大机构以外，为了使起重机安全可靠的工作，还设置了控制系统。控制系统包括操纵装置和安全装置。它们由离合器、制动器、锁止器、起重力矩和起重量限制器、防风抗滑装置、行程限位器、缓冲器等装置组成。通过控制系统，可改变起重机的运动特性，实现各机构的起动、调速、变向、制动乃至停止，从而完成起重机的工作任务。

二、起重机的类型

起重机的种类很多，根据其动作多少，可分为简单动作和复杂动作两类；按其结构和性能不同，起重机可分为轻小型起重机、桥式类型起重机、臂架类型起重机及升降机四种基本类型。

1. 轻小型起重机

轻小型起重机一般只有一个起升机构，使货物作升降运动。在某些场合可作水平运输（如卷扬机）。属于这一类型的起重机有：千斤顶、滑车、卷扬机、葫芦等。

2. 桥式类型起重机

桥式类型的起重机配有起升机构、大车运行机构和小车运行机构。依靠这些机构的配合动作，可在整个长方形场地及其上空作业，适用于车间、仓库、露天堆场等场所。桥式起重机包括：通用桥式起重机、堆垛起重机、龙门式起重机、装卸桥、冶金专用起重机等。

3. 臂架类型起重机

臂架类型起重机配有起升机构、回转机构、变幅机构和运行机构，液压起重机还设有伸

平距离，通常用 S（单位为 m）表示。

基距是指沿轨道方向上起重机两支腿中心线之间的距离。对于无轨运行的起重机则为轮距或轴距。轮距是左右两组行走轮中心线的间距，分为前轮距和后轮距；轴距是前后轮轴之间的距离。

对门座起重机和桥式起重机的轨距，国家已制订了标准。门座起重机和桥式起重机的轨距取决于门架下方通过铁路线的数目。单线取 6m，双线取 10.5m，三线取 15.3m。目前国内用得最多的是双线轨。门座起重机的基距考虑到稳定性和轮压，一般取与轨距相同或相近的尺寸。

6. 工作速度

起重机的工作速度包括起升、运行、变幅和回转的速度，对伸臂式起重机还包括吊臂伸缩速度和支腿收放速度。

起升速度是指起重机吊起额定重量的货物时，货物垂直位移的速度，用 v_n 来表示，单位为 m/s 或 m/min。

运行速度是指起重机或起重小车匀速运行时的速度，用 v_k 来表示，单位为 m/s 或 m/min。

变幅速度是指起重机吊具从最大幅度至最小幅度沿水平位移的平均速度，用 v_T 来表示，单位为 m/s 或 m/min。

回转速度是指回转起重机的转动部分匀速转动的回转角速度，用 ω 来表示，单位为 r/min。

起重机械工作速度选择得合理与否，对起重机械的性能有很大的影响。在一定的起重量下，若提高工作速度，就可相应的提高起重机的生产率。但速度过高也会带来一系列不利影响。如使动载荷增大、驱动功率提高等。因此，应根据起重机的工作性质、使用场合、起重量、工作行程等因素综合考虑。

7. 生产率

起重机的生产率是指在规定的条件下连续工作时，单位时间内吊运货物的总吨数，通常用 Q_s 表示，单位为 t/h。它是表示起重机装卸能力的一个综合指标，也是测算装卸作业能力的主要依据。它综合了起重量、工作行程和工作速度等基本参数以及操作技能、作业组织等因素。理论上生产率可用下列公式计算：

$$Q_s = n \cdot G_p$$

式中　n——起重机每小时工作循环次数；

G_p——有效起升质量（t），当采用吊钩作业时，有效起升质量就是起重量，即 $G_p = G$，当采用抓斗或容器作业时，有效起升质量为 $G_p = V\gamma\psi$；

其中　V——抓斗或容器的有效容积（m^3）；

γ——散粒物料的堆积密度（t/m^3）；

ψ——充填系数。

由上可见，起重机的生产率不仅取决于起重机本身的性能参数，如起重量大小、工作速度的快慢等，还与货物的种类、工作条件、生产组织以及司机的熟练程度等密切相关。

资料库

工 作 级 别

按我国现行的起重机的国家标准规定，按起重机的利用等级和载荷状态将起重机分为 A1、A2、A3、A4、A5、A6、A7、A8 共八种工作级别；按起重机各机构的利用等级和载荷状态将起重机分为 M1、M2、M3、M4、M5、M6、M7、M8 共八种工作级别。

8. 工作级别

起重机是间歇动作的机械。工作时，各个机构不但时开时停，而且有时正转，有时反转；有时满载，有时空载；有时载荷大，有时载荷小；有的起重机日夜三班工作，有的只有一班工作，有的有特殊用途的起重机一年才使用一两次。在起重机每次吊运货物的工作循环中，各机构运行时间长短和开动次数也不一样，这些现象都会对起重机的金属机构和机构的零部件的疲劳、磨损等产生不同的影响。因此，应根据不同情况对起重机及其机构划分为不同的工作级别。

工作级别也称工作类型。它是考虑了起重量和时间的利用程度以及工作循环次数三个因素而制订的。为了使起重机具有先进的技术经济指标，保证产品经久耐用、安全可靠，在设计计算和选用起重机时必须考虑由起重机的工作忙闲程度和载荷的大小所决定工作级别。

起重机及其构件的设计和安全标准都与工作级别有关，分级方法详见《起重机设计规范》（GB/T 3811—2008）。

二、桥式起重机

桥式起重机又称桥吊、行车，见图 3-2。桥式起重机是指桥架支承在建筑物两边的高架轨道上，并能沿轨道行走的一种桥架型移动式起重机。其在桥架上设有可沿桥架上的轨道行走的一种的起重小车（或电动葫芦）。它是依靠桥架沿厂房轨道的纵向移动、起重小车的横向移动以及吊钩装置的升降运动来进行工作的。它具有构造简单、操作灵活、维修方便和不占用地面作业面积等特点。常用于仓库的装卸作业和车间的起重作业。

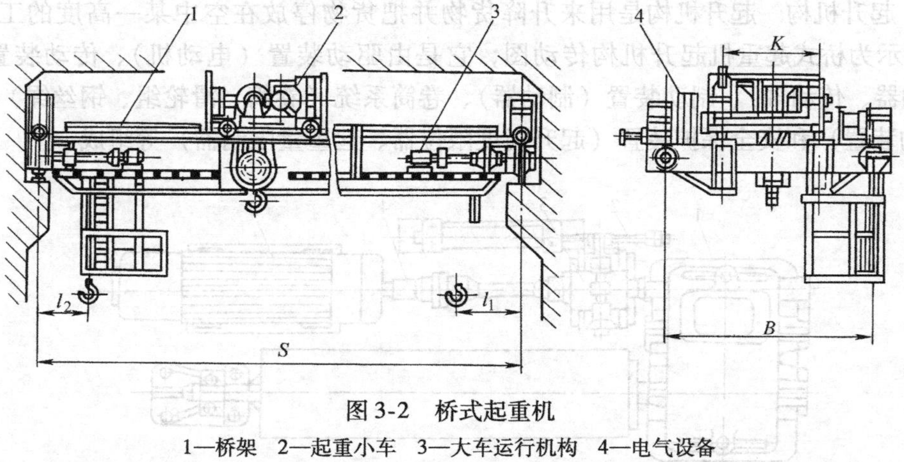

图 3-2 桥式起重机

1—桥架 2—起重小车 3—大车运行机构 4—电气设备

桥式起重机一般由桥架、起重小车、大车运行机构、驾驶室（包括操纵机构和电气设备）四大部分组成。桥式起重机的机构部分有起升、小车运行和大车运行三个机构，各机构有单独的电动机进行驱动。

1. 桥架

桥架是桥式起重机的基本骨架，由主梁、端梁、走台和栏杆等组成。在主梁的上盖板上铺设轨道，供起重小车行走，与主梁连接的侧走台上安装起重机的大车运行机构，另一侧走台安装小车的供电滑线。走台的外侧设有栏杆，以保障检修人员的安全。

2. 大车运行机构

桥式起重机的大车运行机构是驱使起重机车轮转动，并使车轮沿建筑物高架上铺设的轨道作水平方向运动。大车运行机构主要由运行驱动装置和运行支承装置两部分组成。

（1）运行驱动装置　运行驱动装置由电动机、制动器、减速器、传动轴、联轴器等部件组成。大车运行机构的驱动方式有集中驱动和分别驱动两种。由一套驱动装置通过传动轴来使桥架两边车轮转动的驱动方式称为集中驱动；由两套驱动装置分别驱动桥架两边车轮转动的称为分别驱动。目前桥式起重机大车运行机构普遍采用分别驱动，只有起重量很小的桥式起重机上仍采用集中驱动。

（2）运行支承装置　运行支承装置由轨道和车轮组组成。桥式起重机大车运行轨道一般采用方钢或P型铁路钢轨。起重机通常有四个行走车轮，安装在两根端梁的两端，其中两个是主动车轮，两个是从动车轮。车轮通常采用双轮圆柱形踏面。

3. 起重小车

桥式起重机的起重小车包括小车架、小车运行机构和起升机构。

（1）小车架　小车架由钢板焊接而成，上面安装有起升机构和小车运行机构。在小车架上安装有栏杆、缓冲器和行程限位开关等安全保护装置。当小车运行到桥架主梁两端的极限位置时，行程开关动作，切断电源，以缓冲器撞击桥架主梁顶端的挡桩来吸收小车运行的动能，使小车停止运行，从而起到安全保护作用。

（2）小车运行机构　小车运行机构用来驱动起重小车沿主梁轨道运行。通常小车的四个车轮都是驱动轮，由两套驱动装置驱动。但起重量较小的小车运行机构也可采用一套驱动装置。小车的车轮一般采用单轮缘，将有轮缘的一侧置于小车轨道外侧。

（3）起升机构　起升机构是用来升降货物并把货物停放在空中某一高度的工作机构。图3-3所示为桥式起重机起升机构传动图，它是由驱动装置（电动机）、传动装置（减速器、联轴器、传动轴）、制动装置（制动器）、卷筒系统（卷筒、滑轮组、钢丝绳）、取物装置（吊钩装置）和安全保护装置（起升高度限位器、起重量限制器）等组成。

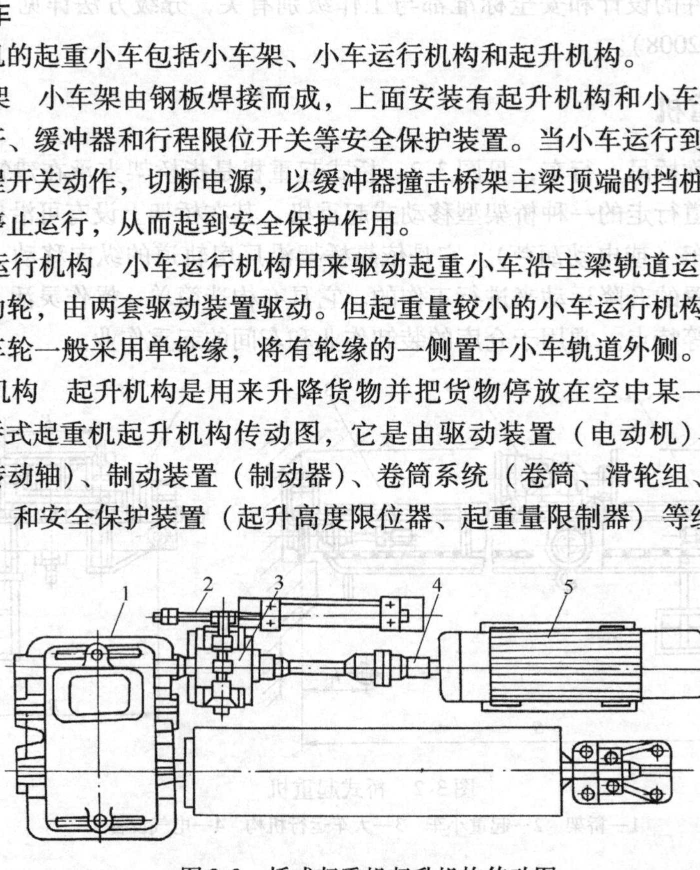

图3-3　桥式起重机起升机构传动图

1—减速器　2—制动器　3—联轴器（带制动轮）　4—齿式联轴器　5—电动机

电动机通过联轴器与减速器高速轴相连，减速器低速输出轴上装着卷筒，通过钢丝绳和滑轮组与吊钩装置相连。机构工作时，卷筒将钢丝绳卷入或放出，通过滑轮组，使吊钩上的货物上升或下降；机构停止工作时，制动器使吊钩装置及货物悬挂在空中。吊钩装置的起升或下降是通过改变电动机的转向来实现的。

桥式起重机的起升机构常设有主副两套机构，主起升机构起重量大，起升速度慢；副起升机构起重量小，起升速度快。主副起升机构不能同时工作。

为了保证起升机构正常、安全的工作，在起升机构上常设有起升高度限制器和起重量限制器。

起升高度限制器是用来限制取物装置最高位置的安全保护装置。它有重锤式和螺杆式两种。桥式起重机起升机构大多采用螺杆式。

螺杆式起升高度限制器见图 3-4，它由方头螺杆 2、移动螺母 4、固定导杆 3、螺栓 5、限位开关 6 与壳体 1 等组成。方头螺杆 2 套在卷筒轴端的方孔内，当卷筒旋转时，螺杆随着转动，与螺杆啮合的螺母 4，由于固定导杆 3 的导向作用，沿螺杆轴向移动。当取物装置上升到极限位置时，螺栓 5 与限位开关 6 接触，切断电源，达到控制起升高度的目的。如需要改变起升高度，只要调整螺母与限位开关的距离即可。这种限位器准确可靠，重量小，在起升机构中广泛应用。弹簧压杆式起升重量限制器见图 3-5，它是利用限制钢丝绳张力的方法来限制起重机的起重量的。限制器直接安装在均衡滑轮上或钢丝绳尾端，当起升载荷超过允许值时，能及时切断电源或发出警报，使起升机构停止工作，从而达到限制起升货物重量的目的。

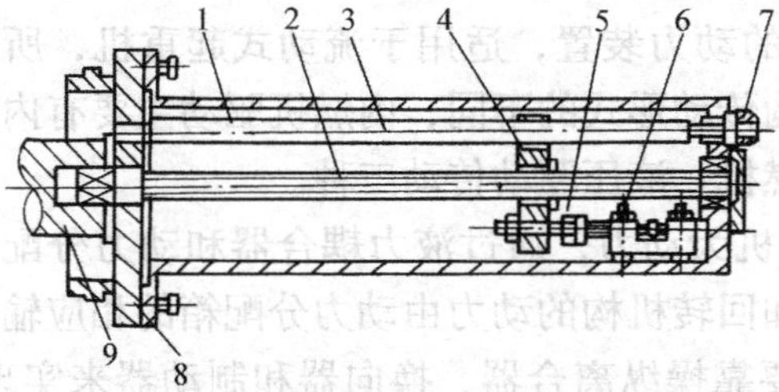

图 3-4 螺杆式起升高度限制器

1—壳体 2—方头螺杆 3—固定导杆 4—移动螺母 5—螺栓 6—限位开关 7—螺帽 8—卷筒端盖 9—卷筒轴

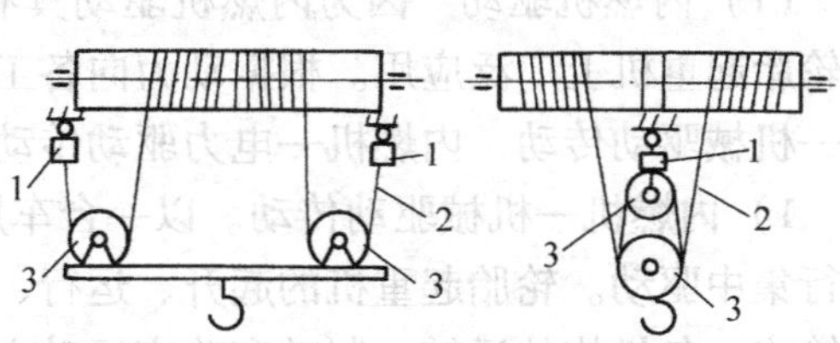

图 3-5 弹簧压杆式起升重量限制器

1—起升重量限制器 2—钢丝绳 3—滑轮

（4）驾驶室 驾驶室是起重机操纵者工作的地方，因此又称为操纵室。驾驶室里有大、小车运行机构、起升机构的操作设备和相关的电器设备，如控制器、电铃、紧急开关等。驾驶室固定在主梁下方的一端，可随小车一起移动。驾驶室的上方还有通往桥架的舱门，起重机在工作时，一定要确保舱门关好以避免发生人身伤亡事故。

三、轮胎起重机

1. 轮胎起重机的特点

轮胎起重机（图 3-6）是装在专门设计的自行轮胎底盘上的全旋转动臂式起重机。这种起重机一般采用内燃机驱动，但也有少量的简易型轮胎起重机采用外接电源驱动。轮胎起重机多采用刚性悬挂，因而在一定条件下可以带载行走，工作时一般需要打支腿。它的吊臂大多为桁架结构，分段组装，但也有采用伸缩式的。

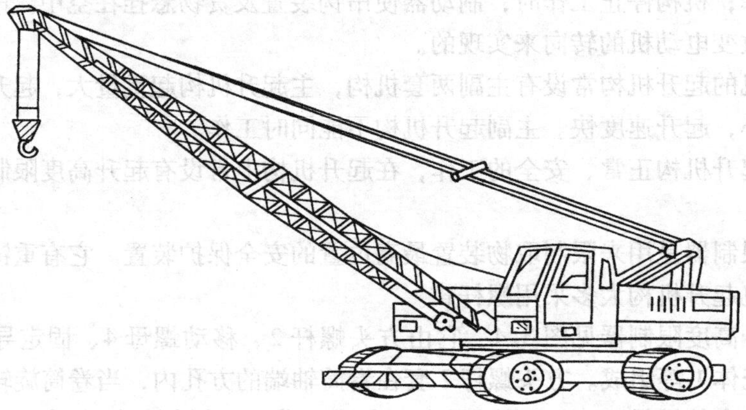

图3-6　轮胎起重机

轮胎起重机总体布置不受汽车底盘的限制，轮胎式起重机轮距较宽，稳定性好，轴距小，车身短小，转弯半径小，适用于狭窄的工作场所。轮胎式起重机可前后、左右四面工作，在平坦的地面上可不用支腿吊重，并且可吊重慢速行驶。

2. 轮胎起重机的驱动形式

轮胎起重机的驱动形式主要有内燃机驱动和电力驱动两种形式。

（1）内燃机驱动　因为内燃机驱动具有独立的动力装置，适用于流动式起重机，所以在轮胎起重机上广泛应用。根据动力向各工作机构传动形式的不同，内燃机驱动主要有内燃机—机械驱动传动、内燃机—电力驱动传动和内燃机—液压驱动传动三种。

1）内燃机—机械驱动传动。以一台车用内燃机为动力，通过液力耦合器和动力分配箱进行集中驱动。轮胎起重机的起升、运行、变幅和回转机构的动力由动力分配箱的相应输出轴输出。各机构的运转、制动和改变运动方向都要靠操纵离合器、换向器和制动器来实现。这种驱动形式具有一些缺点：内燃机承载能力差，超负荷时容易熄灭；内燃机不能带载起动；内燃机不能逆转；操纵性能差，不能实现无级调速。这种驱动传动形式将逐渐被淘汰。

2）内燃机—电力驱动传动。以柴油机作为原始发动机，驱动发电机，发电机发出直流或交流电再供给各机构的电动机驱使各机构动作。柴油机原有的转速变化范围不大、转矩几乎保持不变、不能逆转、不能带载起动等缺点，不仅在内燃机—电力驱动中得以克服，而且具有电力驱动的全部优点，同时，由于用柴油机作为原始发动机从而使起重机具有自身的独立能量来源，可不受外部电源的约束，因此，内燃机—电力驱动传动在各类流动式起重机中得到广泛的应用。

3）内燃机—液压驱动传动。以内燃机为原动机带动高压油泵，使油压力升高，将高压油输入各机构的液压马达或工作液压缸，驱动各机构动作。随着液压技术的不断提高，制造业水准的不断进步，该驱动传动形式将得到越来越广泛的应用。

动脑筋

液压传动主要特点有哪些？

(2) 电力驱动　电力驱动是利用交流电源，通过电动机和传动装置将动力传递给各工作机构的驱动形式。如DIQ16型轮胎起重机就是采用这种驱动形式的。电力驱动比较适合起重机的工作特点和要求；短期运载能力大；能带载起动；可正、反转；调速容易；各机构可采用分别驱动，构造简单，操纵维修方便；对环境无污染，噪声小。但是，电力驱动需要外接电源，使起重机作业范围和场所受到了限制。因此，采用电力驱动的轮胎起重机适宜于港口码头、货场等操作频繁，但不需要经常移动场所的条件下工作。

知识卡

液压传动的主要特点

没有机械传动零件，重量小，结构紧凑；可实现无级调速，操纵方便，换向简便；传动平稳，可防止过载；利用换向阀的中间闭锁位置可将机构停止在任何位置，从而省去了制动装置。缺点是液压元件加工精度要求高，成本高，检修维护要求高。

四、门座起重机

1. 特点及其组成

门座起重机（图3-7）是装在沿地面轨道行走的门形底座（门架）上的全回转臂架起重机，又称门机，是码头前沿的通用起重机械之一。门架是整个起重机的承载部分，起重机的全部载荷均由门架传到地面轨道上，门架大多采用箱形结构，刚度较大。由于门架下面可通行铁路车辆或其他无轨运输工具，因此门架轨距有三种规格：能通行一列铁路车辆的轨距为6m，称单线门架；能通行两列铁路车辆的轨距为10.5m，称双线门架；能并列通行三列铁路车辆的轨距为15.3m，称三线门架。港口码头前沿的门座起重机大多属于双线门架。

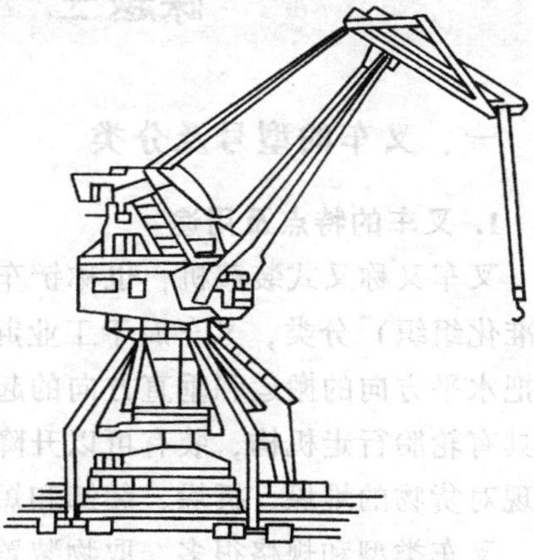

图3-7　门座起重机

门座起重机具有较好的工作性能和独特的优越结构，其工作机构具有较高的运动速度，使用效率高，每昼夜可工作22h，台时效率也很高，一般每小时可达100t以上，这样就可以适应港口装卸生产率高、作业频繁的特点。同时，门座起重机的结构是立体的，占用的面积不大，由于有高大的门架和较长的臂架，因而具有较大的起升高度和工作幅度，适宜于工作范围较大的万吨级海轮的装卸、过驳。但门座起重机也有它的不足，如造价高，耗材大，需要的电力较大；轮压大，地基必须坚固，并且附属设备多。

2. 门座起重机的工作机构

门座起重机具有起升、运行、变幅、回转四大机构，即可完成货物的升降，起重机运行、回转以及带载变幅等动作。各机构由各自的电动机驱动，可单独工作；起升、变幅、回转三个机构还可联合动作，以提高装卸效率。

知识检验

一、填空题

1. 起重量是指__________，是指起重机在安全工作情况下所__________。通常用__________表示，单位为__________。

2. 起重机的主要技术参数有__________。

3. 起重机的变幅速度是指__________平均速度。

4. 桥式起重机一般由__________、__________、__________、__________四大部分组成。

二、选择题

1. 轮胎起重机的驱动形式包括（　　）。

A. 内燃机驱动　B. 电力驱动　C. 太阳能驱动　D. 机械驱动

2. 起重机的工作速度包括（　　）的速度。

A. 起升　B. 运行　C. 变幅　D. 下降　E. 回转

3. 门座起重机可完成（　　）等动作。

A. 货物的升降　B. 起重机运行　C. 回转　D. 带载变幅

三、简答题

1. 试述桥式起重机的结构特点、组成及各部分的作用。

2. 为什么要对起重机及其机构划分工作级别？如何划分？

3. 内燃机驱动有哪几种形式？各有何特点？

课题三　叉车的技术参数与选用

一、叉车的型号及分类

1. 叉车的特点及用途

叉车又称叉式装载机，也称铲车，是装卸搬运机械中应用最广泛的一种。按ISO（国际标准化组织）分类，叉车属于工业起升搬运自装载车辆。它种类很多，用途广泛。它机械地把水平方向的搬运和垂直方向的起升紧密地结合起来，有效地完成各种装卸搬运作业。叉车具有轮胎行走机构，装有可以升降的门架和可更换的取物装置，它可将货物拖取和升降，实现对货物的堆垛、拆垛、装卸和短距离的搬运工作。

叉车类型和规格很多，取物装置也种类繁多，因此适用多种货物的装卸和搬运。叉车结构紧凑、尺寸小，采用轮胎式无轨运行，机动性好，因此广泛应用于物流企业的立体仓库、货场及货舱内的堆垛、拆垛作业，采用叉车进行作业可大大提高仓库容积的利用率和货场面积的利用率。小型叉车可以到车厢内进行装车和卸车作业，也可到集装箱内进行装箱拆箱作业，叉车还能对载货汽车，挂车，搬运车进行装车、卸车作业，还可以在码头与库场之间、库场与库场之间进行短距离的货物搬运作业。另外利用叉车作业时可使货物的堆垛高度增加，缩短装卸、搬运、堆码的作业时间，减少货物破损，提高作业的安全程度，且成本低、投资少，因此在各种运输方式中一般优先选用叉车进行装卸作业。

2. 叉车的型号及总体构造

（1）叉车的型号　叉车的型号标注，国家规定由五项组成：组型代号、主参数、动力形式（用燃料代号表示）、传动方式和改型代号。

叉车型号编制规则见图3-8。

1）厂牌。有的企业用两个汉语拼音字母表示，有的用两个汉字表示，厂牌由厂家自定。

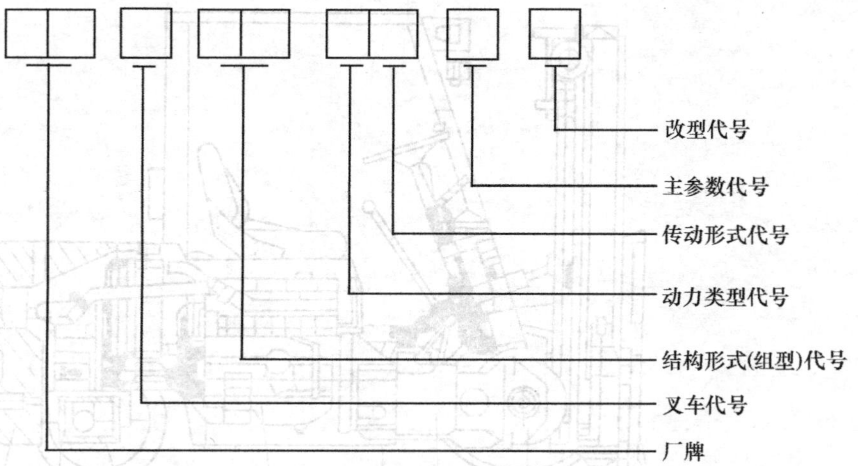

图 3-8 叉车型号编制规则

2）改型代号。按汉语拼音字母顺序表示。

3）主参数代号。以额定起升质量(t)×10 表示，原机械工业部部颁标准起升质量不乘以 10。

4）传动形式代号。机械传动不标字母，液压传动标字母 D，静力传动标字母 J。

5）动力类型代号。汽油机标字母 Q，柴油机标字母 C，液态石油气机标字母 Y。

6）结构形式（组型）代号。P 表示平衡重式，C 表示侧叉式，Q 表示前移式，B 表示低起升高度插腿式，T 表示插入插腿式，Z 表示跨入插腿式，X 表示集装箱叉车，K 表示通用跨车，KX 表示集装箱跨车，KM 表示龙门跨车。

例如：

CPQ10B——表示平衡重式叉车，以汽油机为动力，机械传动，额定起重量 1t，同类同级叉车第二次改进。

CPCD160A——表示平衡重式叉车，以柴油机为动力，液力传动，额定起重量 16t，同类同级叉车第一次改进。

CCCD100——表示侧叉式叉车，以柴油机为动力，液力传动，额定起重量 10t，基型。

（2）叉车的总体构造　平衡重式叉车由发动机、底盘和工作装置三大部分组成，其总体布置见图 3-9。

工作装置安装在叉车的最前部，悬挂在支承车轮的前方。最常用的取物装置是一对朝前的货叉，通过起升机构使货叉升降，通过门架倾斜装置使货架向下俯和向上仰，加上叉车的前进和后退，货叉就能方便地实现对货物的托取、升降、堆垛、拆垛等工作。工作装置采用伸缩式门架以及省时起升滑轮组，使叉车在较小的外形高度下得到较大的起升高度，提高了叉车的通过性，扩大了叉车的适用范围。

底盘由行驶系、传动系、转向系和制动系组成。由于工作装置和货物位于前方，满载时前轮压力大，为了提高叉车的牵引性能，叉车采用前桥驱动，后桥转向的布置。采用前桥与车架固定连接、后桥与车架铰轴式悬挂连接方式。

传动系把发动机的动力传给驱动轮，使叉车运行。传动系由液力变矩器、离合器、变速

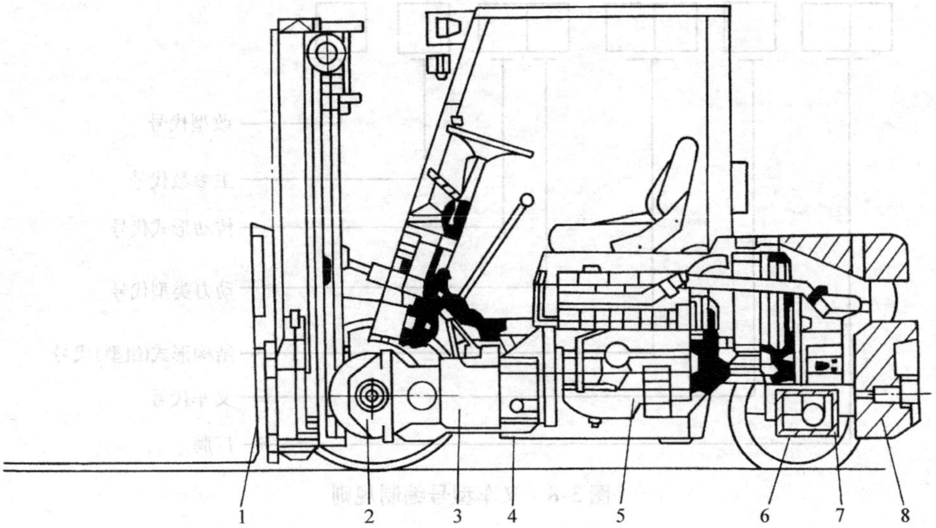

图3-9　内燃机平衡重式叉车

1—工作装置　2—驱动桥　3—变速器　4—离合器

5—发动机　6—转向桥　7—工作液压泵　8—平衡重

器、传动轴和驱动桥内的主传动装置等组成。

转向系用来控制叉车行驶方向，使车辆保持直线行驶或实现曲线行驶。它由转向器、转向传动机构组成。

制动系是使叉车减速、驻车或可靠地停驻。叉车具有两套独立的制动系统：行车制动系统和驻车制动系统。每套制动系统由制动器和制动操纵机构组成。

叉车车速较低，一般只在驱动轮上安装车轮制动器，用脚踏板控制。驻车制动器一般安装在传动轴上或车轮制动器内，用手拉杆操纵。

内燃机是叉车的动力装置，装在叉车的后部，兼起平衡重的作用。

平衡重是平衡重式叉车必不可少的构件，用来平衡载荷及由于工作装置重力产生的倾覆力矩。在设计时还可用来调节叉车的重心位置，改善叉车的性能。通常情况下，叉车只装驾驶座，经常在室外工作的叉车才装封闭的驾驶室。在叉车的车身上还装有各种作业灯、报警声光信号装置等。

3. 叉车的分类

（1）按举升高度区分　叉车主要分为：低举升的叉车，举升高度在100～150mm之间；高举升的堆高机，最高举升达12m。还可再由负载能力及不同的应用加以细分。以操作员的操作方式分，则可分为步行式及坐立式两大类，见图3-10。

- 叉车系统
  - 低举升
    - 步行式——人力叉车
    - 行/立式——电动叉车
  - 高举升
    - 步行/立式
      - 配重式叉车
      - 跨立式叉车
      - 伸臂直立式叉车
    - 坐式
      - 窄道式叉车
      - 配重式叉车
      - 跨立式叉车
      - 伸臂直立式叉车
      - 转柱式叉车
      - 侧边叉车
      - 转叉式叉车
      - 高扬式叉车

图3-10　叉车系列

1）低举升叉车。低举升叉车又分为手动和电动两种方式。手动方式是以人力做水平和垂直的移动。电动方式是以电瓶提供动力做举升及搬运动作。所有的手动式、电动式都由操作者站立操作。目前由于手动的操作方式，不仅速度慢，且费力易造成伤害，因此尽管电动叉车成本很高，但应用也很广泛。

2）高举升叉车。高举升叉车举升高度可达12m。依操作员乘坐的方式可分为步行式、立式及坐立式。一般步行式和立式可举升高度约为2.7~3.9m。由于应用上的不同又可分为配重式、窄道式、转柱式、侧边负载式、转叉式及高扬程存取机等。

（2）按货叉安装位置分类

1）正面式叉车。正面式叉车的货叉位于叉车的前方。正面式叉车按其保持稳定性的方法又可以分为：

①平衡重式叉车。这种叉车的货叉与货物始终位于叉车前轮的前方。为平衡货物重量产生的倾翻力矩，在叉车的后部安装平衡重，以保持叉车的纵向稳定性。平衡重式叉车是使用最广泛的叉车，产品型号众多，起重量为0.5~60t。

②前移式叉车。它有两条前伸的支腿，前轮较大，支腿较高。需要叉取货物或卸下货物时，将门架（或叉架）沿车架上的水平轨道前移到前轮的前方，货叉叉取货物后，起升一定高度，当货物底部超过支腿高度后，货叉带着货物后移，使货物重心位于前后轮的支承平面内，保持叉车行走时的良好稳定性。前移式叉车一般用电动机驱动，额定起重量在2t以下，主要用于仓库堆垛作业。

③插腿式叉车。这种叉车车体前方有两条带小车轮的支腿，货叉位于支腿之间。支腿的高度很小，因此支腿可以连同货叉一起插入货架或托盘底部，再由货叉起升货架或托盘。被插腿式叉车举起的货物重心位于车轮的支承平面内，所以叉车的稳定性好。

插腿式叉车一般用电动机驱动，起重量在2t以下，外形尺寸小，转弯半径小，主要用于通道狭窄的仓库内作业。

2）侧面式叉车。侧面式叉车的门架、货叉位于叉车的中部，并可以沿横向轨道移动，货叉朝向叉车的侧面，货叉在侧面叉取货物，起升一定高度后，门架向车内移动，降下货叉，把货物搁在叉车的货台上，叉车行走。因为起升机构在叉车行走时不受载，货物重心位于前后轮的支承平面内，所以叉车的纵向稳定性好。侧面式叉车适应于装卸、搬运长件货物。在叉取和卸下货物时，需先将侧面液压支腿放下，用来减小该侧轮胎的负荷，以保证叉车的横向稳定性。

3）多面式叉车。多面式叉车的特点是门架或叉架可以绕垂直轴线旋转，货叉可能朝向两个方向或三个方向，因此这种叉车能在通道狭窄的立体仓库中从通道两侧的货架上取、放货物。

4. 叉车的主要技术参数

叉车的技术参数是表示叉车结构尺寸和工作性能的技术指标。平衡重式叉车主要有下列技术参数：

（1）额定起重量　额定起重量是指叉车门架处在垂直位置，载荷重心位于规定的载荷中心距时，允许货叉举起载荷的最大质量。额定起重量是叉车最主要的参数，我国的有关标准已规定了叉车的额定起重量系列。

（2）载荷中心距　载荷中心距是指叉车载荷重心到货叉垂直段前壁的水平距离。额定起重量与载荷中心的乘积反映了叉车的起重能力。为了保证叉车的纵向稳定性，当载荷重心位于载荷中心距之内时，其额定起重量不变；当载荷重心位于载荷中心距之外时，其起重量小于额定起重量。随着载荷重心偏离载荷中心距距离的增大，起重量则随之减小，此曲线称为载荷特性曲线，应将它制成标牌，置于叉车的醒目处。

（3）最大起升高度　最大起升高度是指叉车位于水平坚实路面上，门架处于垂直位置，货叉承载额定起重量时，自货叉水平段上表面至地面的最大垂直距离。

（4）最大起升速度　最大起升速度是指叉车门架处于垂直位置，货叉承载额定起重量时，货物起升的最大速度。货叉、货物、货架的下降一般依靠重力，为了避免满载时下降速度过快，在起升液压缸进油口处装单向节流阀，以控制下降速度。

（5）满载和空载最大行驶速度　满载和空载最大行驶速度是指货叉上承载额定起重量的叉车和空载的叉车在平直、坚硬道路上行驶能达到的最高稳定行驶速度。

对内燃叉车，$v_{max}=18\sim25km/h$；

对电动叉车，$v_{max}=10\sim15km/h$。

（6）满载和空载最大爬坡度　满载和空载最大爬坡度是指叉车在载有额定起重量状态下或空载状态下，以最低挡等速行驶所能爬越的最大坡度，以百分数表示。

（7）尺寸参数　包括外形长度、高度、宽度，最大起升时的外形高度、轴距、前后轮距、最小离地间隙、最小转弯半径等。

（8）质量参数　包括自重、前后轴压等。

二、单斗车

1. 单斗车的特点和用途

单斗车又称单斗装载机，亦称装载机。它由行走底盘、铲斗、升降机构和倾翻机构等组成。单斗车利用铲斗能自行铲取散料、倾卸散料和对散料作短距离搬运。

单斗车是散粒物料的作业机械，能在场地上做散料的堆积和平整工作。在港口，能对自卸卡车、敞车和小型船舶进行装货作业，也能对带式输送机进行装料作业。

单斗车采用轮胎式或履带式无轨运行，它机动灵活，在散货转运作业中优势明显。小型单斗车还可以在船舱内进行清舱作业。在矿山和其他工程作业中，单斗车可对矿石和砂石等进行轻度的挖掘工作。

单斗车的适用范围广，机动灵活，作业效率高，因此在许多场合被大量使用。

2. 单斗车的型号和主要技术参数

（1）单斗车的型号　国产单斗车的型号编制规则尚未完全统一，常见的型号表示方法见图3-11。

1）改进代号。按汉语拼音字母顺序表示。

2）主参数代号。以额定载重量的10倍表示。

3）行驶装置及传动代号。履带装置且机械传动不标字母，履带装置且液力传动标字母Y，轮胎装置且液力传动标字母L。

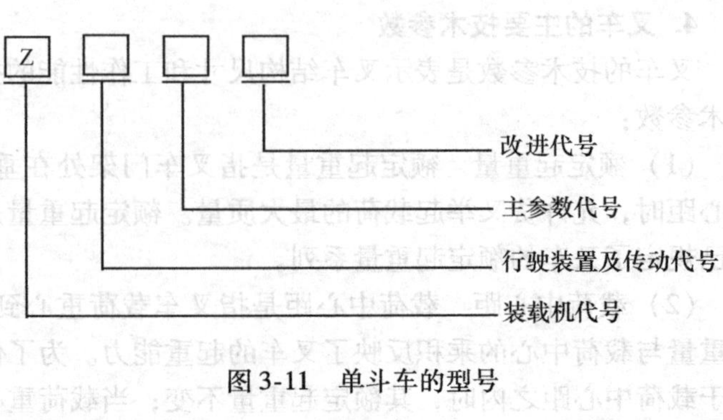

图3-11　单斗车的型号

例如：

ZL50——表示额定载重量为5t，轮胎式液力传动的单斗车。

ZY40——表示额定载质量为4t，履带式液力传动的单斗车。

（2）单斗车的主要技术参数　表示单斗车各种性能的参数有：额定载重量、铲斗容量、铲起力、铲斗卸载高度和卸载距离、铲斗卸载角与后倾角、作业时的行驶速度、牵引力和内燃机的功率等。

1）额定载重量。额定载重量是指保证单斗车工作状态稳定性条件下的正常装载质量。

当装备一定规格的铲斗，最大行驶速度不超过6.5km/h，在硬的、水平的地面上工作时，轮胎式单斗车的额定载重量不应超过其倾翻载荷的50%。单斗车在静止作业时，其实际载重量可高于额定载重量。

对于铰接式车架的单斗车，其技术性能除了标明在直线位置时的倾翻载重量外，还必须标明前后车架处于最大偏转位置时的倾翻载重量，其值要小于直线位置时的倾翻载重量。

单斗车的载重量是根据与其配合的车辆载重量而定的。一般以3~5铲装满一辆自卸卡车为宜。

2）铲斗容量：单斗车的铲斗容量分为几何斗容量和额定斗容量。

几何斗容量（也称平装斗容量）是指铲斗平装时由斗刃刃口与挡板（当铲斗装有挡板时）或斗背（当铲斗未装挡板时）最上部的连线 CD 与铲斗横断面内壁轮廓线所围成的面积，乘以铲斗内壁宽 B_0 所得的容积，用 V_k 表示，见图3-12。

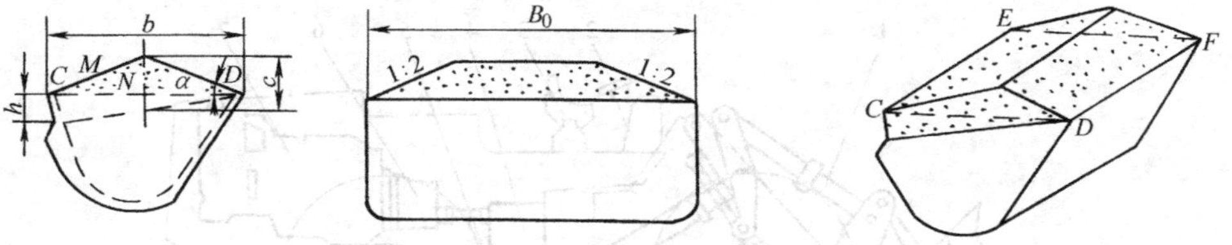

图3-12　铲斗容量

h—挡板高度、DF—斗刃

额定斗容量又称名义堆装斗容量。它是指铲斗四周以50%的坡度堆积物料（料堆坡面线 DM 与斗刃口至挡板最上部连线 CD 间夹角。为 $\tan\alpha=0.5$），由料堆坡面与铲斗轮廓线所形成的容积，用 V_h 表示。

铲斗一般按斗容分为三类：正常斗容的铲斗，用来装卸黄沙和碎石；加大斗容的铲斗，斗容量为正常的1.4~1.6倍，用来装卸煤和煤渣；减小斗容的铲斗，斗容量为正常斗容的0.6~0.8倍，用来装卸矿石等。

3）铲起力。铲起力是指铲斗绕着某一规定的铰接点回转时，作用在铲斗斗刃后面100mm处的最大垂直向上的力。

4）铲斗的倾卸角和后倾角（图3-13）。铲斗的倾卸角是指铲斗在卸载时斗底与水平面的夹角 α_1。在不同的卸载高度上倾卸角是不同的，通常取 $\alpha_1=50°$左右，并保证在任何卸载高度时不应小于45°。

铲斗的后倾角是指铲斗在地面位置装满料后翻起，其斗底与水平面间的夹角 α_2，一般 $\alpha_2=42°\sim46°$。在动臂提升过程中允许铲斗进一步后倾15°。α_3 是在最大提升高度时的铲斗后倾角。

5）铲斗卸载高度和卸载距离。铲斗卸载高度是指铲斗倾卸角等于45°时，铲斗斗尖距地面的垂直距离。铲斗卸载距离是指铲斗倾卸角等于45°时，铲斗斗尖与单斗车最前点（一般指前轮）之间的水平距离。

在单斗车的技术参数中，一般给出最大卸载高度 H_{max} 及在最大卸载高度时的卸载距离 S，并给出最大卸载距离 S 及在最大卸载距离时的卸载高度 H。

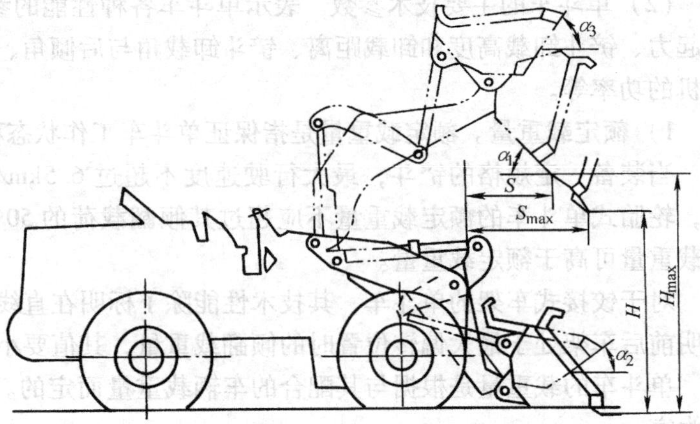

图3-13　铲斗卸载高度与卸载距离

3. 单斗车的总体构造

前卸式单斗车由发动机、底盘和工作装置三大部分组成。其总体布置见图3-14。工作装置安装在单斗车的最前端，由铲斗、动臂、连杆机构、动臂液压缸和转斗液压缸等组成。动臂一端铰接在车架上，另一端与铲斗铰接。铲斗的升降是由动臂液压缸来完成的；铲斗的翻转则由转斗液压缸来完成。底盘分为行驶、传动、转向、制动四个系统，其功用与平衡重式叉车相似。

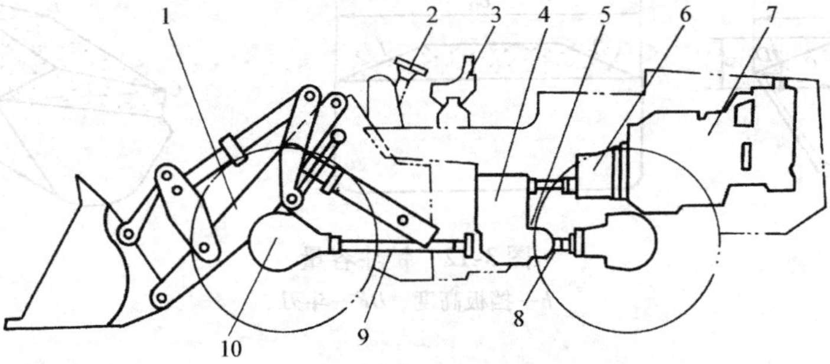

图3-14　单斗装载机总体结构示意图

1—铲斗及工作装置　2—转向盘　3—驾驶座　4—变速器

5、6、8、9—传动轴　7—内燃机　10—前后驱动桥

单斗车不仅可以带货运行，而且在铲取物料时必须要依靠车辆的运行才能将铲斗插入料堆。除了受到一般的运行阻力外，还受到很大的插入阻力。因此，单斗车的前、后轮都是驱动轮。在良好的路面上行驶时因为只需要较小的牵引力，这时可让后桥脱开传动，仅由前轮驱动即可。单斗车的前、后轮都装车轮制动器。

单斗车一般采用铰接式车架，前车架和后车架之间用垂直铰轴铰接，前桥连同前车架可绕铰轴偏转以实现转向。车桥与车架之间设有弹性悬架。前桥刚性地固定在车架上；后桥用纵向水平铰轴与车架铰接。这样后桥就可以绕水平铰轴自由摆动，在不平的路面上行驶时，能够保证单斗车的全部车轮都着地。

内燃机是单斗车的动力装置。一般将内燃机安装在单斗车的后部，可以兼作平衡重用。

知识检验

一、填空题

1. 叉车的型号标注国家规定由五项组成：__________、__________、__________、__________、__________。

2. 平衡重是平衡重式叉车必不可少的构件，用来平衡__________和__________的倾覆力矩。

3. 低举升的叉车，举升高度在__________；高举升的堆高机，最高举升可达__________。

二、选择题

1. 平衡重式叉车由（　　）组成。

A. 发动机　　B. 底盘　　C. 工作装置

2. CPQ10B 表示：（　　）。

A. 平衡重式叉车　　B. 汽油机为动力　　C. 机械传动

D. 额定起重量为 1t　　E. 同类同级叉车第二次改造

3. 叉车按举升高度可分为：（　　）。

A. 高举升叉车　　B. 低举升叉车　　C. 中举升叉车

4. 叉车的传动形式有（　　）。

A. 机械传动　　B. 液力传动　　C. 静力传动

三、简答题

1. 叉车的主要性能有哪些？各性能参数的含义是什么？

2. 单斗车由哪几部分组成？其主要性能参数有哪些？

课题四　技 能 训 练

任务描述

1）上网查询国内主要叉车生产企业的有关资料（品牌、品种和市场份额等）。

2）收集叉车安全操作规程资料。

任务准备

组织学生到物流园区、企业仓库等地点进行现场调研，提供案例资料和网络资源，将学生按 8 ~ 10 人一组进行分组。

任务实施

步骤一：根据下列相关资料（含案例；组织学生到物流园区、企业仓库或叉车生产企业、销售企业等地点进行现场调研，或者通过互联网搜集资料），了解国内市场常见的叉车使用情况及叉车品牌、类型、生产厂家的资料。

案例

国内外叉车论战中国物流市场

中国叉车市场正在启动，有资料显示，近年来国内对叉车的需求速度已实现 30% ~ 45% 的增长。

“一个13.33m的货柜，用手动叉车装卸大概要2～3h，而且是五六个工人同时操作，但使用一台H30D的叉车，一个工人只需耗时15min。”林德-厦门叉车有限公司广州公司老总表示，基于这种省时、省力、高效的运输效果，2003年中国的叉车需求量为25 000台，2004年继续增长45%，总需求量突破了35 000台，总销售约为45亿元人民币，其中广东约有7 000多台，占全国总量的20%。

面对这种市场增长诱惑，全世界排名前十位的叉车品牌已蜂拥进入中国。其中，名列第一的德国林德叉车在厦门已卧薪尝胆10年，并在高端市场占据了50%的份额。最近，酝酿多时的丰田叉车国内建厂计划已经实施，首批组装的20多台丰田样机将驶出生产线。

欧美市场在过去的20年中，叉车市场始终处于停滞状态或以1%～2%的比率增长或下降，与日本、欧美大气候相比，中国是世界唯一对叉车需求量保持持续增长的地区，2009年6月底，中国的叉车市场较上年同期增长了40%。业内人士认为，这就是吸引所有日本、韩国品牌齐集中国的关键所在。

广东企业用叉车的意识较强，可能是受香港的影响，但目前一些台资、私营、外资公司的总部北上长江三角洲，今后那里的叉车市场很可能会赶超广东。除了传统的造纸、汽车产业，物流、零售将是叉车市场新的增长点。仓储配送中心的购买叉车率几乎达到了100%。（资料来源：中国物流与采购联合会）

步骤二：组织学生观察叉车的操作方法，调查、总结叉车的安全操作规程。

步骤三：总结并发表调研结论（学生分组实施任务后，派代表发言）。

任务评价

任务编号	3		学时	6学时	学生姓名		总分	
类别	序号	评价项目	评价内容	配分	学生自评	学生互评	教师评价	得分
岗位技能评价	1	信息收集及分析能力	运用互联网等收集叉车相关资讯及归纳能力	10				
	2	调研能力	调查问卷的设计、调查方法的选择及运用、总结叉车的安全操作规程的能力	15				
	3	理解及知识应用能力	是否理解所学知识，以及运用所学知识完成任务的能力	10				
	4	语言表达能力	企业或市场调研过程中，与被调查人员进行沟通、交流的能力	10				
	5	完成时间	是否按时完成各项任务	10				
职业素养评价	6	文明和安全意识	是否遵守企业安全文明规章，或物流园区管理规定	10				
	7	个人礼仪	衣帽、发饰、仪态；在企业调研中的礼仪规范及守纪情况	10				
	8	团队合作	沟通交流、合作参与意识。包括小组活动的组织、展示、内容等；是否在小组活动中勇于发言，踊跃讨论，有独到见解	15				
	9	任务执行	协作性、积极主动性和任务完成情况	10				

注：按学生自评占20%、学生互评占30%、教师评价占50%计算总分。

任务小结

<table>
<tr><td>授课班级</td><td></td><td>授课时间</td><td></td><td>授课地点</td><td></td></tr>
<tr><td>授课教师</td><td colspan="2"></td><td>任务名称</td><td colspan="2"></td></tr>
<tr><td>学生表现</td><td colspan="5"></td></tr>
<tr><td>存在问题及
改进方法和措施</td><td colspan="5"></td></tr>
</table>

任务拓展

山河智能多款新型叉车亮相上海4S店

山河智能工业车辆华东大区4S店开业庆典于2012年6月16日隆重举行。此次开业庆典不仅吸引了众多行业媒体记者的参与，也得到了广大经销商及客户朋友的大力支持，使得山河智能叉车受到了来自业界和用户的众多关注。为了让全国更多的客户零距离地了解众多新款山河智能叉车，山河智能工业车辆事业部副总经理、工业车辆研究院院长颜静于庆典仪式结束后，饶有兴致地在上海寰兴富贵天地大酒店向大家进一步介绍了此次参加庆典的多款新型叉车。

此次在展会上新推出的SWFE15－35AC节能叉车是山河智能专为电动叉车客户打造的绿色环保型叉车，为既环保又适用于市场的经济型叉车。并在庆典现场推出新车试驾，让用户直接参与驾驶的乐趣，感受山河智能叉车的高品质。据颜总介绍："该款叉车的最大特点和优势就是，它能有效节约能量，一次性充电可以延长近30%的使用时间，并能有效保护叉车系统。"

此外，本次庆典展出的其他车型也各具特色，吸引了不同用户的关注：SWFE15-18AC小精灵系列电动叉车具有转弯半径小、全交流控制、可靠性高等优势，它的集中加水装置以及LED灯可选配置适用于对叉车性能有较高要求的客户。新的S系列内燃叉车融入了汽车设计元素，覆盖件采用国际先进的滚塑成型开发，可根据客户要求加装最先进的工业称重系统，确保该系列车型适用于绝大多数工况。据颜总介绍："新款S系列内燃叉车自上市以来，一直保持热销态势，自全国各地打来的问讯电话络绎不绝。新款S系列内燃叉车正在以不断改善的品质服务于更多的中国客户。"（资料来源：中国路面机械网）

任务：

通过案例，总结一下我国叉车技术的发展趋势。

单元四　物流输送机械认知

知识目标

1. 了解物流输送机械的类型及特点。
2. 熟悉带式输送机和气力输送机的结构。
3. 了解手动液压叉车的部件名称及作用。
4. 熟悉手动液压叉车的使用方法。

技能目标

1. 懂得垂直提升机械的结构与使用。
2. 会使用搬运车辆搬运货物。
3. 会使用手动液压叉车进行搬运作业。

课题一　输送机械的类型及特点

输送机械又称连续作业装卸机械，是以连续、均匀、稳定的输送方式，沿着一定的路线来装卸、搬运散料和成件货物的一种生产率较高的机械。它广泛用于工厂企业的流水生产线、物料输送线和流通中心、配送中心物料的快速分拣和拣选；可用于装卸和输送（搬运）煤、砂、碎石等散堆货物，以及中小型成件、包装件等货物的输送。在自动化仓库或货场，出入库物流系统采用的连续作业自动化输送机组（其上装有自动称量或自动记数、自动报警或安全显示、自动监视以及电视扫描等设施），还可完成货物的自动分类、自动搬运、自动堆码和自动装卸等工作。此外，在生产物流过程中，车间的流水作业线上，也常常用运输机来完成半成品或成品的连续、稳定的运送，以便进行再加工或装配等。

一、输送机械的特点与作用

1. 输送机械的特点

（1）输送能力大　输送机械可以以连续、稳定的流水方式搬运货物，即装货、输送、卸货均连续进行，不必因空载回程而引起运货间断，同时由于不必经常起动和制动而可采用较高的工作速度。连续和高速的输送使连续输送机械能够达到很高的生产率。

（2）结构比较简单　输送机械沿固定的路线输送货物，动作单一，故结构简单，便于实现自动控制。在同样生产率的条件下，由于载荷均匀、速度稳定、消耗功率均衡，连续输送机械一般功率较小、重量较轻、结构紧凑、造价较低、输送距离长。但当输送路线复杂或变化时，会造成结构复杂或需要按新的路线重新布置输送机。

（3）通用性较差　每种机型只适用于一定类型的货物，一般不适合运输重量很大的单件物品。

（4）不能自行取货　大多数连续输送机不能自行取货，因而需要采用一定的辅助供料设备。

（5）具有积存性　虽然输送机械有若干缺点，但随着现代交通运输业的大力发展，它仍然不失为交通运输业和工业企业中提高生产效率的有效装卸机械，能使装卸作业和生产过程机械化，并减轻员工的体力劳动。

2. 输送机械在现代物流系统中的作用

输送机械在现代物流系统中，特别是在港口、车站、库场、货栈内，承担着大量货物的运输作业，同时也是现代化立体仓库中的辅助设备，它具有把各物流站衔接起来的作用。

物料输送是“装卸搬运”的主要组成部分，在物流各阶段（环节、功能）的前后和同一阶段的不同活动之间，都必须进行输送作业。可见，输送和装卸是物料不同运动（包括相对静止）阶段之间互相转换的桥梁，正是输送把物料运动的各个阶段联结成为连续的“流”，使物流的概念名副其实。在生产流通领域中的运输装卸或成为生产工艺中的自然组成部分，或成为直接生产不可或缺的保障系统。近年来，越来越多的专家倾向于把物料搬运视为生产的有机组成部分。由此可见，改善装卸运输作业，可以取得明显的经济效益。更重要的是，改善装卸运输作业是加速车船周转，发挥港、站、库的效用，加快货物送达，减少流动资金占用，简化包装，降低货物破损率，减少各种事故的重要手段，对物流总体效益的提高有着十分显著的作用。同样，在生产领域中，改善物料搬运，其整个生产系统获得的效益也远远超过搬运系统本身的效益。

输送设备是生产物流中的重要设备。在生产车间，输送设备起着人与工位、工位与工位、加工与储存、加工与装配之间的衔接作用，具有物料的暂存和缓冲功能。通过对输送设备的合理运用，使各工序之间的衔接更加紧密，从而提高生产效率。输送设备是生产中必不可少的调节手段。

二、输送机械的分类及选用

1. 输送机械的分类

各种连续输送机械的形式、构造、工作原理、特点、输送物料的方式和方向以及其他特性上各有不同，因此其类型繁多。由于生产发展的要求，新的机型还在不断增加，主要按以下几类来划分：

（1）按照所运货物的种类划分　可分为只用于装卸和搬运颗粒、粉末物料等散货的输送机和只用于输送成件、包装件物品等件货的输送机以及两者都可运输的输送机等。

（2）按照使用范围划分　可分为分拣输送系统、生产输送系统等。

1）分拣输送系统是将随机的、不同类别的、不同去向的物品，按其要求进行分类（按产品类别或产品目的地不同分类）的一种物料搬运系统。随着社会生产力的提高，商品品种的日益丰富，在生产和流通领域中的物品分拣作业，已成为耗时、耗力、占地大、差错率高、管理复杂的部门，为此，物品分拣输送系统已经成为物料搬运系统的一个重要分支，广泛应用于邮电、航空、食品、医药等行业的流通中心和配送中心。

分拣输送系统又可分为：

链式分拣机：分为翻盘式、翻板式、翼盘式、三维翻转式等。

钢带分拣机：在钢带输送机上装有若干横向推出装置。

胶带分拣机：分为横向推出式、斜行胶带式、斜置辊轮式、转台式、底翻式等。

辊道分拣机：分为横向胶带式、横向推出式等。

滑块横向推出分拣机：板式、辊道式等。

悬挂式分拣机：以悬挂输送机为主体，配以相应的物品识别、分拣机构等。

专用分拣机：信函自动分拣系统、电子称重分拣系统等。

2）根据生产工艺的功能要求，由各类输送机、附属装置等组成的各类生产输送系统，广泛应用于汽车、家电、电子、服装、邮电、医药、烟草等行业的分装线、总装线、检测线，已是工厂生产的重要组成部分。

（3）按照输送动力划分　可分为自由式和动力式。

1）自由式输送机不需要动力，货物的输送可以由人力推动，也可以让输送机呈一定坡度，使货物靠自身的重量从高端移动到低端，因此，这种输送机也叫做重力式输送机。自由式输送机的滚动转子有滚筒、滚轮及滚珠等三种形式。自由式输送机最大的优点是结构简单，机动灵活，拆装方便且不需要动力，因此被广泛应用于物流中心或配送中心，作为输送线的终端积存输送机或者作为理货区的分拣设备。

2）在自动仓储（AS/RS）输送系统中，应用最广泛的还是动力式输送机。动力式输送机一般均由电动机驱动。根据输送介质的不同可以分为辊子输送机、链条输送机和带式输送机等。

（4）按照输送机的传动特点划分　可分为有挠性牵引构件的输送机和无挠性牵引构件的输送机两大类。

1）有挠性牵引构件输送机是利用挠性牵引件传递运动和动力，并且依靠挠性牵引件把物料运到各工序的部位上。被运货物放在牵引机件上或牵引机件内，利用牵引机构的连续运行使货物向一定方向输送，完成对货物的装卸、搬运工作。实际生产中，各生产工序的部位并不常处于一条直线上，而且位置有高、有低，这样要求输送机既能上下，又能拐弯、变向，形成一条能在空间交叉的输送线。因此，有挠性牵引构件的输送机得到了广泛的应用，在厂矿及货栈的运输机械中占有很大的比重。属于有挠性牵引件的输送机有带式输送机、板式输送机、刮板输送机、埋刮板输送机、斗式提升机、悬挂式输送机、链斗式输送机等。

2）无挠性牵引构件的输送机依靠工作机构直接推动物料移动，没有挠性牵引件。它利用工作机构的旋转运动或往复运动，使货物向一定方向输送，完成对货物的装卸和搬运工作。属于这类输送机的有螺旋输送机、辊道输送机、振动输送机等。

此外，按照输送机械的结构形式还可分为辊式、链式、轮式、胶带式、滑板式、悬挂式等输送机。

由于各类输送机械都有各自的特点，都有一定的应用范围，因此在选择输送机械类型时要注意：被运送货物的种类及特征（如易碎、易燃、易爆等）、运输货物的方向及尺寸、货物的装卸方法、环境污染等，以便使装卸机械的使用既经济又合理。

2. 输送机械的选用

立体仓库本身是整个企业生产系统和物流系统的一个子系统，它需要与上游工序和下游工序联系起来，即需要通过连续输送系统将高层储存区和各生产作业区联成一体，构成自动出入库运输系统。

AS/RS输送系统的总体布局主要取决于AS/RS在整个企业物流系统中的位置和作用，以及AS/RS中物料的流动方向和出入库的频率。输送系统设计和选用的一般原则如下：

（1）物流的合理化　当出入库频率较高时，为了提高物流效率，防止物料流动的混乱和交叉，应尽量将入库输送系统和出库输送系统分开，分设于仓库的两端或不同层，如一端入一端出或一层入二层出等。

（2）输送系统必须满足仓库出入库频率的要求　应根据高峰时要求的最大出入库频率来设计整条输送线的输送能力，并由此推算出系统中各设备的运行或工作速度等。

（3）系统应具有一定的积存功能　以保证堆垛机作业的连续性。

（4）系统必须具有高度可靠性　在AS/RS中运输系统一般只有一套，一旦发生故障就会使整个仓库工作受到影响。所以，要求运输系统各个环节上的设备须可靠、耐用、维修方便。对于自动控制的系统应设置手动控制作后备。

（5）系统各单机间必须有完备的信息传送和连锁　即把整个系统作为一个整体进行控制。

在对装卸生产率特别高的连续作业装卸机械进行选择（或设计）的过程中，首先考虑的是其生产率的大小。

当对连续装卸机进行选用（或设计）时，还应重点考虑所运货物的物理性质和集装形式，这样才能合理地确定所选输送设备及其零部件的形式和结构。

连续装卸机所输送的散粒物料包括各种堆积在一起的、大量的碎块物料、颗粒物料和粉末物料；所运送的成件、包装件物品包括袋装、盒装、箱装、单件、托盘、集装箱等。在选择或设计输送成件物品的连续装卸机械时，必须了解成件物品的外形尺寸、质量、形状、外摩擦系数、强度及其他特殊性质（如温度、易爆、易燃等）；在选择或设计输送散粒物料的连续作用机械时，必须了解散粒物料的粒度（块度）、堆积密度、堆积重度、内摩擦系数、外摩擦系数、湿度、堆积角等各项物理机械特性；还必须考虑输送机与货场或仓库形式、货架类型及架上配载条件等因素。另外还要与其他输送和分流配套设备协调、衔接。

知识检验

一、填空题

1. 输送机械又称________机械，是以________________或________的输送方式，沿着一定的路线来装卸和搬运________和________的一种生产率较高的机械。

2. 输送机械按照输送动力来分，可分为________和________。按照使用范围来分，可分为____________、________等。

二、选择题

1. 分拣输送系统又可分为（　　）。

A. 链式分拣机　B. 钢带分拣机　C. 胶带分拣机　D. 辊道分拣机

E. 滑块横向推出式分拣机　F. 悬挂式分拣机　G. 专用分拣机

2. 链式分拣机分为（　　）。

A. 翻盘式　B. 翻板式　C. 翼盘式　D. 三维翻转式

3. 按照输送机的传动特点可分为（　）。

A. 有挠性牵引构件的输送机　　B. 无挠性牵引构件的输送机

三、简答题

1. 输送机械有哪些主要特点？
2. 输送机械的选用应满足哪些要求？

课题二　带式输送机和气力输送机

一、带式输送机的特点

普通带式输送机是由电动机作为动力、胶带作为输送带、利用摩擦力连续传送货物的输送机械。

带式输送机的特点是输送能力大，单位电耗低，效率高，结构简单，便于维护，对地形的适应能力强。它既能输送各种散状物料，又能输送单件质量不太大的成件物品，多用于各生产工序中原料、成品、半成品的输送，立体仓库和周转量大的仓库中也常用到，是应用最广泛的一种输送机械。

二、带式输送机的分类

带式输送机主要有托辊胶带式输送机、磁垫带式输送机等。

1. 托辊胶带式输送机

（1）托辊胶带式输送机的结构　这种输送机由输送带、滚筒、托辊、张紧装置、驱动装置、机架等部件组成，见图4-1。输送带作为承载和牵引构件，由上下托辊（或托板）支承，绕过头、尾滚筒形成闭合环路，借助传动滚筒与输送带之间的摩擦传递动力，实现物料的连续输送。

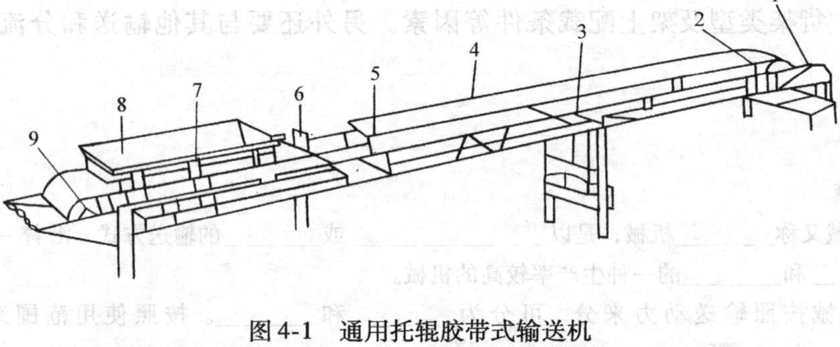

图4-1　通用托辊胶带式输送机

1—驱动装置　2—传动滚筒　3—张紧装置　4—输送带　5—平形托辊　6—槽形托辊　7—机架　8—导料槽　9—改向滚筒

托辊胶带式输送机按使用要求可制成固定式和移动式。带式输送机还可根据地形和工艺要求进行布置，一般可布置成水平输送、向上直线输送、向上凸弧输送、向上凹弧输送、向上凸凹弧输送和向下输送等多种形式，见图4-2。

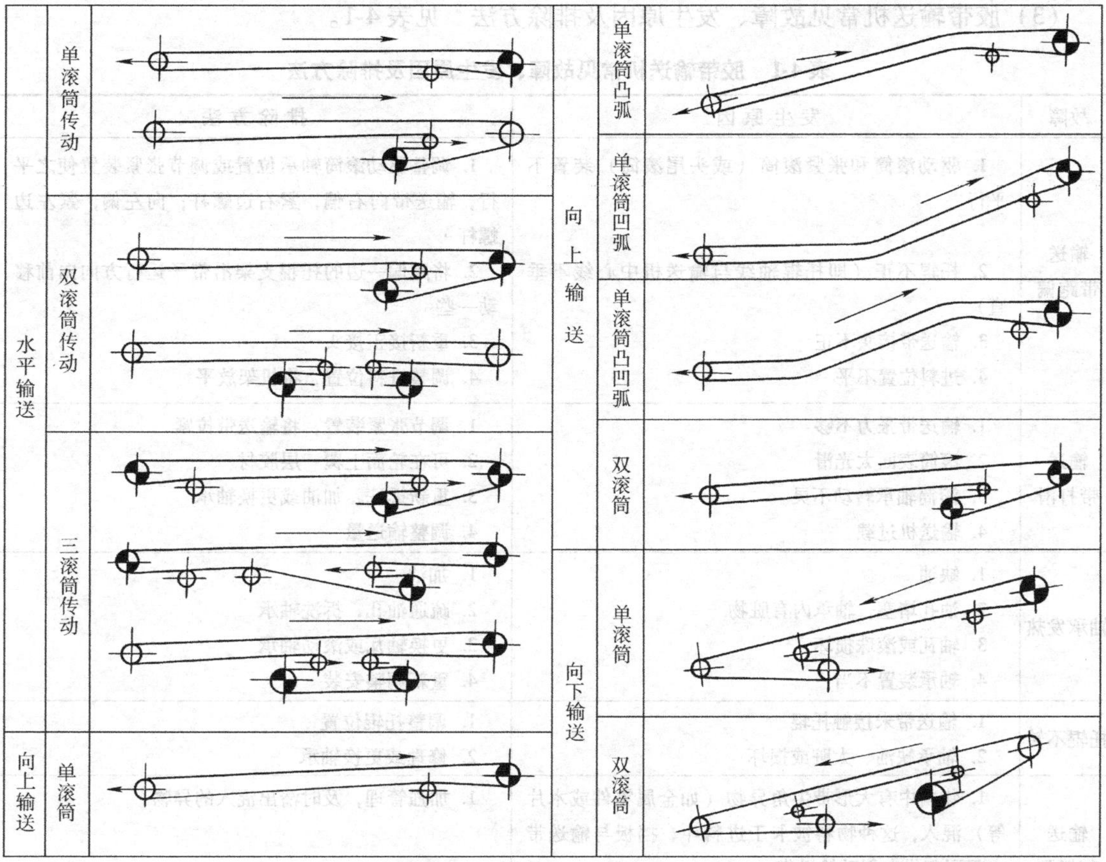

图 4-2　带式输送机的典型布置

（2）移动式胶带输送机　移动式胶带输送机是一种应用广泛的装卸输送设备。它机动性强，使用效率高，能及时布置输送作业线达到装卸要求。此类机型机身长一般不超过15m，均采用末端卸料和槽型支撑装置，其特点及使用原理与固定式的通用带式输送机相似。根据不同作业的需要，移动式胶带输送机的结构还有不同的类型。图 4-3 为常见的倾斜式移动式胶带输送机。

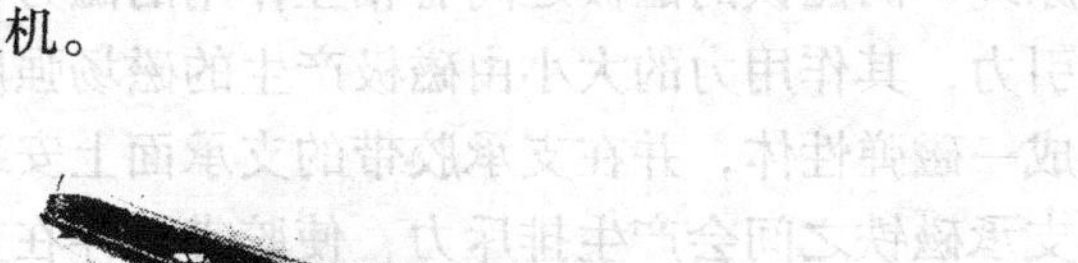

图 4-3　倾斜式移动式胶带输送机

（3）胶带输送机常见故障、发生原因及排除方法　见表4-1。

表4-1　胶带输送机常见故障、发生原因及排除方法

故障	发生原因	排除方法
输送带跑偏	1. 驱动滚筒和张紧滚筒（或头尾滚筒）装置不平行 2. 托辊不正（即托辊轴线与输送机中心线不垂直） 3. 输送带接头不正 4. 进料位置不平	1. 调整驱动滚筒轴承位置或调节张紧装置使之平行，输送带向右偏，紧右边螺杆；向左偏，紧左边螺杆 2. 将跑偏一边的托辊支架沿带子运行方向向前移动一些 3. 重新接正接头 4. 调整进料位置，将机架放平
输送带打滑	1. 输送带张力不够 2. 滚筒表面太光滑 3. 滚筒轴承转动不灵 4. 输送机过载	1. 调节张紧装置，将输送带拉紧 2. 可在轮面上覆一层胶材 3. 重新拆洗、加油或更换轴承 4. 调整输送量
轴承发热	1. 缺油 2. 油孔堵塞，轴承内有脏物 3. 轴瓦或滚珠损坏 4. 轴承装置不当	1. 加油 2. 疏通油孔，拆洗轴承 3. 更换轴瓦或滚动轴承 4. 重新调整安装
托辊不转	1. 输送带未接触托辊 2. 轴承缺油、太脏或损坏	1. 调整托辊位置 2. 修理或更换轴承
输送带撕裂	1. 物料中有大形带尖角异物（如金属零件或木片等）混入，这种物料被卡于进料斗、挡板与输送带之间引起纵向划破输送带 2. 输送带跑偏后零件卡住接头引起撕裂	1. 加强管理，及时清出混入的异物 2. 发现跑偏后应及时纠正
输送带断裂	1. 接头质量太差 2. 张紧装置调节过紧 3. 输送带垂度太大	1. 按要求重新连接接头 2. 放松张紧装置 3. 调整输送带长度

2. 磁垫带式输送机

（1）磁垫带式输送机工作原理　两磁铁的磁极之间有相互作用的磁力存在，相同磁极之间存在排斥力，反之则存在吸引力，其作用力的大小由磁极产生的磁场强度决定。利用这一基本原理，假如将胶带磁化制成一磁弹性体，并在支承胶带的支承面上安装上与胶带被支承面同极的永久磁铁，则胶带与支承磁铁之间会产生排斥力，使胶带悬浮在支承座上，从而实现非接触支承，具体结构见图4-4。

（2）磁垫带式输送机主要特点　磁垫带式输送机胶带的磁性支承设计和制造简单，能制成标准元件并可系列生产；磁铁在输送机全长上能产生稳定的悬浮力；由于胶带采用磁悬浮非接触运行，工作时阻力小且无噪声；设备的运动部件少，便于安装与维修。因上浮力随胶带和支承件磁铁间间隙的减少而增大，所以胶带局部过载不会妨碍设备的正常工作。从制造成本、能耗、安全性能等方面比较，该输送机均优于普通带式输送机。磁垫带式输送机胶带的缺点是需专门磁性胶带，且需保证胶带横向磁性的可靠性。另外该输送机输送物料的类型受到一定的限制，即铁磁性货物不能输送。

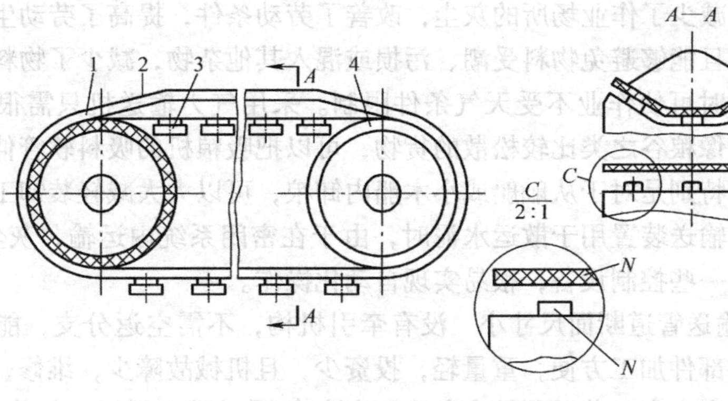

图4-4 磁垫带式输送机结构示意图

1—驱动滚筒 2—胶带（磁弹性体） 3—永久磁铁 4—张紧滚筒

三、气力输送机的特点

气力输送系统是由具有一定速度和压力的空气带动粉粒状物料或相对密度较小的物品在管道内流动，实现在水平和垂直方向上的输送。它主要用于输送颗粒不大于20～30mm的粉状、粒状的小块物料。它的输送原理是：将物料处于具有一定速度的空气中，空气和物料形成悬浮的混合物（双相流），通过管道输送到卸料地点，然后将物料从双相流中分离出来并卸出。

在大多数气力输送系统中，物料颗粒呈悬浮状态。所谓悬浮状态是指垂直管道内的物料颗粒在气流的空气动力作用下，呈现出既不落下也不被向上的气流带走，而在某一位置上下浮动的状态。物料在垂直管道中主要受到重力和空气动力的作用（因空气浮力很小，可忽略），当气流速度很小时，作用在物料上的空气动力不足以克服重力的作用，物料颗粒将向下沉降；当气流速度逐渐增大，使作用在物料颗粒上的空气动力 $P_{气}$ 和重力 m_g 相平衡（图4-5），这时物料颗粒就可脱离管壁而在管内处于悬浮状态。在垂直管中，使物料处于悬浮状态的气流最小速度称为悬浮速度 $v_{气}$。只有当气流速度大于悬浮速度时，物料才能被悬浮输送。因此，悬浮速度是悬浮气力输送的重要参数，它可通过计算求得或由实验测定。在水平管道内，物料颗粒的受力情况比较复杂，但当输送气流速度足够大时，也能使物料颗粒克服其自身重力而悬浮在气流之中。

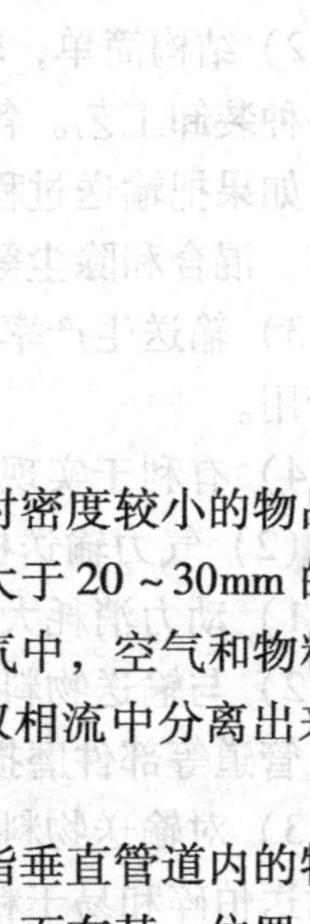

图4-5 悬浮状态

气力输送机主要用于散粮卸船、卸车，虽然形式很多，结构各异，但归纳起来由下列几部分组成：风机、输送管道及管件、供料装置、分离器、除尘器、卸料（灰）装置、消声器等。

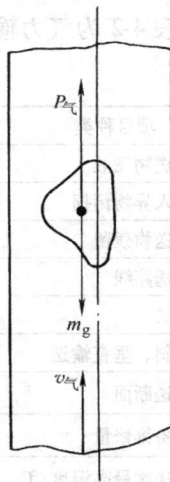

气力（以空气作介质）输送装置与其他连续作业的装卸机械相比，有两个根本不同点：其一是靠密闭的管路输送，其二是输送过程没有回程。气力输送机的这两大特点，使其具备了许多优点，这些优点是其他输送机械所没有的。

（1）气力输送机的优点

1）利用管道输送不受管路周围条件和气候变化的影响。由于物料在管道内输送具有密封性，因此不仅大大减少了作业场所的灰尘，改善了劳动条件，提高了劳动生产率，并且有利于实现自动化，而且能够避免物料受潮、污损或混入其他杂物，减少了物料的损失，保证输送物料的质量。同时可使作业不受天气条件限制。采用气力输送机只需很少工人操作管理，操作简便。对于像粮谷之类比较松散的货物，可以把吸粮机的吸料软管伸到舱内不易到达的地方进行清舱。特别是对于从舢船或小木船内卸粮，可以大大减轻装卸工人在船舱内的繁重体力劳动。气力输送装置用于散运水泥时，由于在密闭系统内运输，灰尘可大大减少。气力输送机只要加装一些控制设备，很易实现自动化操作。

2）结构简单，输送管道断面尺寸小，没有牵引机构，不需空返分支，能灵活布置，适应各种装卸工艺。各部件加工方便，重量轻，投资少，且机械故障少，维修、管理和装卸方便。如果把输送过程和生产工艺过程结合起来（例如能同时进行干燥、加热、冷却、分选、粉碎、混合和除尘等工艺），则可实现流水作业自动化。

3）输送生产率高，装卸成本低，可多台同时操作，缩短卸货时间，加速车船周转，节省费用。

4）有利于实现散装运输，节省包装费用，降低成本。

（2）气力输送机的主要缺点

1）动力消耗大，如生产率为200t/h的吸粮机，其鼓风机的电动机功率为240kW。

2）与输送物料相接触的管道及其他构件容易磨损，尤其在输送颗粒大、坚硬的物料时，管道等部件磨损更甚。

3）对输送物料的品类有一定限制，主要是对被运物料的粘度和湿度有一定要求，且不能输送怕碎和易于粘结成团的物料。

4）风机的噪声大，必须采取消声措施，否则会造成噪声公害。

表4-2为气力输送机与其他输送机的特点比较。

表4-2　气力输送机与其他输送机的特点比较

项目种类	气力输送机	螺旋输送机	带式输送机	链式输送机	斗式提升机
1. 输送物飞散	无	有可能	有可能	有可能	有可能
2. 混入异物污损	无	无	有可能	无	无
3. 输送物残留	无	有	无	有	有
4. 输送路线	自由	直线的	直线的	直线的	直线的
5. 分叉	自由	困难	困难	困难	不能
6. 倾斜、垂直输送	自由	可能	斜度受限制	构造复杂	可能
7. 输送断面	小	大	大	大	大
8. 设备维修量	容易，主要是弯头	全面的	比较小	全面的	装载斗、链条
9. 输送物最高温度/℃	600	150	50	150	150
10. 输送物最大粒度/mm	30	50	无特殊限制	50	50
11. 最大输送距离/m	2000	50	14600	150	30
12. 设备能耗费	以输送矾土，生产率10t/h，距离500m为例的估算值				
功率/kW	150	—	25	45	—
功率比较（%）	100	—	16.7	30	—
费用比较（%）	100	—	270	150	—

知识检验

一、填空题

1. ________其机动性强，能及时布置输送作业线达到装卸要求。
2. 磁垫带式输送机不能输送________货物。
3. 气力输送机主要用于输送粒度不大于________的粉状、粒状的小块物料。

二、选择题

1. 带式输送机主要有（　　）。

　A. 托辊胶带式输送机　　B. 磁垫带式输送机　　C. 气力输送机

2. 输送带打滑的主要原因有（　　）。

　A. 输送带张力不够　　B. 滚筒表面太光滑　　C. 滚筒轴承转动不灵　　D. 输送机过载

三、简答题

1. 带式输送机的主要特点有哪些？
2. 胶带输送机常见故障如何处理？
3. 气力输送机与其他输送机比较有哪些特点？

课题三　垂直提升机械

为了有效地连接楼房仓库或高层建筑各层的运输系统和在不同的装卸作业面装卸货物的需要，往往要采用各种垂直提升机械。这里只介绍仓储作业中常用的载货电梯、液压升降平台和板条式提升机。

一、载货电梯

载货电梯一般由钢丝绳、链条和液压缸驱动。运送的对象是托盘货物、容器、件货或人。与起重机不同，电梯运送的货物是放在轿箱内，沿着垂直的（或倾斜的）固定的导轨进行运输的，见图4-6。

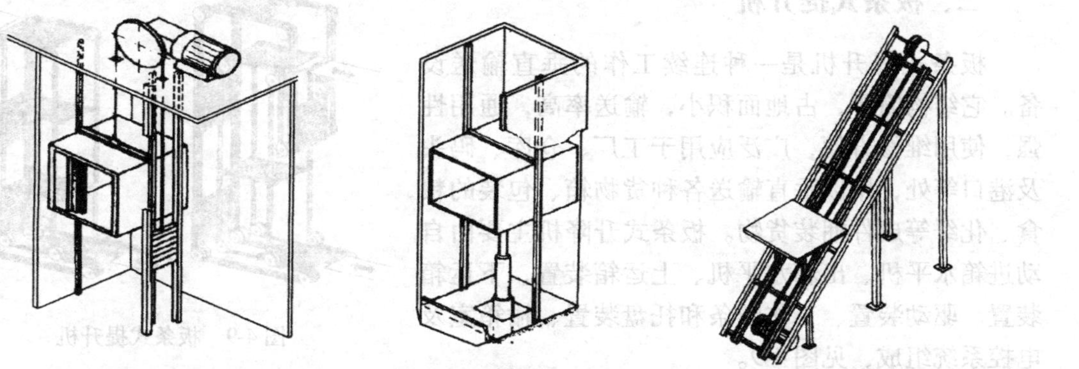

a) 钢丝绳牵引方式　　b) 液压顶升方式　　c) 倾斜式电梯

图4-6　载货电梯

二、液压升降平台

液压升降平台是一种相对简单且适应能力很强的起重机械，见图4-7。与其他起升设备相比，它速度低，能精确定位在各种高度，适合于不需要经常性提升货物的场所。按功能来分，液压升降平台可分为起重平台及维修安装工作平台。最新的液压升降平台还装备了行走机构，可在轨道上行驶，在仓库中被广泛用作拣货设备。液压升降平台主要由载货平台、剪式支臂、液压缸和电动液压泵等组成。其升降由液压缸驱动剪式支臂来完成，可在起升高度范围内的任意位置停止，将搬运人员和机械、货物一起运输。液压升降平台常用于楼层间的垂直运输、车辆的装卸、货架巷道内的储存或拣货作业，见图4-8。

图4-7　液压升降平台

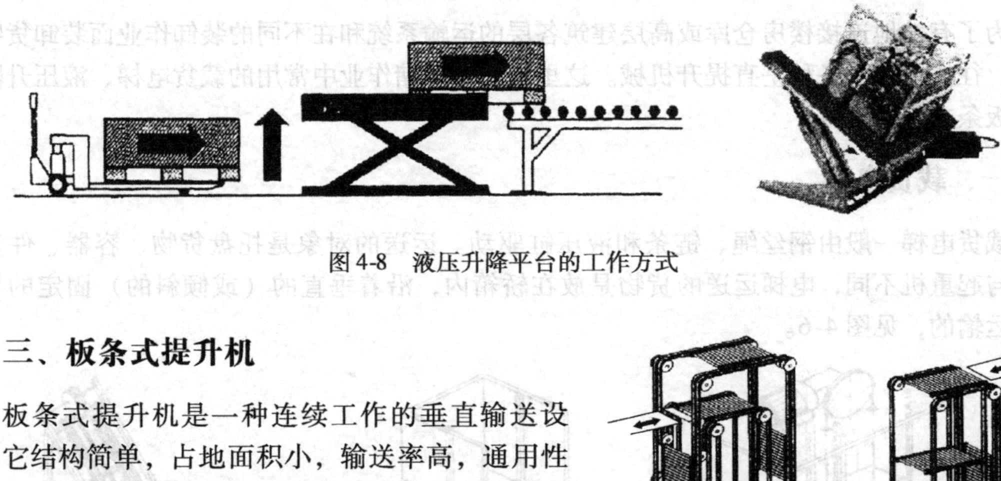

图4-8　液压升降平台的工作方式

三、板条式提升机

板条式提升机是一种连续工作的垂直输送设备。它结构简单，占地面积小，输送率高，通用性强，使用维修方便，广泛应用于工厂、仓库、码头及港口等处，用以垂直输送各种货物箱、包装的粮食、化纤等成件捆装货物。板条式升降机主要由自动进箱水平机、出箱水平机、上运箱装置、下运箱装置、驱动装置、工作链条和托盘装置、输箱室及电控系统组成，见图4-9。

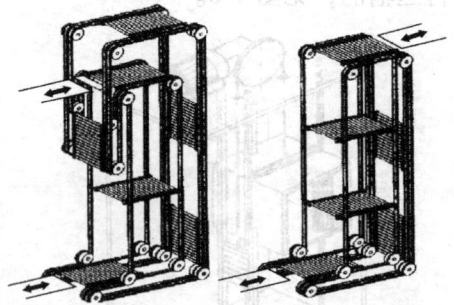

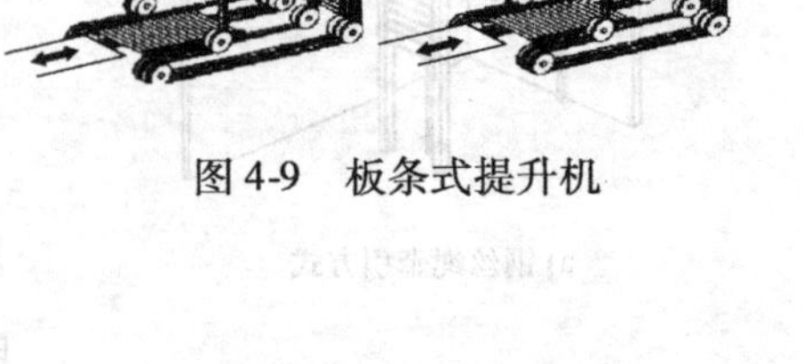

图4-9　板条式提升机

知识检验

一、填空题

1. 液压升降平台是一种__________且__________很强的起重机械。
2. 载货电梯一般由____________和__________驱动。

二、简答题

1. 简述板条式提升机的特点。

2. 载货电梯与起重机的主要区别是什么？

课题四 搬 运 车 辆

搬运车辆作业的目的是为了改变货物的存放状态和空间位置。

一、手推车

手推车是一种以人力驱动为主、一般为不带动力（不包括自行）、在路面上水平运输货物的小型搬运车辆的总称。其搬运作业距离一般不大于25m，承载能力一般在500kg以下。其特点是轻巧灵活、易操作、转弯半径小，是短距离输送较小和较轻物品的一种方便而经济的运输工具。图4-10所示是常用的手推车形式。

图4-10 常用手推车

手推车的选择首先应考虑货物的形状及性质。当搬运多品种的货物时，应考虑采用具有通用性的手推车，对单一品种的货物，则应选用专用性的手推车，以提高搬运效率。

二、手动液压叉车

手动液压叉车是一种轻小型的利用人力提升货叉的装卸、搬运设备，用于搬运装载于托盘上的货物。图4-11所示为手动液压叉车。

手动液压叉车的转弯半径较小，其值取决于手柄的转动中心到车头外缘的最大距离，见图4-12。其载重量一般为1500～3000kg，当使用双面托盘时，货叉长度应大于托盘长度。手动液压叉车的运行道路要求平整度较好，否则影响安全提升高度、搬运效率和操作性。

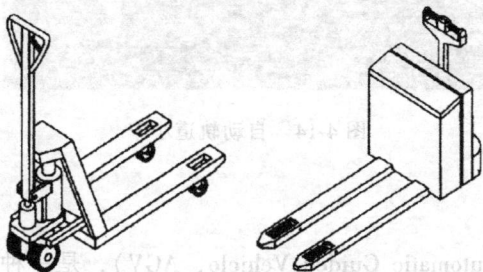

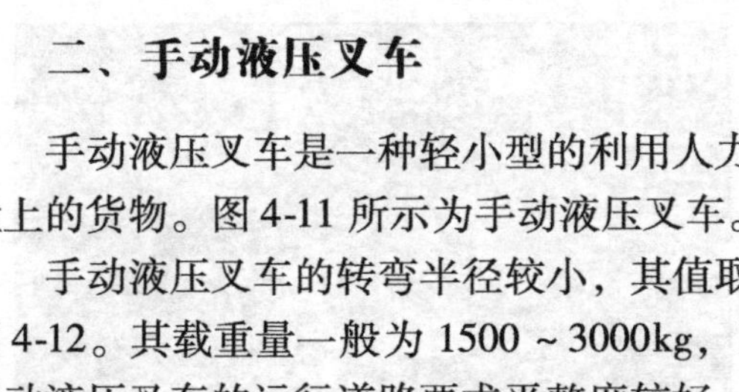

图4-11 手动液压叉车

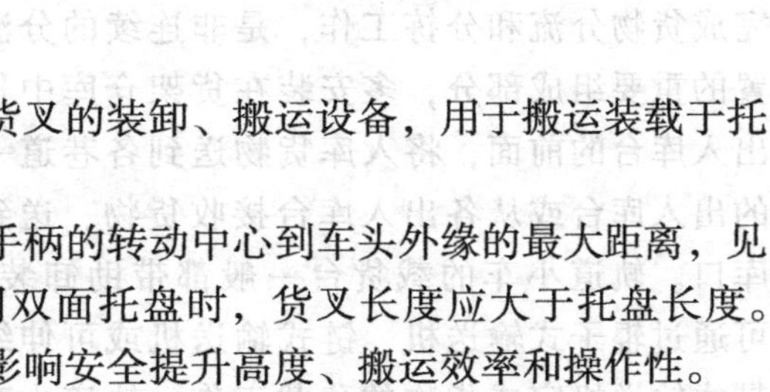

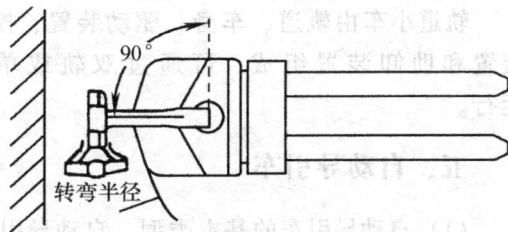

图4-12 手动液压叉车的转弯半径

三、电瓶搬运车

电瓶搬运车有一个固定的承载平台，既可以载重运输，又可以用作牵引，见图4-13。电瓶叉车车体小且轻，动作灵活，使用时清洁卫生，适宜室内工作。但由于它无防爆装置，故不宜在易燃、易爆的场所下工作。由于蓄电池不能经受强烈振动，故要求在平坦的路面上行驶，行驶速度一般为10km/h。

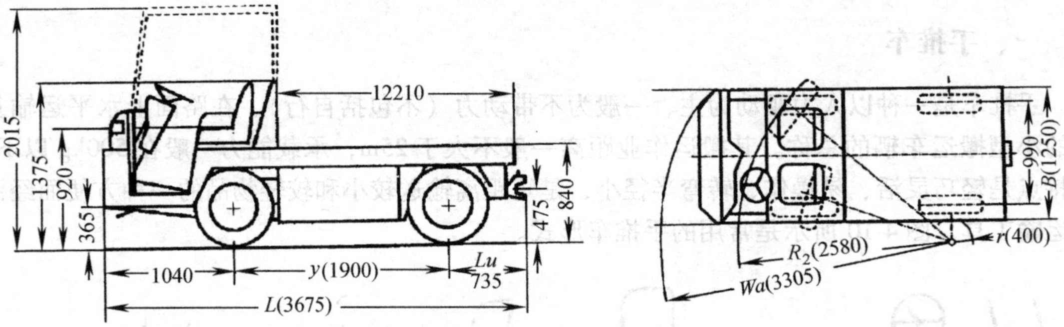

图4-13　电瓶搬运车

Wa——车辆拐弯，转向盘打到顶时，车辆车头最前部分（所形成的弧线）与车辆后轮轴心（圆心）之间的距离　*L*——车辆的长度　*Lu*——车辆后轮轴心到车辆尾部的距离　*y*——车辆前后轮轴心之间的距离　*B*——车辆的宽度　R_2——车辆拐弯，转向盘打到顶时，车辆前轮外侧面（所形成的弧线）与车辆后轮轴心（圆心）之间的距离

四、轨道小车

轨道小车见图4-14，是一种带有固定承载平台的轨道运输车辆。通过轨道小车，可实现一条（或多条）输送线与多条输送线的连接，完成货物分流和分拣工作，是非连续的分流装置的重要组成部分，多安装在货架仓库中货物出入库台的前面，将入库货物送到各巷道一端的出入库台或从各出入库台接收货物，送到出库口。轨道小车的载货台一般都带助卸装置，可通过辊子式输送机、链式输送机或可伸缩的带式输送机完成货物的移载工作。轨道小车的行走速度可达2.0m/s，承载能力可达2000kg。

图4-14　自动轨道小车

轨道小车由轨道、车身、驱动装置、控制装置和助卸装置组成，可通过双轨或单轨运行。

五、自动导引车

（1）自动导引车的基本类型　自动导引车（Automatic Guided Vehicle，AGV），是一种物料搬运设备，是指装有自动导引装置，能够沿规定的路径行驶，在车体上还具有编程和停车选择装置、安全保护装置以及各种物料移载功能的搬运车辆。AGV可在计算机的交通管制下有条不紊地运行，并通过物流系统软件集成在物流系统和生产系统中，其自动作业的基本功能是导向行驶、认址停准和移交载荷。自动导向车只有按工艺作业的物流要求构成一个有机运作的“系统”，才能发挥其功能作用。自动导引车组 AGVS（Automatic Guided Vehicle System）由若干台自动导引车组成，广泛应用于柔性生产系统、柔性搬运系统和自动化仓库中。

AGV 根据作业方式不同可分为自动导向搬运车、自动导向拖车和自动导向叉车等几类，见图 4-15。

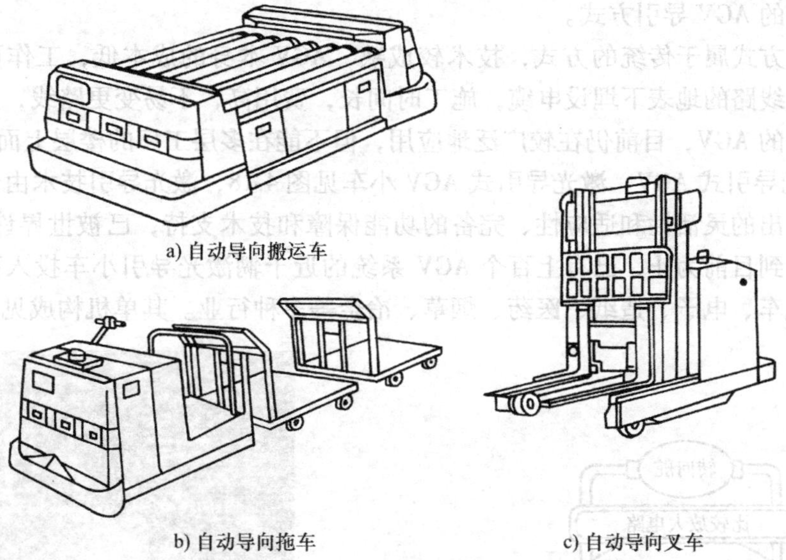

图 4-15　AGV 按作业方式分类

AGV 根据导引方式的不同，可分为固定路径导引（包括电磁导引、光电导引和磁带/磁气导引）、自由路径导引（包括激光导引、惯性导引等）。

AGV 根据 AGV 装卸物料方式的不同，可分为料斗式、辊道输送式、链条输送式、垂直升降式、叉车式等，见图 4-16。

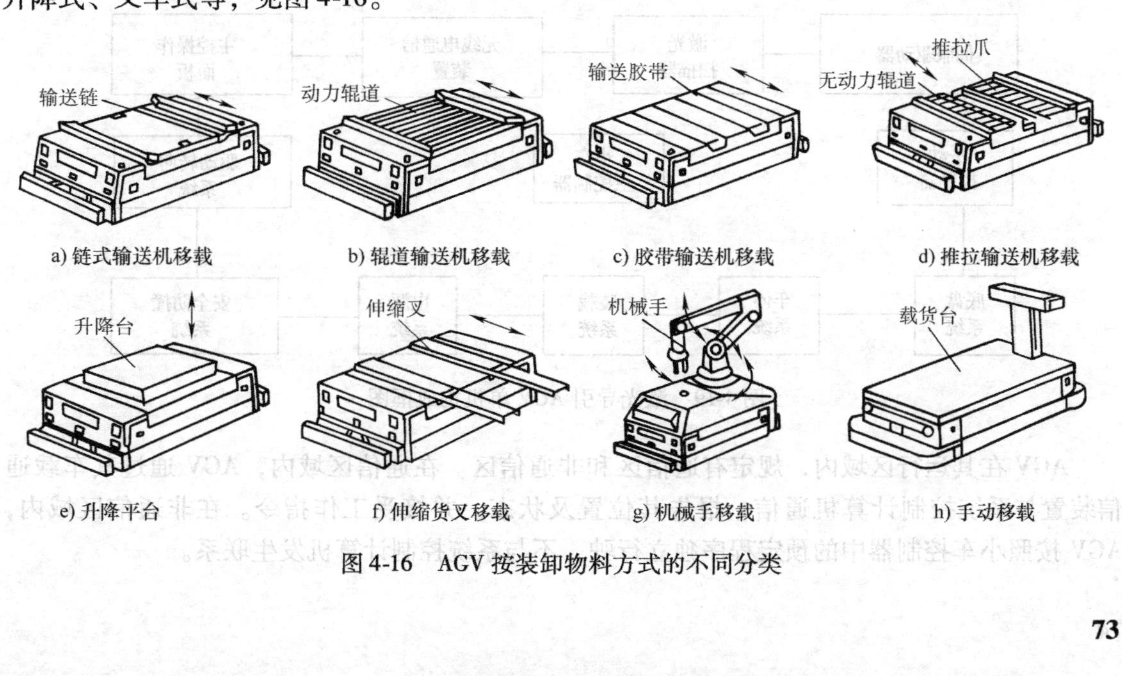

图 4-16　AGV 按装卸物料方式的不同分类

（2）自动导引小车的结构　AGV由机械系统、动力系统和控制系统组成。

1）机械系统包括车体、车轮、移载装置、安全装置、转向装置。

2）动力系统包括运行电动机、转向电动机、移载电动机、蓄电和充电系统。

3）控制系统包括车体方位计算系统、导引装置和驱动控制装置、通信装置、精确停车装置等组成。

（3）电磁感应式AGV　电磁感应导引方式也称为导线导引，其原理见图4-17。它是当前应用最广泛的AGV导引方式。

这种导引方式属于传统的方式，技术较成熟，AGV本身的成本低，工作可靠。其缺点是需要在运行线路的地表下埋设电缆，施工时间长，费用高，不易变更路线，这种引导方式适用于大中型的AGV，目前仍在较广泛地应用，但不能在多层工厂的楼层上面使用。

（4）激光导引式AGV　激光导引式AGV小车见图4-18，激光导引技术由于其先进的指标和性能、突出的灵活性和适应性、完备的功能保障和技术支持，已被世界许多AGV生产厂家所接受。到目前为止，已有上百个AGV系统的近千辆激光导引小车投入商业运行，应用领域涉及汽车、电子、造纸、医药、烟草、冶金等多种行业。其单机构成见图4-19。

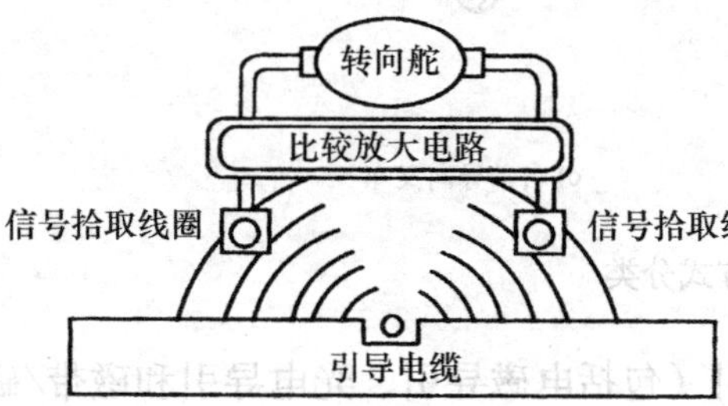

图4-17　电磁感应导引方式原理图

图4-18　激光导引式AGV小车

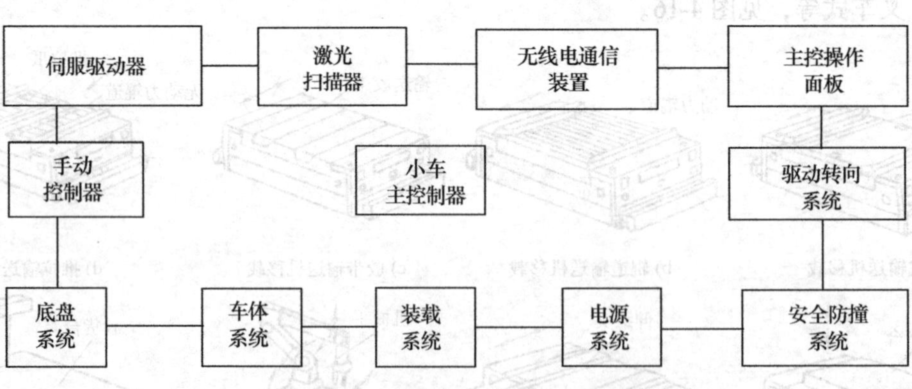

图4-19　激光导引AGV单机构成框图

AGV在其运行区域内，规定有通信区和非通信区。在通信区域内，AGV通过其车载通信装置与系统控制计算机通信，报告其位置及状态，并接受工作指令。在非通信区域内，AGV按照小车控制器中的预定程序独立行驶，不与系统控制计算机发生联系。

其工作过程为：当接收到货物搬运指令后，小车控制器就根据所存储的运行地图和AGV当前位置及行驶方向进行计算、分析，选择最佳的行驶路线，通过驱动放大器自动控制AGV的行驶和转向，到达装载货物目标点准确停位后，移载机构动作，完成装货过程。然后AGV起动，驶向目标卸货点，准确停位后，移载机构动作，完成卸货过程，并向控制计算机报告其位置和状态。随之AGV起动，驶向待命区域，接到新的指令后再作下一次搬运。

（5）AGV安全装置

1）障碍物接触式缓冲器。障碍物接触式缓冲器是一种强制停车的安全装置，一般设置在AGV车身运行方向的前、后方，以避免对与之碰撞的人和物及其自身造成大的伤害，故障解除后，能自动恢复其功能。

2）自动装卸货物的执行机构的安全保护装置。AGV的主要功能是解决物料的全自动搬运，除了其全自动运行功能外，还有自动装卸货物的执行机构。执行机构包括机械和电气两大类。在同一辆车上，机械和电气这两类保护装置一般都具备，互相关联，同时起保护作用。保护装置包括位置定位装置、位置限位装置、货物位置检测装置、货物形态检测装置、货物位置对中机构、机构自锁装置等。

3）障碍物接近检测装置。障碍物接近检测装置是障碍物接触式缓冲器的辅助装置，在规定有效作用范围内，对于确保AGV在所有场合的安全是必不可少的，在此范围内，它将带给AGV合适的运行速度，减小惯性，缓慢停车，并且是先于障碍物接触式缓冲器发生有效作用的安全装置。为了安全起见，障碍物接近检测装置最好是多级的接近检测装置。障碍物接近检测装置包括激光式、超声波式、红外线式等多种类型。

（6）AGV的应用特点

1）AGV可十分方便地与其他物流系统实现自动连接，如与自动化仓库、各种缓冲站、自动积放链、升降机和机器人等，实现在工作站之间对物料进行高精度的动态跟踪；对输送进行确认；按计划输送物料并检查记录；与生产线和库存管理系统进行在线连接以向工厂管理系统提供实时信息；实现对物流的一体化控制，在FMS和FAS中可与机器人、数控加工中心配合作业。

2）由于采用AGV，使人工拣取与堆置物料的劳动力减少，操作人员便无需为跟踪物料而进行大量的报表工作，因而显著提高劳动生产率。另外，可以使非直接劳动力如物料仓库会计员、发料员以及运货车调度员的工作量减少甚至完全取消，又可进一步减低了成本。

3）AGV运输物料时，很少有产品或生产设备的损坏，这是因为AGV按固定路径行驶，不易与加工设备和其他障碍物碰撞。AGV也可方便地跨越故障工作或离线待命，保证生产线的连续运转。

4）AGV的导引电缆是安装在地面之下或其他不构成障碍的地面导引物上，其通道必要时可作其他用处，AGVS取货点和发货点的数量原则上是没有限制的。

5）系统具有极高的可靠性。AGVS由若干台小车组成，当一台小车需要维修时，其他小车的生产率不受影响并保持高度的系统可利用性。所有的AGV都具有一定的允许超载量。

6）节约能源与保护环境。AGV的充电和驱动系统耗能少，能量利用率高，噪声极低，对制造和仓储环境没有不良影响。

7）AGV可使生产线的设备具有很大的灵活性，便于重新布置和调整。

8）对于固定的物料输送线，在占地最少的情况下，具有最大的交叉能力。

知识检验

一、填空题

1. 电瓶搬运车有一个固定的承载平台，既可以________，又可以________。
2. ________________是当前应用最广泛的 AGV 导引方式。

二、选择题

1. 自动导引车其自动作业的基本功能是（　　）。
   A. 导向行驶　　B. 认址停准　　C. 移交载荷
2. 自动导引车由（　　）三大部分组成。
   A. 机械系统　　B. 动力系统　　C. 电力系统　　D. 控制系统
3. 自动导引车按作业方式分为（　　）。
   A. 自动导向牵引车　　B. 自动导向搬运车
   C. 自动导向叉车　　D. 自动导向输送机

三、简答题

1. AGV 的应用特点表现在哪些方面？
2. AGV 安全装置的作用是什么？

课题五　技能训练

任务描述

任务1：在物流实训中心或宽敞的训练场完成电瓶搬运车驾驶技术学习。

任务2：使用手动液压叉车将堆垛好的货物放到指定货位上。

任务准备

1）将班级学生按6~8人一组分为若干小组，每个小组指定一名学生为组长，轮流完成电瓶搬运车辆和手动液压叉车的操作训练。

2）检查电瓶搬运车和手动液压叉车是否能正常使用。

3）画出电瓶搬运车训练的“弧”形通道。

任务实施

任务1：

步骤一：认识电瓶搬运车的操作机构（含开关、刹车、方向盘、转向等）。

步骤二：在不起动电瓶搬运车状况下先熟悉和操作各开关部件。

步骤三：起动电瓶搬运车进行训练（慢速状况下）。

步骤四：驾驶电瓶搬运车完成车辆向前和向后行驶的训练。

步骤五：驾驶电瓶搬运车进行拐弯行驶的训练。

步骤六：驾驶电瓶搬运车完成规定路线的行驶操作。

步骤七：考核操作完成的准确度、流畅度并计时。

任务2：

步骤一：打压。将控制手柄打到下位，按下方向柄，即可对手动液压叉车进行打压。所叉货物重量严禁超过手动液压叉车所限重量。

步骤二：拉货。打压将货物离地后，将控制手柄打到中位，即可拖动货物，在拉货时不可奔跑，需缓行。

步骤三：卸压。将货物拉到目的地后，将可控制手柄打到上位，对手动液压叉车进行卸压，直到货物着地。

步骤四：空车运行。在空车运行时应将手动液压叉车适当升起，以免前轮支撑架与地面接触，造成磨损。

任务评价

任务编号		4	学时	6学时		学生姓名		总分	
类别	序号	评价项目	评价内容	配分		学生自评	学生互评	教师评价	得分
岗位技能评价	1	驾驶设备能力	是否会使用电瓶搬运车、手动液压叉车运送货物	40					
	2	知识应用能力	是否理解所学知识，以及运用所学知识完成任务的能力	10					
	3	完成时间	是否按时完成各项任务	10					
职业素养评价	4	文明和安全意识	是否遵守实训中心安全规章和设备安全操作规定	10					
	5	个人礼仪	衣帽、仪态；礼仪规范及守纪情况；遵守实训室文明生产规则情况	10					
	6	团队合作	沟通交流、合作参与意识；小组训练积极主动性	10					
	7	任务执行	协作性、积极主动性和任务完成情况	10					

注：按学生自评占20%、学生互评占30%、教师评价占50%计算总分。

任务小结

授课班级		授课时间		授课地点	
授课教师			任务名称		
学生表现					
存在问题及改进方法和措施					

单元五　仓储设备与设施认知

知识目标

熟悉物流托盘的特点、型号和种类。

技能目标

1. 掌握托盘货物码垛操作的方法。
2. 掌握货物堆码的基本方法。

案例导入

托盘码垛的方法

我们在托盘上放上形状、大小相同的立体包装货物若干，可采取各种交错组合的办法码垛，可以保证货物足够的稳定性，甚至不需要再用其他方法加固。码放的方式主要有：重叠式（图5-1a）、纵横交错式（图5-1b）、正反交错式（图5-1c）和旋转交错式（图5-1d）四种。

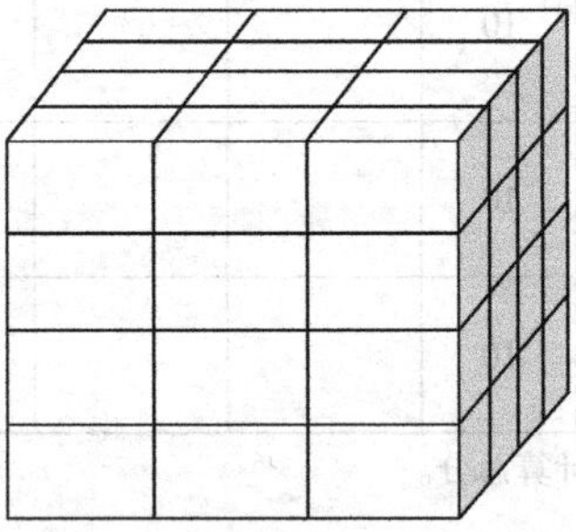

a) 重叠式

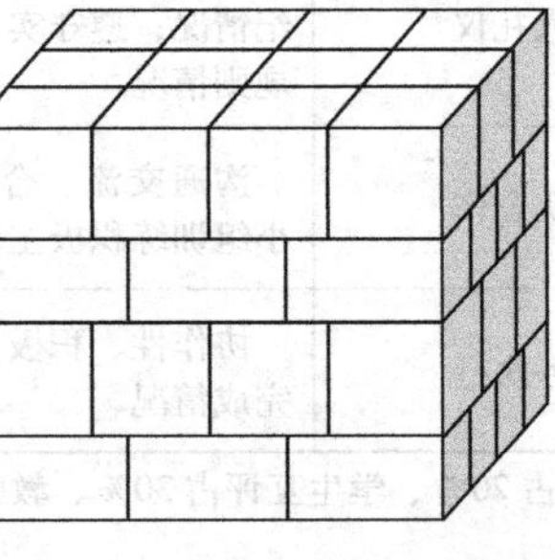

b) 纵横交错式

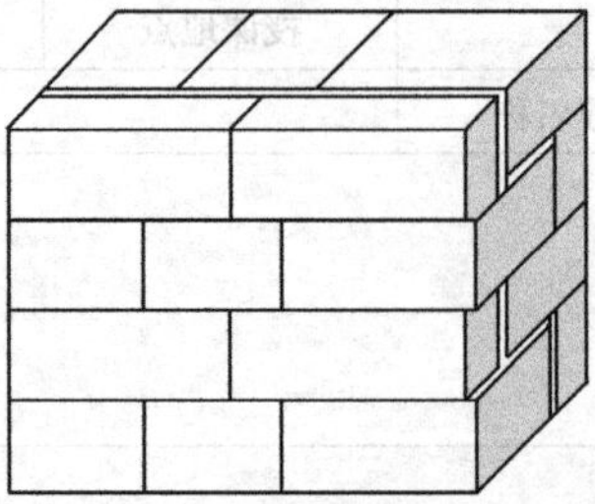

c) 正反交错式

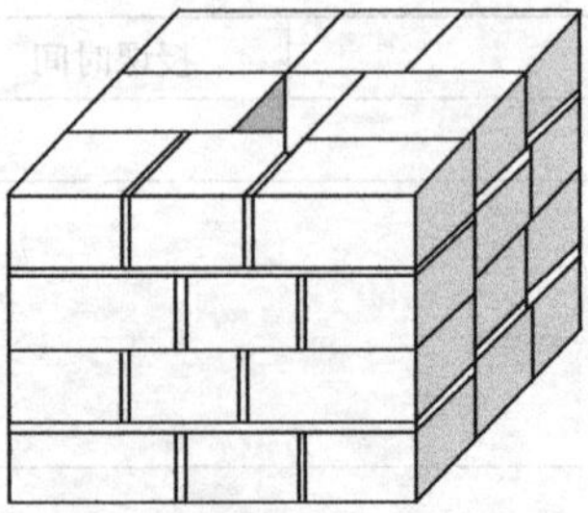

d) 旋转交错式

图5-1　托盘货物码放方式

(1) 重叠式　即各层码放方式相同，上下对应，各层之间不交错堆垛。这种方式的优点是，工人操作速度快，包装物四角和边重叠垂直，承载力大。缺点是各层之间缺少咬合作用，稳定性差，容易发生塌垛。

(2) 纵横交错式　相邻两层货物的摆放旋转90°，一层成横向放置，另一层成纵向放置，层间纵横交错堆垛。这种方式层间有一定的咬合效果，但咬和强度不高。重叠式和纵横交错式适合自动装盘操作。

(3) 正反交错式　同一层中，不同列的货物以90°垂直码放，相邻两层的货物码放形式是另一层旋转180°的形式。这种方式可使不同层间咬合强度高，相邻层之间不重缝，码放后稳定性高，但操作较为麻烦。

(4) 旋转交错式　第一层相邻的两个货物都互为90°，两层间的码放又相差180°，这样相邻两层之间咬合交叉，托盘货物稳定性高，不易塌垛。其缺点是码放难度大，而且中间形成空穴，会降低托盘装载能力。

课题一　货架技术

一、货架的作用

1. 货架的概念

货架是由立柱片、横梁和斜撑等构件组装成，用于存放货物的结构件。在仓库设备中，货架是指专门用于存放成件物品的保管设备。货架在仓库中占有非常重要的地位，随着现代工业的迅猛发展，物流量的大幅度增加，为实现仓库的现代化管理，改善仓库的功能，不仅要求货架数量多，而且要求具有多功能，并能实现机械化和自动化要求。

2. 货架的作用及功能

货架在现代物流活动中，起着相当重要的作用，仓库管理实现现代化，与货架的种类和功能有直接的关系。

货架的作用及功能有如下5个方面：

1）货架是一种架式结构物，可充分利用仓库空间，提高库容利用率，扩大仓库的储存能力。

2）存入货架中的货物，互不挤压，物资损耗小，可完整保证货物本身的功能，减少货物的损失。

3）货架中的货物，存取方便，便于清点及计量，可做到先进先出。

4）保证存储货物的质量。可以采取防潮、防尘、防盗、防破坏等措施，以提高物资的存储质量。

5）很多新型货架的结构及功能有利于实现仓库的机械化及自动化管理。

二、货架的分类

1. 按货架的发展分

(1) 传统式货架　包括层架、层格式货架、抽屉式货架、橱柜式货架、U形架、悬臂架、栅架、鞍架、气罐钢筒架、轮胎专用货架等。

（2）新型货架　包括旋转式货架、移动式货架、装配式货架、调节式货架、托盘货架、进车式货架、高层货架、阁楼式货架、重力式货架、臂挂式货架等。

2. 按货架的适用性分

可分为通用货架、专用货架。

3. 按货架的封闭程度分

可分为敞开式货架、半封闭式货架、封闭式货架等。

4. 按结构特点分

可分为层架、层格架、橱柜架、抽屉架、悬臂架、三脚架、栅型架等。

5. 按货架的可动性分

可分为固定式货架、移动式货架、旋转式货架、组合货架、可调式货架、流动储存货架。固定式货架又分为单元式货架和贯通式货架。

6. 按货架与仓库的结构关系分

可分为整体结构式货架、分体结构式货架。其中整体结构式货架直接支撑仓库屋顶和围墙，分体结构式货架与建筑物分为两个独立系统。

7. 按货架高度分

可分为低层货架、中层货架、高层货架。其中低层货架高度在5m以下，中层货架高度在5～15m之间，高层货架高度在15m以上。

8. 按货架重量分

可分为重型货架、中型货架、轻型货架。其中重型货架每层货架载重量在500kg以上；中型货架每层货架（或搁板）载重量在150～500kg之间；轻型货架每层货架载重量在150kg以下。

三、各种货架的功用

1. 层架

（1）结构和种类　层架由立柱、横梁、层板构成，架子本身分为数层。层间用于存放货物。层架应用广泛，种类繁多，可分如下种类：

1）按层架存放货物的重量级划分为重型层架、中型层架和轻型层架三种。

2）按货架结构方式分为装配式、固定式及半固定式三种。其中装配式多适于轻型货架，采用轻钢结构，机动灵活；固定式层架坚固、结实，承载能力强，适用于重、中型层架。

3）按货架封闭程度分为开放型、半开放型、金属网型、前挡板型若干种。

4）按层板安装方式分为固定层高及可变层高两种方式。

层架的尺寸和规格可以在很大范围内变动，一般轻型层式货架主要适用于人工装、取货操作，规格、尺寸及承载能力都和人的搬运能力相适应，高度一般在2.4m以下，厚度在0.5m以下；中、重型货架尺寸则要大得多，高度可达4.5m，厚度可达1.2m，宽度可达3m。各种轻型货架见图5-2。

（2）特点及用途　层架结构简单，省料，适用性强，便于作业的收发，但存放物资数量有限，为人工作业仓库的主要储存设备。轻型层架多用于小批量、零星收发的小件物资的储存。中型和重型货架要配合叉车等工具储存大件、重型物资，应用领域较为广泛。

2. 层格式货架

层格式货架结构与层架类似，其区别在于某些层甚至整体每层中用间隔板分成若干个格。开放式层格式货架每格原则上只能放一种物品，物品不易混淆，但存放数量不大。其缺点是层间光线暗，存放数量少。主要用于存放规格复杂、多样、必须互相间隔开的物品。

3. 抽屉式货架

为滑动式货架中的一种，分为敞开式和封闭式。各层的承载面为抽屉式的可滑动的货板，可利用车间或仓库中的桥式起重机将重物吊进吊出，省去叉车用通道，用于在狭小空间内管理存放重物，也可存放长大物料，见图5-3。

4. 橱柜式货架

在层格架或层架的前面装有橱门，上下左右及后面均封闭起来，前门可以开关的货架即为橱柜式货架。橱柜式货架可分为固定式和移动式，其中移动式在现代仓储中使用较多。

特点及用途：橱柜式货架也属于封闭式货架的一种。其特点与用途和抽屉式货架相似，用于存放贵重物品、文件、文物及精密配件等物品。

5. U形架（H形架）

（1）结构　外形呈U字形，组合叠放后呈H形。为使其便于重叠码放和吊装作业的要求，在架的两边上端形成吊钩形角顶，见图5-4。

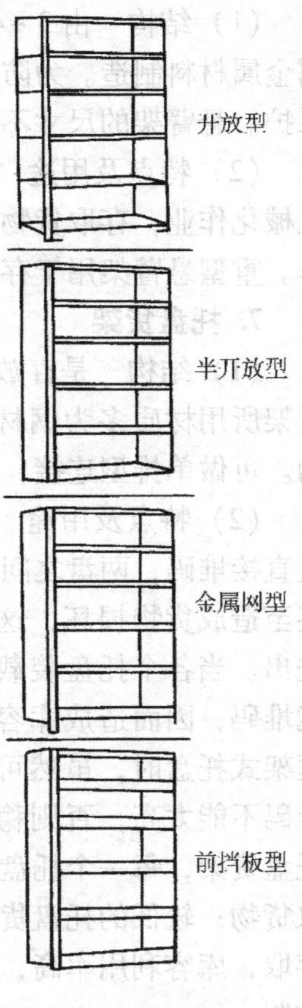

图5-2　各种轻型货架

图5-3　封闭式抽屉式货架

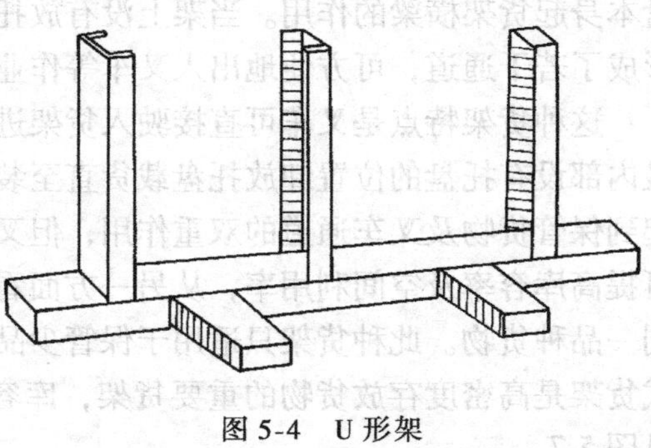

图5-4　U形架

（2）特点及用途　U形架结构简单，但强度很高，价格较低，码放时可叠高，因而可提高仓库的利用率。此外，可随货收发，因而节省收发时的倒装手续，可实现机械化操作，可做到定量存放。主要用于存放量大的管材、型材、棒材等大型长尺寸的金属材料，建筑材料等。

6. 悬臂架

（1）结构　由3~4个塔形悬臂和纵梁相连而成，见图5-5。分单面和双面两种，臂架用金属材料制造。为防止碰伤货物或产生刻痕，在金属悬臂上垫有木质衬垫，也可用橡胶带保护。悬臂架的尺寸不定，一般根据所放长形货物的尺寸大小而定其尺寸。

（2）特点及用途　悬臂架为敞开式货架的一种，可以在架两边存放货物，但不太便于机械化作业，存取货物作业强度大，一般适于轻质的长条形货物的存放，可用人力存取操作。重型悬臂架用于存放长条形金属材料。

7. 托盘货架

（1）结构　是存放装有货物托盘的货架。托盘货架所用材质多为钢材结构，也可用钢筋混凝土结构。可做单排型连接，也可做双排型连接。

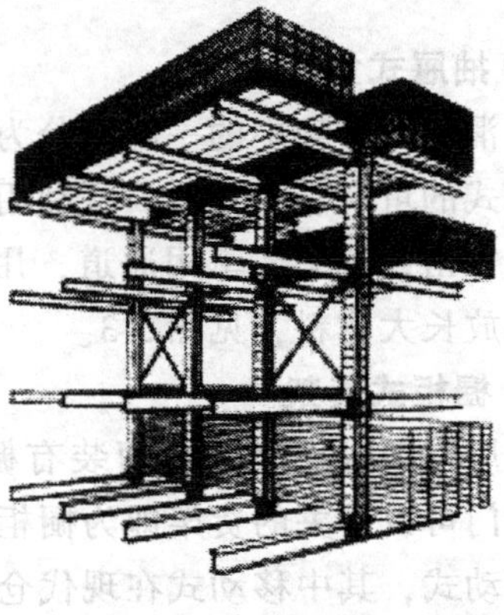
图5-5　悬臂架

（2）特点及用途　用托盘装载货物，如用平托盘直接堆码，两盘之间及最下层的货物会受到挤压，甚至造成货物损坏，这种堆码方法也不能做到先进先出。当各个托盘装载不同货物时，只能单摆，不能堆码，因而造成库容率低。当使用立柱式托盘或框架式托盘时，虽然可以堆码使货物不受挤压，但堆码不能太高，否则稳定性差，不安全。只有采用托盘货架，每一个托盘占一个货位，才可避免上述问题。较高的托盘货架使用堆垛起重机存取货物；较低的托盘货架可用叉车存取货物。托盘货架可实现机械化装卸作业，便于单元化存取，库容利用率高，可提高劳动生产率，实现高效率的存取作业，便于实现计算机管理和控制。

8. 进车式货架

进车式货架又称驶入式货架，其结构见图5-6。这种货架采用钢质结构。钢柱上一定位置有向外伸出的水平突出构件，当托盘送入时，突出的构件将托盘底部的两个边托住，使托盘本身起货架横梁的作用。当架上没有放托盘货物时，货架正面便成了无横梁状态，这时就形成了若干通道，可方便地出入叉车等作业车辆。

这种货架特点是叉车可直接驶入货架进行作业，叉车与货架的正面成垂直方向驶入，在最内部设有托盘的位置卸放托盘载货直至装满，取货时再从外向内顺序取货。进车式货架能起到保管货物及叉车通道的双重作用，但叉车只能从架子的正面驶入。这样，从一个方面看可提高库容率及空间利用率，从另一方面看，很难实现先进先出。因此，每一巷道只宜保管同一品种货物。此种货架只适用于保管少品种、大批量以及不受保管时间限制的货物。进车式货架是高密度存放货物的重要货架，库容利用率可达90%以上。进车式货架的尺寸标准见图5-7。

9. 移动式货架

移动式货架是一种在货架的底部安装有运行车轮，可在地面上运行的货架，见图5-8。根据驱动方式不同，分为人力推动式和电力驱动式两种。适用于库存品种多，出入库频率较低或库存频率较高，但可按巷道顺序出入库的仓库。由于只需一个作业通道，可大大提高仓库面积的利用率。

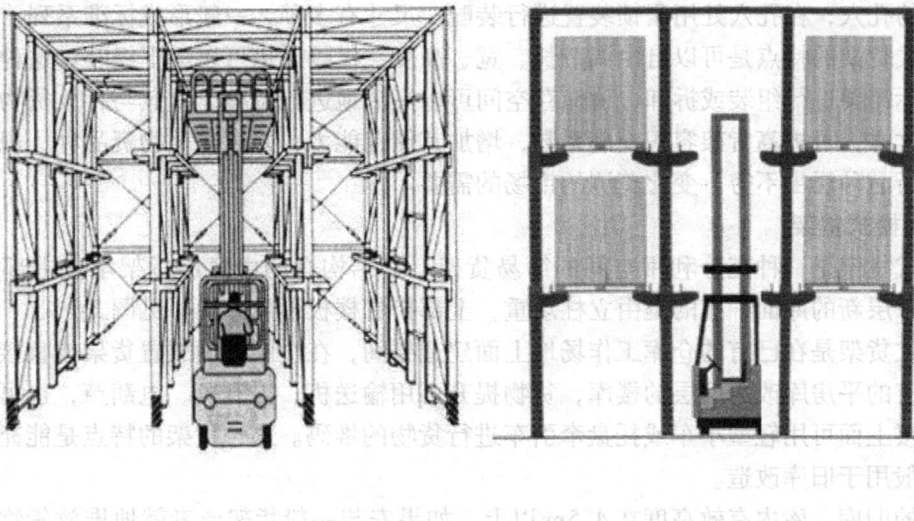

图 5-6 进车式货架

移动式货架广泛应用于办公室和图书馆存放档案文献，金融部门存放票据，工厂车间和仓库存放工具、物料等。若采用现代技术，使设备大型化，也可将其制成能存取如管件、阀门、电动机托盘等大重量物品的移动式货架。这种货架尤其适用于环境条件要求高、投资大的仓库，如冷冻等仓库，可相应减少环境条件的投资。

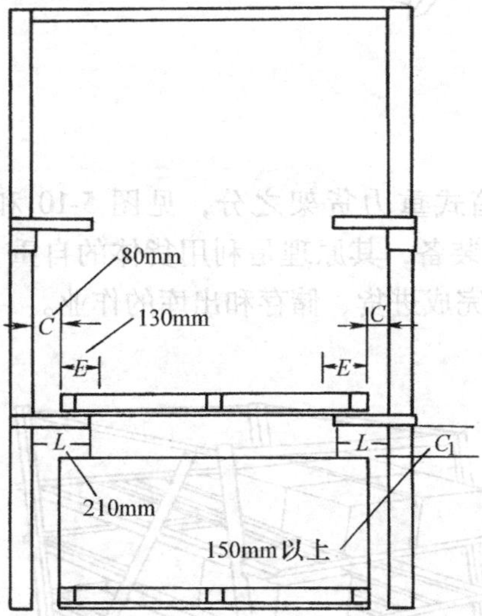

图 5-7 进车式货架的尺寸标准

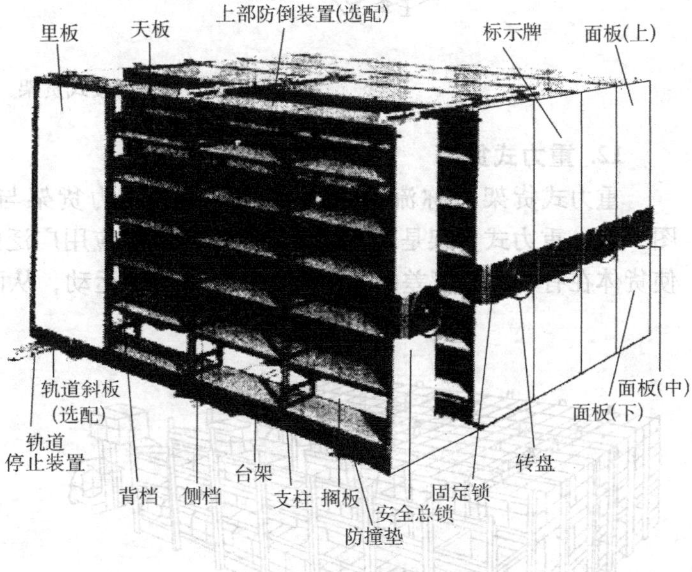

图 5-8 移动式货架

10. 装配式货架

装配式货架的柱、梁、层板、隔板等均制成标准件，在柱的两边钻出圆、椭圆、心形或其他形状的孔穴，在孔穴处用紧锁装置进行装配。尺寸有多种，一般形成标准系列。

装配式货架的特点是可以自由调节长、宽、高度，横隔层也可以上下组装。这种货架可以根据实际需要进行组装或拆卸，对储存空间可以灵活地进行调整，使其与存放货物的体积相适应。这样，可提高货架容积充满系数，增加其储存能力，并可满足物资品种、规格变化频率快，新品种层出不穷，变化莫测的市场的需要。

11. 阁楼式货架

阁楼式货架是一种充分利用空间的简易货架。其结构有的由底层货架承重上部搭置楼板，形成一层新的库面，有的是由立柱承重，上部搭置楼板形成库面，见图5-9。

阁楼式货架是在已有的仓库工作场地上面建造楼阁，在楼阁上面放置货架或直接放置货物，将原有的平房库改为两层的楼库，货物提升可用输送机、提升机、电葫芦，也可用升降台。在阁楼上面可用轻型小车或托盘牵引车进行货物的堆码。这种货架的特点是能充分利用空间，一般用于旧库改造。

一般的旧库，库内有效高度在4.5m以上，如果安装一般货架或者就地堆放货物，在操作上受人的高度限制，只能利用2m左右，采用阁楼式货架后，可几乎成倍提高原有仓库的利用率。缺点是存取作业效率低。主要用于存放储存期较长的中小件货物。

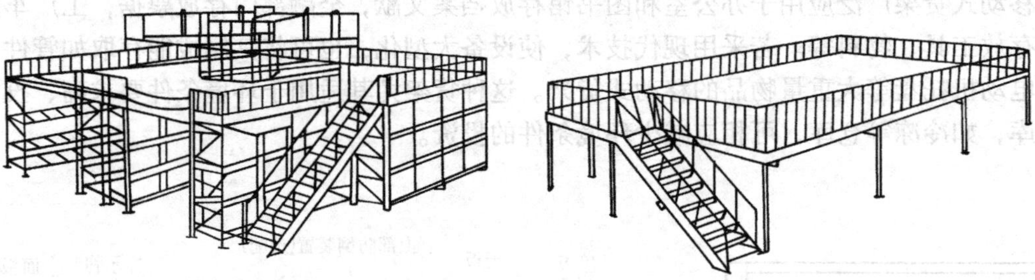

图5-9　阁楼式货架

12. 重力式货架

重力式货架又称流动式货架，有托盘重力货架与箱式重力货架之分，见图5-10和图5-11。重力式货架是现代物流系统中的一种应用广泛的装备，其原理是利用货体的自重，使货体在有一定高度差的通道上，从高向低处运动，从而完成进货、储存和出库的作业。

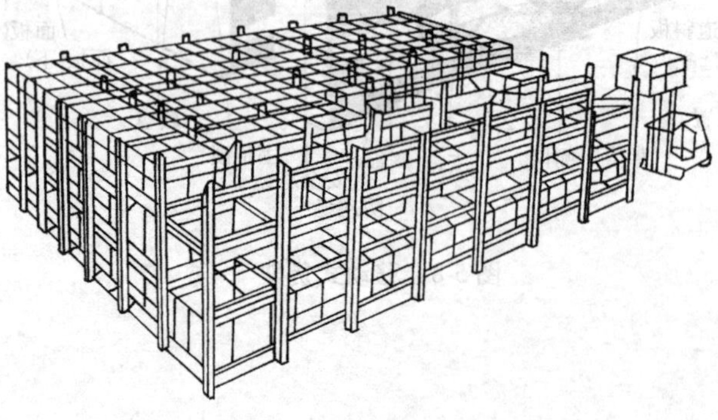

图5-10　托盘重力货架

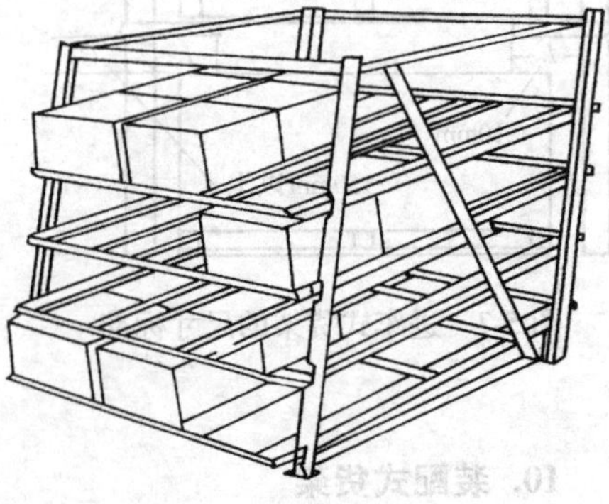

图5-11　箱式重力货架

重力式货架和一般层架从正面看基本相似，但是，其深度比一般层架深得多，类似将许多层架密集靠放。每一层隔板形成前端（出货端）低，后端（进货端）高的一定坡度。有一定坡度的隔板可制成滑道形式，货体顺滑道从高端向低端滑动，也可制成滑轨、辊子或滚轮，以提高货体的运动性能，一般尽量将坡度做得小一些。

图5-12是一个带辊子滑道的重力式货架，这种货架的辊子或滚轮结构有固定式和托起式两种。固定式辊子或滚轮一旦装上之后，就不再可变。托起式则可在不需滚动时，将辊子或滚轮落入其内，货体则托放于槽板上，以保持货体稳定。需要使货体运动时，要给槽内软管充气，使之鼓胀，则将滚轮托起，使货体离开槽板而置于滚轮之上，这样货体便在自重作用下沿滚轮向低端运动。

重力式货架有以下主要特点：

1）单位库房面积存储量大。

2）固定了出入库位置，减少了出入库工具的运行距离。

3）由于入库作业和出库作业完全分离，两种作业可各自向专业化、高效率方向发展，且入出库时，工具不互相交叉、互相干扰，事故率降低，安全性增加。

4）重力式货架可保证先进先出，符合仓库管理现代化的要求。

5）重力式货架和一般货架比，大大缩小了作业面，有利于进行拣选活动，是储存型拣选货架中重要的一种。

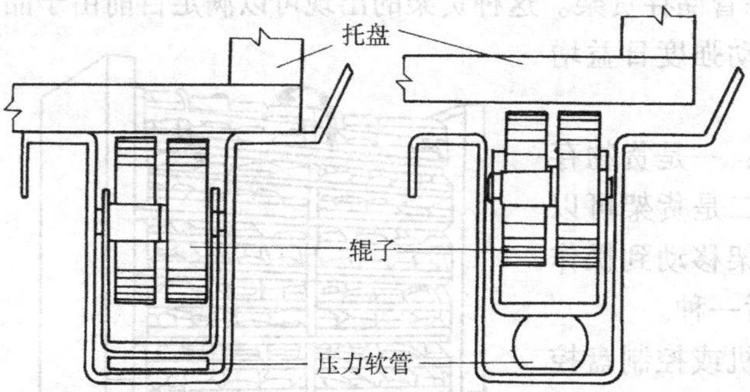

图5-12 重力式货架结构

重力式货架主要用于大量存储，也可作为拣选式货架普遍应用于配送中心、转运中心、仓库、商店的拣选配货操作中，还可用于生产线的零部件供应线上。大型重力式货架储存量较大，是以储存为主的货架，轻型、小型重力式货架则属于拣选式货架。

13. 后推式货架

后推式货架是隔板或滑轨向前方倾斜。用叉车把后到的货物由前方存入货架时，此货物便把原先的货物推到后方。当从前方取货时，后方的货物会自动滑向前方，以待拣取，见图5-13。

后推式货架储存密度高，但存取性差。一般深度方向为3个储位，最多达5个储位。比一般托盘货架节省30%空间，增加了储位；适用一般叉车存取；运用于少品种大批量物品的储存；不宜太重物品的储存；货物自动滑向最前储位，不能先进先出的存取。

14. 旋转式货架

旋转式货架又称回转式货架。它是适应目前生产及生活资料由少品种大批量向多品种小

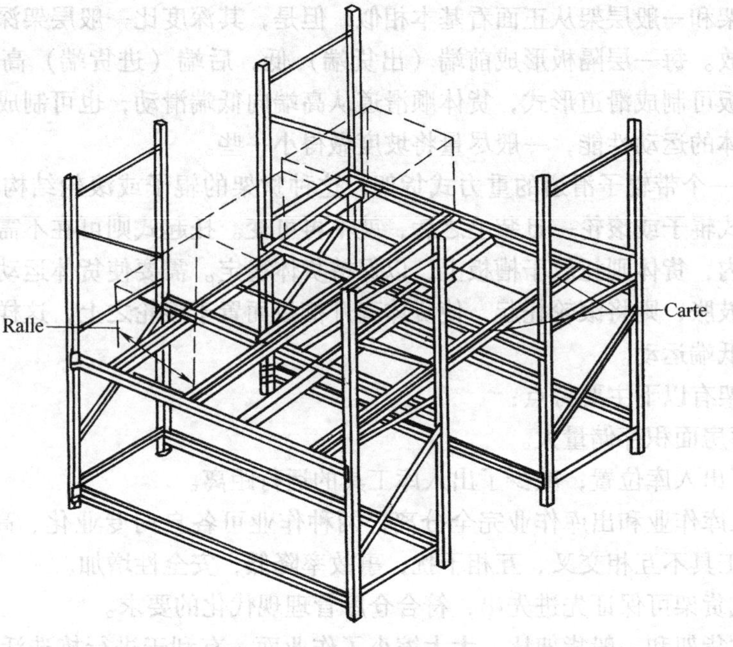

图5-13　后推式货架

批量发展趋势而发展起来的一类现代化保管储存货架。这种货架的出现可以满足目前由于品种的迅猛增加，拣选作业的工作量、劳动强度日益增大，系统日益复杂的要求。

货物从货架上的拣选方式分为两种：一是货物存放在固定的货架内，操作者进行取货；二是货架可以水平、垂直、立体方向回转，货物随货架移动到操作者面前供操作者选取。旋转式货架属于后一种。

回转式货架在存取货物时，可用微机或控制盘控制。根据下达的货格指令，该货格以最近的距离自动旋转至拣货点停止。这种货架存储密度大，货架间不设通道，和固定式货架相比，可节省占地面积30%～50%。由于货架转动，拣货路线简捷，拣货效率高，拣选差错少。根据旋转方式的不同，可分为垂直旋转式、水平旋转式、立体旋转式三种。

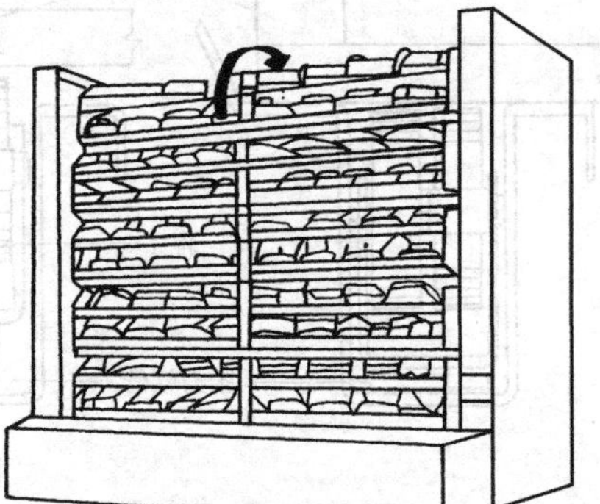
图5-14　垂直旋转式货架

（1）垂直旋转式货架　这种货架类似垂直提升机，在提升机的两个分支上悬挂有成排的货格，提升机可正转，也可以反转。货架的高度为2～6m，正面宽为2m左右，10～30层不等，单元货位载重为100～400kg，回转速度6m/min左右，其结构见图5-14。

垂直式旋转货架属于拣选型货架。占地空间小，存放的品种多，最多可达1200种左右。另外，货架货格的小隔板可以拆除，这样可以灵活地存储各种长度尺寸的货物。在货架的正面及背面均设置拣选台面，可以方便地安排出入库作业。在旋转控制上用编号的开关按键即可以轻松操作，也可以利用计算机操作控制，形成联动系统，将指令要求的货层经最短的路程送至挑选的位置。

主要适用于多品种、拣选频率高的货物，取消货格，改成支架可用于成卷的货物，如地毯、纸卷、塑料布等的存取。

（2）多层水平旋转式货架　此种货架的最佳长度为10～20m，高度为2～3.5m，单元货位载重量为200～250kg，回转速度为20～30m/min，为拣选型货架。这种货架各层可以独立旋转，每层都有各自的轨道，用计算机操作时，可以同时执行几个命令，使各层货物从近到远，有序地到达拣选点，拣选效率很高。

此外，这种货架储存货物品种多，多达2000种以上。主要用于出入库频率高、多品种拣选的配送中心等地方。

（3）整体水平旋转货架　这种货架有多排货架连接，每排货架又有若干层货格，货架作整体水平式旋转，每旋转一次，便有一排架达到拣货面，可对这一排的各层进行拣货，其结构示意图见图5-15。

这种货架每排可放置同种物品，但包装单位可以不同，如上部货格放置小包装、下部货格放置大包装，拣选时不再计数，只取一个需要数量的包装即可；也可以在一排货架的不同货格放置互相配套物品，一次拣选可在一排上将相关物品拣出；这种货架还可用作小型分货式货架，每排不同货格放置同种货物，旋转到拣选面后，将货物按各用户分货要求拣出分放各用户的指定货位，使拣选、分货结合起来。所以，整体水平旋转货架可看成是拣选、分货一体化的货架。

这种货架旋转时动力消耗大，不大适于拣选频度太高的作业，所放置货物主要是各种包装单位的货物，其容量受货架长度限制。整体水平旋转式货架也可制成长度很长的货架，可增大存储容量，但由于动力消耗大，拣选等待时间长，不适于随机拣选，在需要成组拣选或可按顺序拣选时可以采用。随着这类货架规模越大、长度越长，其拣选功能逐渐向分货功能转化，成为适用于小型分货领域的分货式货架。

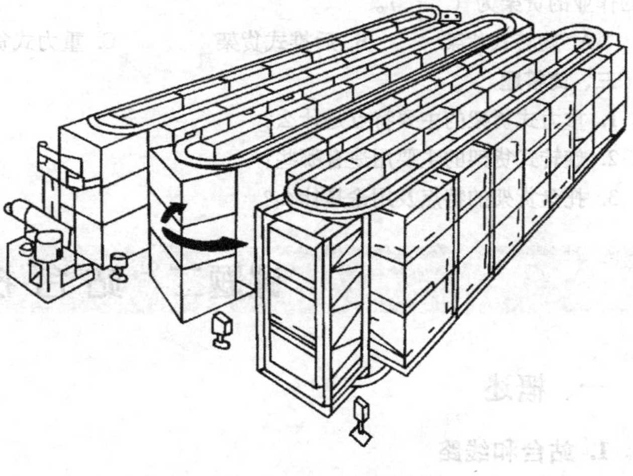

图5-15　整体水平旋转货架

15. 堆叠式货架

这种货架可当作存放容器使用，随叉车搬运，不使用时可叠放，节省空间。当存放货物时，可相互叠放以避免物品压损，高度可达四层，见图5-16。

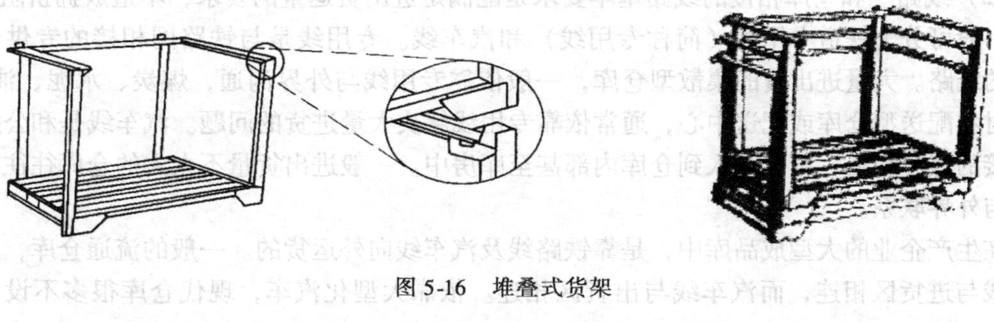

图5-16　堆叠式货架

其特点为：既可当作货架又可作为容器，仓库利用率大；价格低，不用维修；叠放高度受限，太高易倒；最低层物品最后才能取出，适用于同时进货的相同物品的存放。

除上述货架以外，还有立体货架、屏挂式货架、悬挂式货架、立置式货架、轮胎货架等。

知识检验

一、填空题

1. 货架是指专门____________保管设备。

2. 货架按其适用性可分为____________。

3. 低层货架高度在__________以下，中层货架高度在__________之间，高层货架高度在__________以上。

二、选择题

1. 存放规格复杂、多样、必须互相间隔开的物品时，应采用的货架为（　　）。

A. 层格式货架　　B. 抽屉式货架　　C. 托盘货架

2. 可利用货体的自重，使货体在有一定高度差的通道上，从高向低处运动，从而完成进货、储存、出库的作业的货架为（　　）。

A. 旋转式货架　　B. 后推式货架　　C. 重力式货架

三、简答题

1. 重力式货架的主要特点是什么？

2. 旋转式货架的主要用途有哪些？

3. 托盘货架的特点及用途是什么？

课题二　站台技术

一、概述

1. 站台和线路

与仓库相连的线路或进入到仓库内部的线路，以及线路与仓库的连接点——站台，也称月台、码头，是仓库进货和发货的必经之路。这些设施既是仓库运行的基本保证条件，又是仓库高效工作不可忽视的部位。

（1）站台　站台可作为车辆停靠处、装卸货物处及暂存处，利用站台就能方便地将货物装进车辆中或从车辆中取出，实现物流网络中线与节点的衔接转换。

（2）线路　和仓库相接的线路基本要求是能满足进出货运量的要求，不造成拥挤阻塞。

一般可分为铁道专用线（简称专用线）和汽车线。专用线是与铁路网相接的专供仓库使用的线路。大量进出货的集散型仓库，一般依靠专用线与外界沟通，煤炭、水泥、油类、金属材料配送型仓库或配送中心，通常依靠专用线解决大量进货的问题。汽车线是和公路干线相接的汽车线路，可以深入到仓库内部甚至库房中。一般进出货量不太大的仓库往往靠汽车线与外界联系。

在生产企业的大型成品库中，是靠铁路线及汽车线向外运货的。一般的流通仓库，则是铁路线与进货区相连，而汽车线与出货区相连。依靠大型化汽车，现代仓库很多不设铁路线，尤其是在大城市内的仓库，主要依靠公路线与外界联系。

2. 站台的主要形式

站台可分为高站台和低站台两种形式，现分述如下：

（1）高站台　站台高度与车辆货台高度一样，一旦车辆停靠后，车辆货台与站台处于同一水平面上，有利于使用作业车辆进行水平装卸，使装卸合理化。

（2）低站台　站台和地面一样高，往往是和仓库地面处于同一高度，以利于站台与仓库之间的搬运。低站台与车辆之间的装卸作业不如高站台方便，但是，如果采用传送装置装卸货，由于传送装置安装需有一定高度，采用低站台，传送装置安装后可与车辆货台保持同等高度。此外，采用低站台也有利于叉车作业。

现代仓库中，分货设备的分支机构出口端部往往和站台合二为一，汽车停靠在端部，分货机分选的货物可直接装入车中，减少了一道装卸工作。

在一个库区内可考虑停靠车辆的种类，设置若干不同高度的停靠位置，也可考虑车种平均高度尽可能缩小货车车厢底板与站台高度差，以达到提高作业效率的目的。不同车辆适合的站台高度见表5-1。

表5-1　不同车辆适合的站台高度

车型	站台高度/m	车型	站台高度/m
平板车	1.32	冷藏车	1.32
长途挂车	1.22	作业拖车	0.91
市区卡车	1.17	载重车	1.17
国际标准集装箱拖车	1.40		

在仓库中，进出货车种可能很多，因而即使考虑不同高度的站台，也很难使全部车辆与站台相接合，要克服车辆与站台间的间距和高度差，一般站台为作业安全与方便起见，常采用下列三种设施：

1）可移动式楔块：可移动式楔块又叫竖板（图5-17），可放置于卡车或拖车的车轮旁固定，以避免装卸货期间因车轮意外滚动可能造成的危险。

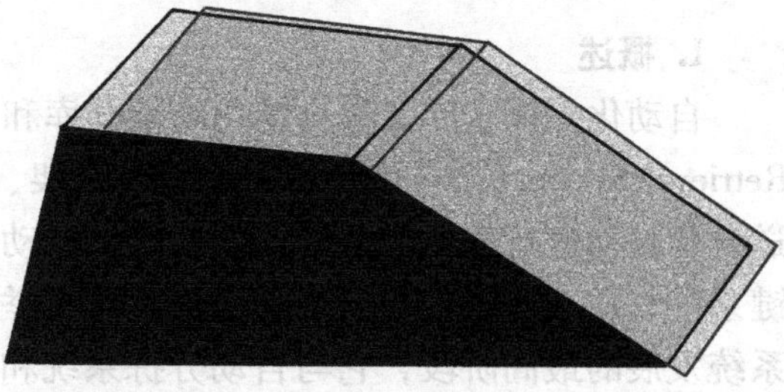

图5-17　可移动式楔块

2）升降平台：为一种安全的卸货辅助设施。升降平台分为卡车升降平台（图5-18）及码头升降平台（图5-19）两种。当配送车到达时，采用卡车升降平台，可提高或降低车子后轮使得车底板高度与站台一致，从而方便装卸货；采用码头升降平台，则可调整码头平台高度来配合配送车车底板的高度，两者有异曲同工的效果。

3）车尾附升降台：车尾附升降台是装配于配送车辆尾部的特殊平台。当装卸货时，可运用此平台将货物装上卡车或卸至站台，见图5-20。车尾附升降台可延伸至站台，亦可倾斜放至地面，其设计有多种样式，适于无站台设施的物流中心或零售点的装卸货使用。

图 5-18　卡车升降平台

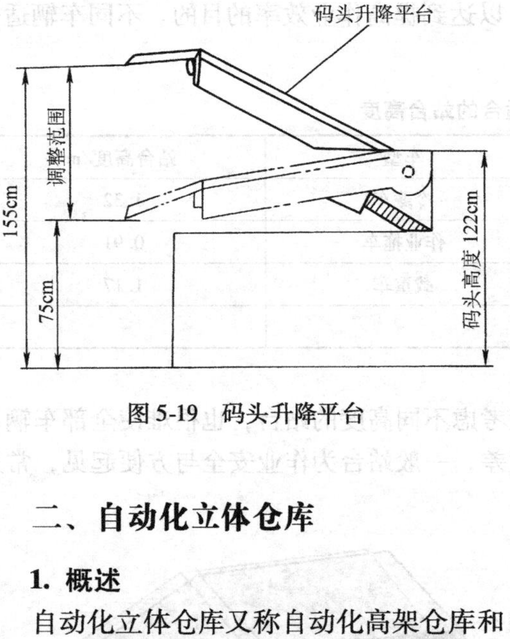

图 5-19　码头升降平台

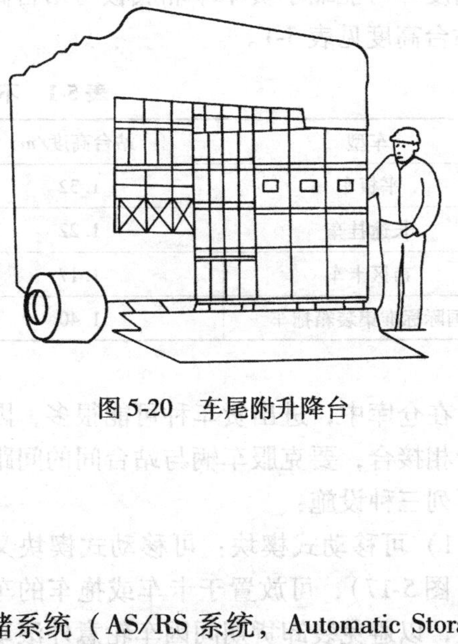

图 5-20　车尾附升降台

二、自动化立体仓库

1. 概述

自动化立体仓库又称自动化高架仓库和自动存储系统（AS/RS 系统，Automatic Storage/Retrieval System）。它是一种基于高层货架、采用计算机进行控制管理、采用自动化存取输送设备自动进行存取作业的仓储系统。自动化立体仓库是实现高效率物流和大容量储藏的关键系统，在现代化生产和商品流通中具有举足轻重的作用。自动化立体仓库是当代货架储存系统发展的最高阶段，它与自动分拣系统和自动导向车并称为物流技术现代化的三大标志。

所谓自动化高层货架仓库是指用高层货架储存货物，以巷道堆垛起重机配合周围其他装卸搬运系统进行存取出入库作业，并由计算机全面管理和控制的一种自动化仓库。

广义地说，自动化仓库系统是在不直接进行人工处理的情况下，能自动地存储和取出物料的系统，是一个将毛坯、半成品、配套件或成品、工具等物料自动存取、自动检索的系统，是物流系统的重要组成部分。

自动化高层货架仓库主要由货架、巷道堆垛起重机、周围出入库配套机械设施和管理控制系统等部分所组成。图 5-21 为自动化高层货架仓库的示意图。

自动化立体仓库的基本优势包括：

（1）科学存储，提高物料调节水平 作为仓库，立体仓库首先应具有储存的功能。系统应能对物料进行科学的管理，使物料合理存放，提高处理效率，适应储存与生产的工艺要求。

（2）衔接生产，加快物资周转，降低成本 作为生产过程的中间环节，立体仓库具有原材料、在制品和成品的缓冲存储功能。在自动化和机械化设备处理条件下，各种物料库存周期缩短，从而降低了总成本。

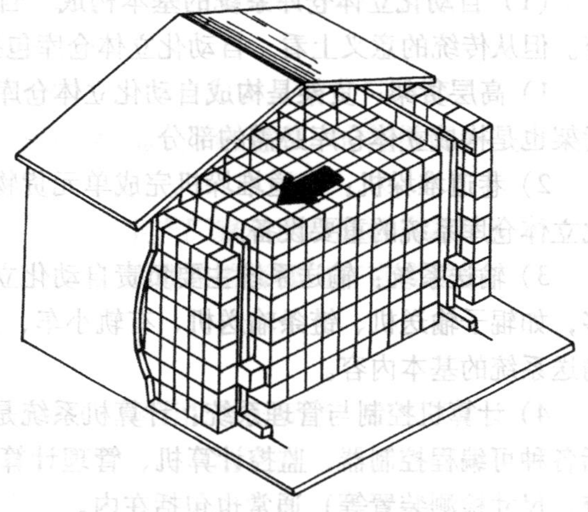

图 5-21 自动化高层货架仓库的示意图

（3）为企业的生产指挥和决策提供有效的依据 自动化仓库是企业信息系统的重要组成部分，尤其在集成化的环境下，能使物流信息系统与企业信息系统成为有机的整体。企业的领导者能根据库存信息制定相应的战略和计划，指挥、监测和调整企业的活动。

自动化立体仓库的社会效益和经济效益主要来自以下几方面：

1）由于使用高层货架存储货物，存储区可以大幅度地向高空发展，充分利用仓库地面和空间，因此节省了库存占地面积，提高了空间利用率。目前世界上最高的立体仓库已达70m。立体仓库单位面积的存储量是普通仓库的5～10倍。采用高层货架储存并结合计算机管理，可以实现货物的先入先出原则，防止货物的自然老化、变质、生锈或发霉。立体仓库也便于防止货物的丢失及损坏，对于防火、防潮等大有好处。集装箱化的存储也利于防止货物搬运过程中的破损。

2）自动存取AS/RS使用机械和自动化设备，运行和处理速度快，提高了劳动生产率，降低了操作人员的劳动强度。同时，能方便地纳入企业的物流系统，使企业物流更趋合理化。

3）计算机控制能够始终准确无误地对各种信息进行存储和管理，减少了货物处理和信息处理过程中的差错，而人工管理则做不到这一点。同时，借助于计算机管理还能有效地利用仓库储存能力，便于清点和盘库，合理减少库存，加快资金周转，节约流动资金，从而提高仓库的管理水平。

4）自动化仓库的信息系统可以与企业的生产信息系统联网，实现企业信息管理的自动化。同时，由于使用自动化仓库，促进企业的科学管理，减少了浪费，保证均衡生产，从而也提高了操作人员素质和管理人员的水平。

5）自动化立体仓库对于提升企业形象，具有巨大的社会经济效益。

此外，自动化仓库系统适于建立仓库网络群，协调区域性甚至全国范围的物流；有利于建立和推行国家商品物资仓储标准体系，统一仓库业务流程标准，统一单据格式系统和管理权限，使之操作规范；有利于实现仓库、生产企业的电子化处理，挖掘仓库结点的物资银行功能等新型业务，利于开展电子商务和物流配送；有利于业务的开展和客户的开发，丰富工作手段，提高企业的竞争力。

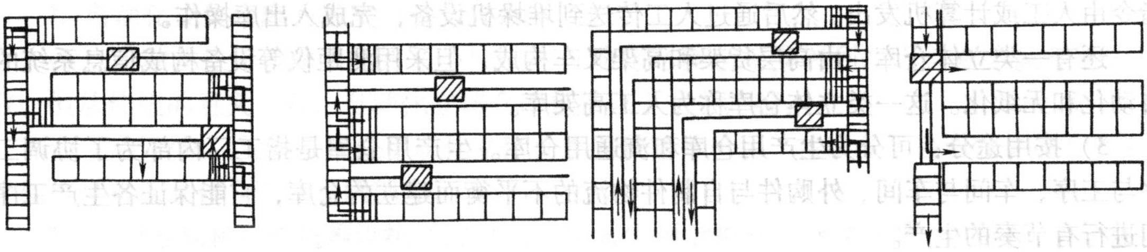

a) 单向式　　b) 复合行程式　　c) 侧入式　　d) 移动车式

图 5-24　单元负载式自动仓储入库、出库的配置方式

移动车式：单一存取机作业于多个通道。应用于库存种类多，但是入出库的频次少的情况，见图 5-24d。

② 轻负载式。高度以 5 ~ 10m 最普遍，以塑料容器为存取单位，存取重量在 50 ~ 100kg。一般以储存重量轻小的物品最适合，如电子零件、精密机器零件、汽车零件、药品及化妆品等，见图 5-25。

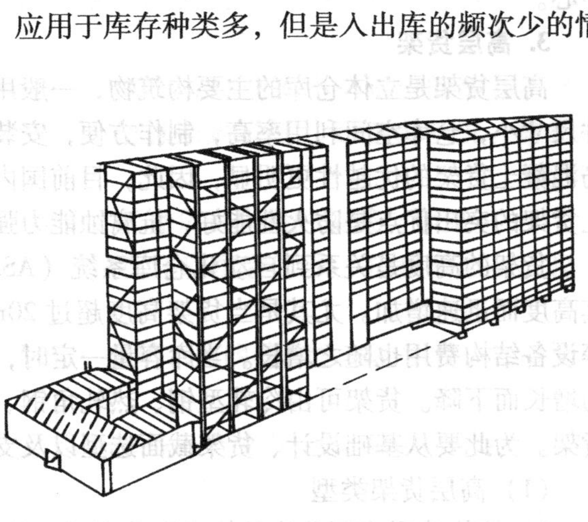

图 5-25　轻负载式高层货架

（2）货格单元尺寸　恰当地确定货格净空尺寸是立体仓库设计中一项极为重要的设计内容。对于给定尺寸的货物单元，货格尺寸取决于单元四周需留出的空隙大小。同时，在一定程度上也受到货架结构造型的影响，这项尺寸之所以重要，是因为它直接影响着仓库面积和空间利用率。同时，因为影响因素很多，确定这项尺寸比较复杂。

“牛腿”是货架上的一个重要结构。货箱或托盘支托在牛腿上，取货时堆垛机货叉从牛腿下往上升，托起货箱后收叉取走货箱。存货时，货叉支托着货箱从牛腿上方向下降，当其低于牛腿高度时货物就支托在牛腿上了。货架与货箱的关系见图 5-26。

图 5-26 中 A 为货箱宽度，b 为货叉宽度，c 为货叉与牛腿间距，d 为牛腿间距，e 为牛腿宽度，a 为托盘与立柱间距，h 为牛腿与货箱的高度差。上述参数的关系为：

$b = 0.7A$;

$d = (0.85 \sim 0.9)A$;

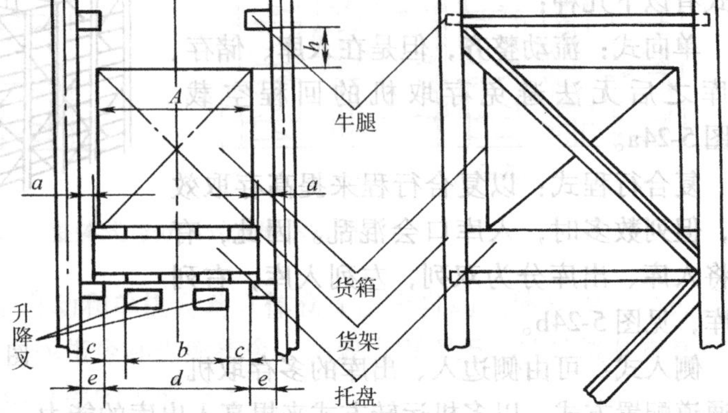

图 5-26　货架与货箱的关系

$c=(0.075\sim0.1)A$（大货箱取大值）；

$e=60\sim125\text{mm}$（大货箱取大值）；

$a=25\sim60\text{mm}$（大货箱取大值）；

$h=70\sim150\text{mm}$（大货箱取大值）。

（3）货架的刚度和精度　作为一种承重结构，货架必须具有足够的强度、刚度和稳定性，保证在正常工作条件下和在特殊的非工作条件下，都不至于被破坏。同时，作为一种设备，高层货架还必须具有一定的精度和在最大工作载荷下有限的塑性变形。

自动和半自动控制的立体仓库对货架的精度要求很高，这些精度包括货架片的垂直度、牛腿的位置精度和水平度等。

4. 巷道式堆垛机

巷道式堆垛机全称为巷道式堆垛起重机，是自动化立体仓库中的关键设备之一。巷道式堆垛机是随着立体仓库的出现而发展起来的专用起重机（图 5-27）。它的主要用途是在高层货架的巷道内来回穿梭运行，将位于巷道口的货物存入货格，或取出货格内的货物运送到巷道口。这种使用工艺对巷道式堆垛机在结构和性能方面提出了一系列严格的要求。

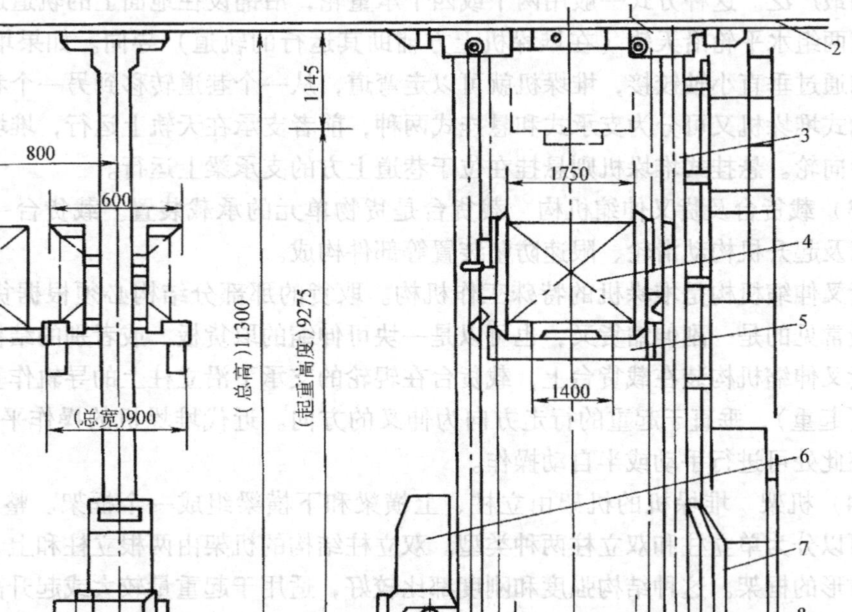

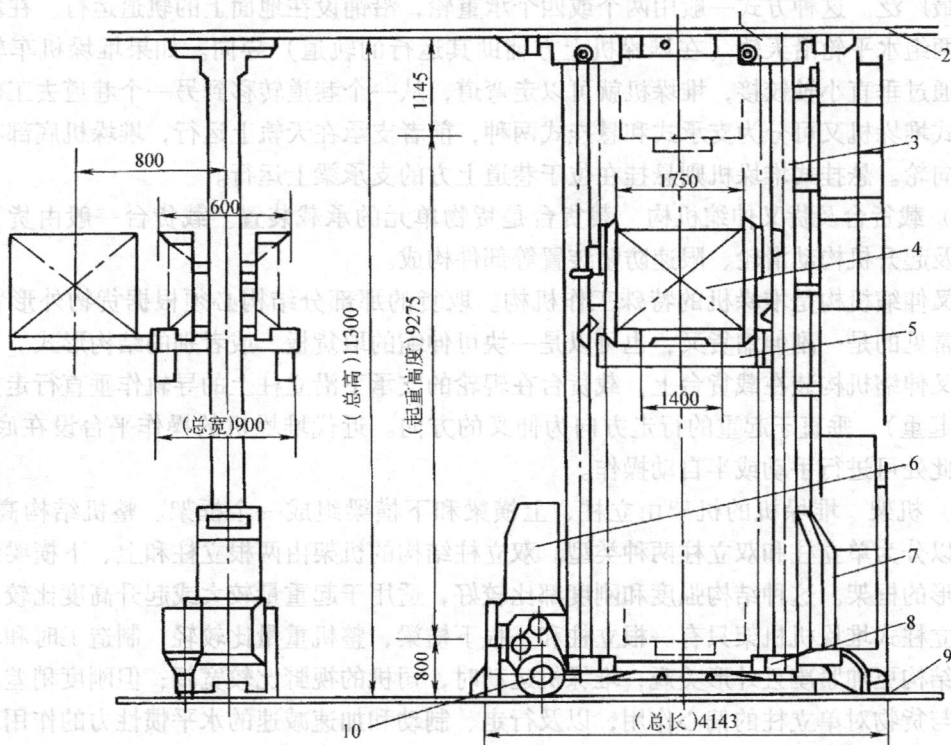

图 5-27　双柱式巷道堆垛机

1—上梁　2—天轨　3—立柱　4—载货台　5—存取货机构　6—运行机构　7—起升机构　8—下梁　9—地轨　10—车轮

堆垛机的额定载重量一般为几十千克到几吨，其中 0.5t 的使用最多。它的行走速度一般为 4~120m/min，提升速度一般为 3~30m/min。

有轨巷道堆垛起重机通常简称为堆垛机。它是由叉车、桥式堆垛机演变而来的。桥式堆垛机由于桥架笨重，其运行速度受到很大的限制，仅适用于出、入库频率不高或存放长形原材料和笨重货物的仓库。其优点在于可以方便地为多个巷道服务。目前的 AS/RS 中应用最广的是巷道式堆垛机。

巷道式堆垛机由起升机构、运行机构、货叉伸缩机构、载货台、机架（车身）和电气设备等组成。

（1）起升机构　堆垛机的起升机构由电动机、制动器、减速机、卷筒或链轮以及柔性件组成，常用的柔性件有钢丝绳和起重链等。卷扬机通过钢丝绳牵引载荷台作升降运动。除了一般的齿轮减速机外，由于需要较大的减速比，因而也常使用蜗轮蜗杆减速机和行星齿轮减速机。在堆垛机上，为了尽量使起升机构尺寸紧凑，常使用带制动器的电动机。

起升机构的工作速度一般为 12～30m/min，最高可达 48m/min。不管采用多大的工作速度，都备有低速挡，主要用于平稳停准和取放货物时的“微升降”作业。

在堆垛机的起重、行走和伸叉（叉取货物）三种驱动中，起重的功率最大。

（2）运行机构　在堆垛机的下横梁上装有运行驱动机构和在地轨上运行的车轮。按运行机构所在的位置不同可以分为地面驱动式、顶部驱动式和中部驱动式三种，其中地面运行式使用最广泛。这种方式一般用两个或四个承重轮，沿铺设在地面上的轨道运行。在堆垛机顶部有两组水平轮沿天轨（在堆垛机上方辅助其运行的轨道）导向。如果堆垛机车轮与金属结构通过垂直小轴铰接，堆垛机就可以走弯道，从一个巷道转移到另一个巷道去工作。顶部驱动式堆垛机又可分为支承式和悬挂式两种，前者支承在天轨上运行，堆垛机底部有两组水平导向轮。悬挂式堆垛机则悬挂在位于巷道上方的支承梁上运行。

（3）载货台及货叉伸缩机构　载货台是货物单元的承载装置。载货台一般由货叉、司机室以及起升机构动滑轮、限速防坠装置等部件构成。

货叉伸缩机构是堆垛机的特殊工作机构。取货的那部分结构必须根据货物外形特点设计。最常见的是一副伸缩货叉，也可以是一块可伸缩的取货板，或者别的结构形式。

货叉伸缩机构装在载货台上，载货台在辊轮的支承下沿立柱上的导轨作垂直行走方向的运动（起重），垂直于起重的行走方向为伸叉的方向。近代堆垛机的操作平台设在底座上，工人在此处可进行手动或半自动操作。

（4）机架　堆垛机的机架由立柱、上横梁和下横梁组成一个框架。整机结构高而窄，机架可以分为单立柱和双立柱两种类型。双立柱结构的机架由两根立柱和上、下横梁组成一个长方形的框架。这种结构强度和刚度都比较好，适用于起重量较大或起升高度比较高的场合。单立柱式堆垛机机架只有一根立柱和一根下横梁，整机重量比较轻，制造工时和材料消耗少，结构更加紧凑且外形美观；堆垛机运动时，司机的视野比较宽阔；但刚度稍差。由于载货台与货物对单立柱的偏心作用，以及行走、制动和加速减速的水平惯性力的作用对立柱会产生动、静刚度方面的影响，当载货台处于立柱最高位置时挠度和振幅达到最大值，这在设计时需加以校核计算。堆垛机的结构设计除需满足强度要求外，还需具有足够的刚度，并且满足精度要求。

堆垛机的机架沿天轨运行。为防止框架倾倒，上横梁上装有导向轮。

（5）电气设备　主要包括电力拖动、控制、检测和安全保护。在电力拖动方面，目前国内多用的是交流变频调速、交流变极调速和可控硅直流调速。调速要求较高时宜用直流电动机，涡流调速已很少应用。对堆垛机的控制一般采用可编程序控制器、单片机、单板机和计算机等。堆垛机必须具有自动认址、货位虚实等检测功能。电力拖动系统要同时满足快速、平稳和准确三个方面的要求。

5. 装卸堆垛机器人

随着物流系统新技术的开发，装卸搬运机器人得到了应用。其作业速度高，作业准确，尤其适合有污染、高温、低温等特殊环境和反复单调的作业场合。机器人在仓库中的主要作业是码盘、搬运、堆垛和拣选作业。在仓库中利用机器人作业的优点是其能在搬运、拣选和堆码过程中完成决策，起到专家系统的作用。它在自动仓库入库端的作业过程为：被运送到仓库中的货物通过人工或机械化手段放到载货台上，放在载货台上的货物通过机器人将其分类，由于机器人具有智能系统，可以根据货箱的位置和尺寸进行识别，将货物放到指定的输送系统上。

（1）机器人的主要技术参数

1）抓取重量：也称负荷能力，是指机器人在正常运行速度时所能抓取的货物重量。当机器人运行速度可调时，随着运行速度的增大，所能抓取货物的最大重量减小。为安全起见，也有将高速时的抓重作为指标的情况，此时，须标明运行速度。

2）运动速度：它与机器人的抓重、定位精度等参数有密切关系，同时也直接影响机器人的运动周期。目前机器人的最大运行速度在1500mm/s以下，最大回转速度在20r/min以下。

3）自由度：指机器人的各个运动部件在三维空间坐标轴上所具有的独立运动的可能状态，每个可能状态为一个自由度。机器人的自由度越多，其动作越灵活，适应性越强，结构越复杂。一般情况下，机器人具有3~5个自由度即可满足使用上的要求。

4）重复定位精度：重复定位精度是衡量机器人工作质量的一个重要指标，是指机器人的手部进行重复工作时能够放在同一位置的准确程度。它与机器人的位置控制方式、运动部件的制造精度、抓取的重量和运动速度有密切的关系。

5）程序编制与存储容量：程序编制与存储容量是指机器人的控制能力，用存储程序的字节数或程序指令数表示。存储容量大，机器人的适应性强，通用性好，从事复杂作业的能力强。

（2）机器人的主要结构 机器人的主要结构见图5-28。

机器人是机电一体化的系统，它主要由以下几个部分组成：

1）执行机构。执行机构的功能是可以抓取工件，并按照规定的运动速度、运动轨迹将工件送到指定的位置，然后放下工件。它由以下几个部分组成：

① 手部：是机器人用来握持工件或工具的部位，直接与工件或工具接触。有一些机器人将工具固定在手部，便无须再安装手部了。

② 腕部：是将手部和臂部连接在一起的部件。它的主要作用是调整手部的位置和姿态，并

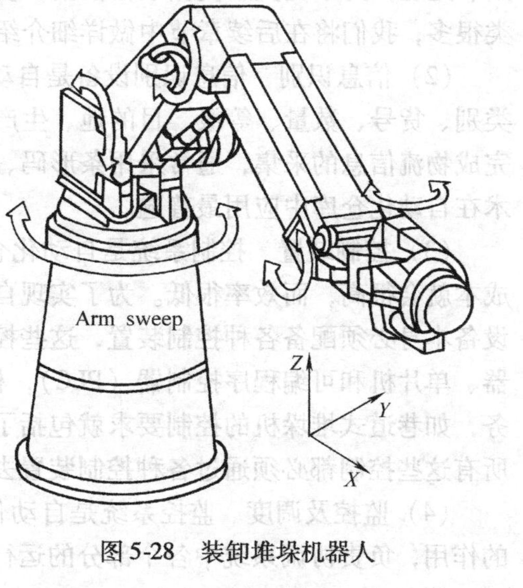

图5-28 装卸堆垛机器人

扩大手部的活动范围。

③ 臂部：臂部支撑着手腕和手部，使手部的活动范围扩大。在多关节机器人中，有大臂和小臂，两者由肘关节连接。

④ 机身：又称立柱，是用来支承臂部，安装驱动装置和其他装置的部件。

⑤ 行走机构：是扩大机器人活动范围的机构。被安装于机器人的机身下部，有多种结构形式，可以是轨道和车轮式，也可以模仿人的双腿。

⑥ 头部：有一些机器人具有头部，用来安装视觉装置和天线。

2）驱动系统。是为机器人提供动力的装置。一般情况下，机器人的每一个关节设置一个驱动系统，它接受动作指令，准确控制关节的运动位置。

3）控制系统。控制系统控制着机器人按照规定的程序运动，它可以记忆各种指令信息，同时按照指令信息向各个驱动系统发出指令。必要时，控制系统还可以对机器人进行监控，当动作有误或者发生故障时发出报警信号，同时对机器人完成作业所需的外部设备进行控制和管理。

4）检测传感系统。检测传感系统主要是检测机器人执行系统的运动状态和位置，并随时将执行系统的实际位置反馈给控制系统，并与设定的位置进行比较，然后通过控制系统进行调整，使执行系统以一定的精度达到设定的位置。

5）人工智能系统。人工智能系统赋予机器人具有五官的功能，具有学习、记忆、逻辑判断能力。

6. 电气与电子设备

自动化仓库中的电气与电子设备主要指检测装置、信息识别装置、控制装置、通信设备、监控调度设备、计算机管理设备以及大屏幕显示、图像监视等设备。

（1）检测装置　为了实现对自动化仓库中各种作业设备的控制，并保证系统安全可靠地运行，系统必须具有多种检测手段，能检测各种物理参数和相应的化学参数。

对货物的外观检测及称重、机械设备及货物运行位置和方向检测、对运行设备状态的检测、对系统参数的检测和对设备故障情况的检测都是极为重要的。通过对这些检测数据的判断、处理，为系统决策提供最佳依据，使系统处于理想的工作状态。目前所使用的检测器种类很多，我们将在后续章节中做详细介绍。

（2）信息识别　信息识别设备是自动化仓库中必不可少的，其作用是完成对货物品名、类别、货号、数量、等级、目的地、生产厂，甚至货位地址的识别。在自动化仓库中，为了完成物流信息的采集，通常采用条形码、磁条、光学字符和视频等识别技术。条形码识别技术在自动化仓库中应用最普遍。

（3）控制装置　控制系统是自动化仓库运行成功的关键。没有好的控制，系统的运行成本就会很高，而效率很低。为了实现自动运行，自动化仓库内所用的各种存取设备和输送设备本身必须配备各种控制装置，这些控制装置种类较多，从普通开关和继电器，到微处理器、单片机和可编程序控制器（PLC），根据各自的设定功能，它们都能完成一定的控制任务，如巷道式堆垛机的控制要求就包括了位置控制、速度控制、货叉控制以及方向控制等。所有这些控制都必须通过各种控制装置去实现。

（4）监控及调度　监控系统是自动化仓库的信息枢纽，它在整个系统中起着举足轻重的作用，负责协调系统中各个部分的运行。有的自动化仓库系统使用了很多运行设备，各设备的运行任务、路径及方向都需要由监控系统来统一调度，按照指挥系统的命令进行货物搬运活动。通过监控系统的监视画面可以直观地看到各设备的运行情况。

（5）计算机管理　计算机管理系统（主机系统）是自动化仓库的指挥中心，相当于人的大脑，它指挥着仓库中各设备的运行。它主要完成整个仓库的账目管理和作业管理，并且负担与上级系统的通信和企业信息管理系统的部分任务。一般的自动化仓库管理系统多采用微型计算机为主的系统，对比较大的仓库管理系统也可采用小型计算机。随着计算机的高速发展，微型计算机的功能越来越强，运算速度越来越高，计算机在这一领域中将日益发挥重要的作用。

（6）数据通信　自动化立体仓库是一个复杂的自动化系统，它是由众多子系统组成的。在自动化仓库中，为了完成规定的任务，各系统之间、各设备之间要进行大量的信息交换，例如，自动化仓库中的主机与监控系统、监控系统与控制系统之间的通信以及仓库管理通过厂级计算机网络与其他信息系统的通信。信息传递的媒介有电缆、远红外光、光纤和电磁波等。

（7）大屏幕显示　自动化仓库中的各种显示设备是为了使人们操作方便、易于观察设备情况而设置的。在操作现场，操作人员可以通过显示设备的指示进行各种搬运、拣选；在中控室或机房，人们可以通过屏幕或模拟屏的显示，观察现场的操作及设备情况。

（8）图像监视设备　工业电视监视系统是通过高分辨率、低照度变焦摄像装置对自动化仓库中人身及设备安全进行观察，对主要操作点进行集中监视的现代化装置，是提高企业管理水平，创造无人化作业环境的重要手段。

此外，还有一些特殊要求的自动化仓库，如储存冷冻食品的立体仓库中，环境温度要进行检测和控制；储存感光材料的立体仓库，要使整个仓库内部完全黑暗，以免感光材料失效而造成产品报废；储存某些药品的立体仓库，对仓库的温度、气压等均有一定要求，以上这些种类的仓库均需要特殊处理。

知识检验

一、填空题

1. 站台的主要形式可分为______和______两种。

2. ______与自动分拣系统和自动导向车并称为物流技术现代化的三大标志。

3. 仓库按用途分可分为______和______。

二、选择题

1. 可将现有的建筑物改造为自动化仓库，也可以将货架拆除，使建筑物用于其他目的，就应采用（　　）。

A. 整体式高层货架　　B. 分离式高层货架

2. 通常所说的堆垛机是指（　　）。

A. 有轨巷道堆垛机　　B. 桥式堆垛机

三、简答题

1. 自动化立体仓库包括哪些主要内容？

2. 机器人由哪几个部分组成？

3. 为什么巷道堆垛机是自动化立体仓库中最关键的设备之一？

4. 巷道堆垛机的起升机构由哪几部分组成？如何完成升降运动？

课题三　集装化技术

一、物流模数

1. 物流模数

物流模数是指为了使物流系统化、合理化和标准化，而用数值关系表示的物流系统各种因素尺寸的标准。物流模数可分为物流基础模数、物流集装设备模数、物流建筑模数等。

（1）物流基础模数尺寸　基础模数尺寸是指标准化的共同单位尺寸，是物流系统各标准尺寸的最小公约尺寸。在基础模数尺寸确定之后，各个具体的尺寸标准的制定，都要以基础模数尺寸为依据，选取其整数倍作为规定的尺寸标准。基础模数尺寸确定后，只需在倍数系列进行标准尺寸选择，就可作为其他的尺寸标准。

（2）集装基础模数尺寸　集装基础模数尺寸是最小的集装尺寸，是在物流基础模数尺寸的基础上按倍数推导出来的各种集装设备的标准尺寸，可以此尺寸作为设计集装设备长、宽、高三维尺寸的依据。在物流系统中，集装设备尺寸必须与各个环节的物流设施、设备、专用机具相匹配，在对整个物流系统设计时，通常以集装尺寸为核心进行设计。因此，集装设备模数尺寸是物流系统各个环节标准化的核心，决定和影响着其他物流环节的标准化。

（3）物流建筑基础模数尺寸　物流建筑基础模数尺寸是物流设施的各种建筑，如仓库、中转站等建筑物使用的基础模数尺寸，在设计建筑物的长、宽、高尺寸，门窗尺寸以及跨度、深度等尺寸时，要以此为依据。物流建筑基础模数尺寸是以物流基础模数尺寸为依据的，例如，货台高度需要和车辆厢底距地面的高度匹配。

2. 物流标准化的方法

物流标准化是以物流为系统，制订系统内部设施、机械设备、专用工具等各个分系统的技术标准，通过对各分系统的研究以达到技术标准与工作标准配合一致的效果。

物流标准化的重点在于通过制订标准规格尺寸来实现物流过程的连续性。物流初步标准化的方法主要有下列内容：

（1）确定物流的基础模数尺寸　确定物流基础模数尺寸主要考虑了运输设备，同时也考虑了现行的包装模数、集装设备以及和人机工程等方面相配合的需要。有些国家就是由运输设备的尺寸来推算最佳的基础模数尺寸。目前ISO中央秘书处及欧洲各国已基本认定600mm×400mm作为基础模数尺寸。

（2）确定集装基础模数尺寸　集装基础模数尺寸要以物流基础模数尺寸为基础按倍数系列推导出来，即可以从货车或大型集装箱的分割系列进行推导。日本确定的集装基础模数尺寸是以货车车厢宽度为物流模数确定的起点，进而推导出集装基础模数尺寸。中国目前已经制定了联运托盘的标准《联运通用平托盘主要尺寸及公差》（GB/T 2934—2007），该标准适用于公路、铁路、水路、航空联运通用平托盘。托盘平面尺寸为：1200mm×1000mm和1100mm×1100mm，优先推荐1200mm×1000mm。托盘平面尺寸的制造公差应为$^{+3}_{\ 6}$mm。

二、托盘

托盘是指用于集装、堆放、搬运和运输的，放置作为单元负荷的货物和制品的水平平台装置。其主要特点是装卸速度快、货损货差少。

1. 托盘的种类及基本构造

托盘按其基本形态分类见图5-29，即分为用叉车、手推平板车装卸的平托盘、柱式托盘、箱式托盘；用人力推动的滚轮箱式托盘、滚轮保冷箱式托盘；用设有可换附件的特殊叉车进行装卸作业的滑动板或装有滚轮的在托盘卡车中使货物移动的从动托盘；其他还有装运桶、罐等专用托盘之类的与货物形状吻合的特殊构造托盘。

（1）平托盘　按形状不同可分多种形式，见图5-29a。平托盘中除用得最多的木制托盘外，还有钢制、塑料、复合材料以及纸制的托盘。

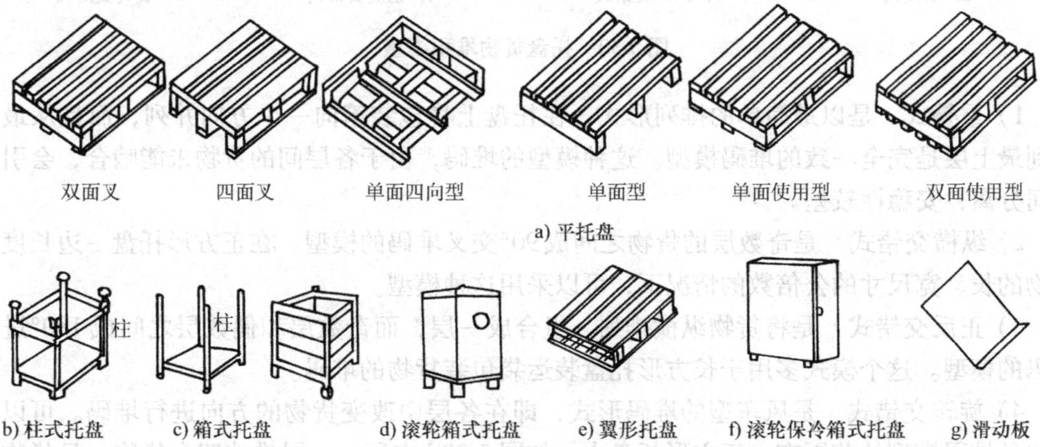

图5-29　托盘的种类

（2）柱式托盘　是在平托盘上装有四个立柱的托盘，见图5-29b。其目的是在多层堆码保管时，保护最下层托盘的货物。托盘上的立柱大多采用可卸式的，高度多为1200mm，立柱的材料多为钢制，耐荷重3t，自重30kg左右。

（3）箱式托盘　箱式托盘是在平托盘上安装上部构造物（平板状、网状构造物等）制成的箱形设备，见图5-29c，有可卸式、固定式、折叠式三种。这种托盘的特点是使包装简易并可将形式不规则的货物集装，在运输中还有不需要采取防止塌垛措施的优点。

（4）滚轮箱式托盘、滚轮保冷箱式托盘　见图5-29d、f，它们采用在箱式托盘下部安装脚轮的构造形式，按上部构造物的形式分为固定式、可卸式和折叠式三种。滚轮箱式托盘大多用于一般杂货的配送，装货面积为800mm×550mm（T8型的一半），最大装载量为300kg。滚轮保冷箱式托盘是在滚轮箱式托盘上部安装有保冷装置的托盘，用于低温货物（食品、医药品等）的配送，其保冷能力根据物品温度管理的范围划分成一类（-18℃以下）和二类（0~10℃）两种。

（5）滑动板　滑动板是用瓦楞纸、板纸或塑料制成的板状托盘，又称薄板托盘，见图5-29g。滑动板和木质平托盘比较，具有重量轻（每个约1.5kg）、充分利用保管空间（厚度在5mm以下）、价格低等优点。但是，这种托盘的装卸需要有带特殊附件的叉车。

2. 托盘的使用要点

（1）货物在托盘上的堆码　按货物在托盘上堆码时的行列配置区分，有四种基本堆积模型见图5-30。

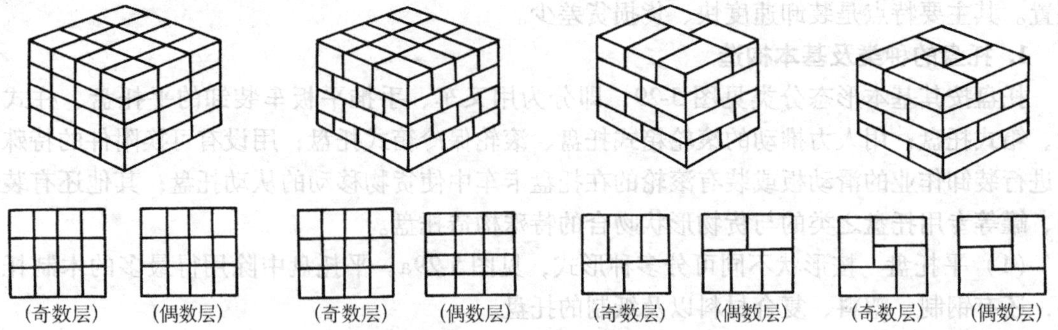

图5-30　托盘货物堆积模型

1）重叠式　是以最简单的排列形式，在托盘上将包装箱向一个方向并列，而且从最下层到最上层是完全一致的堆码模型。这种模型的堆码，由于各层间的货物未能啮合，会引起垛间分离，安稳性较差。

2）纵横交错式　是奇数层的货物之间成90°交叉堆码的模型。在正方形托盘一边长度为货物的长、宽尺寸的公倍数的情况下，可以采用这种模型。

3）正反交错式　是将货物纵横排列，组合成一层，而奇数层和偶数层之间成180°进行堆码的模型。这个模式多用于长方形托盘装运袋包装货物的堆码。

4）旋转交错式　是风车型的堆码形式，即在各层中改变货物的方向进行堆码。可以采用这种堆码模型的范围有：正方形托盘中，如图5-30d中所示一层排放四个货物，且货物的长度与宽度尺寸之和与托盘的一个边长吻合时，可采用这种模型。其特点是适用于这种模型的货物尺寸范围广，但在长度和宽度尺寸相差过大时，中央部分的无效空间也过大，致使托盘的表面利用率降低。

此外，在这些模型中，图5-30b、c、d三种模型是上下咬合堆码，所以总称为连锁堆码。但是，从瓦楞纸箱的耐压强度方面考虑，为减少最下层箱的破损，也采用下面三层不交错堆码，上部层纵横交错式堆码和旋转交错式堆码的方法。

（2）防止散垛措施　采用一贯托盘运货法，在卡车货台上装载托盘货物时，由于托盘和车厢内壁有间隙以及托盘与托盘之间有间隙，所以防止散垛是重要课题之一。

防止散垛的措施分为直接对托盘货物作处理和在运输车辆等设备中安装防止散垛装置或插入防止散垛工具两种方法。一般多同时采用上述两种方法。

1）托盘载货本身的防散处理有四种方式

① 扎带方式。在防止箱形货物（瓦楞纸箱、木箱）散垛时用得较多。这种方式按扎带形式分为水平扎带方式和垂直扎带方式两种。但扎带方式存在着扎带部分可防止货物移动，未扎带部分易发生货物脱出的缺点。且由于保管时多层货物的堆压以及输送中振动冲击而使带变松，从而降低防止散垛效果，这是需要注意的。

② 对托盘采取处置措施的方式。其常用的方法有两种，一是将托盘四周加高，使货物在托盘内倾斜而防止散垛的方式。当托盘装运袋装货物时，由于袋内货物的充填特性，垛下部袋和上部袋比较，有向四周分离的倾向，所以如果将袋装货物的下部靠托盘外侧堆放，会使货物有向内倾斜的特性。二是在货物间插入止滑板的方式，但箱式包装货物在采用这种方

式时，和袋装货物相比，由于在运输中的振动容易使止动板跳起来，所以效果较差。

③ 涂胶粘结方式。这种方式对水平方向滑动的抵抗能力强，但垂直方向容易分开。这种方式的主要缺点是胶的粘度会随温度发生变化，在使用时应选择适合温度条件的胶种（例如，水剂胶在低温下使用时，胶冻结成冰，难于使用）。另外，在使用时必须根据货物的特性（重量、包装形态等）来决定胶的分量和涂布方法。与这种方式相近的，可在货物表面涂以耐热树脂，货物间不相互胶结而靠增加摩擦力来防止散垛。

④ 特殊包装方式。在运输车辆的车厢中基本不需要防止散垛设置的有热缩包装方式、拉张方式和箱框式托盘方式。热缩包装方式是用热缩性塑料薄膜覆盖在托盘货物上，在热缩炉中加热使塑料薄膜和托盘货物形成一体的技术。由于这种方法有极好的防尘防水效果，所以可以在雨天装卸和露天保管。但是，由于通气性不好，又由于在高温（120～150℃）下加热处理，所以有的商品及容器材料不能适应而不采用这一方法。将塑料薄膜用拉伸包装机卷包在托盘货物表面以束紧货物的方式称为拉张方式，这种方式因为不进行像热缩包装那样的热处理，对需要防止高温的货物是有效的。可是因为使用塑料薄膜透气性较差，所以对需要透气的水果等货物，也有用网络树脂薄膜代用的方法。类似箱式托盘，在托盘上安装箱形框，成为防止散垛的箱框方式，也有非常好的防护效果。

2）在运输车辆等设备上采用的防止散垛措施。基本分为篷布、绳索捆扎方式，在托盘货物间隙中填设某种材料的方式和使用带特殊装置的车辆三类。

平板托盘装载时用篷布捆扎和绳索捆扎是很有效的，但像厢式车、棚车、集装箱等用绳索捆扎较困难的车辆，防止散垛可采用在托盘货物间隙中填设材料的方式。这种方法的出发点是如果能够减少托盘货物的移动间隙，则可降低散垛。按这一原则，可采取预先在托盘货物间插入各种厚度的“泡沫苯乙烯板”，使其成为防止货物靠拢的“隔板”，从而减少间隙；由于泡沫苯乙烯强度较低，所以可采取同时使用层板与泡沫苯乙烯的方法，还可采用称之为“气囊”的空气袋的方法等。应用气囊方法时，也有时和层板共同使用而使货物受到均匀的作用力。

从防止托盘散垛和方便装卸作业这两方面考虑，有时会采用特殊装备的车辆。在可依靠液压机构上下开闭的翼式车中，顶板和侧面的角部安装橡胶或罩布制成的防止散垛设备，形成把托盘货物的上面棱角从上方勒紧的结构形式。还有将车辆的顶板制成上下移动的液压升降装置，用顶板本体压住托盘货物，以防止散垛的带顶板稳定器的车厢。从防止散垛效果来看，后者较好。但无论哪种方式，如果托盘货物高度不一，效果也不佳，这是其缺点。与上述类型车辆不同，也有像清凉饮料专用车那样，把车厢划分成和托盘货物尺寸适合的若干小室以防止散垛的方式。

（3）托盘的维修管理　在托盘保养管理中，最重要的一点是不使用破损状态的托盘。如果破损托盘不经修理而照常使用，不仅会缩短托盘的寿命，而且还有可能造成货物的破损和人身事故。托盘的破损大多因下列原因产生：叉车驾驶员野蛮的驾驶操作，货叉损伤盘面或桁架；人工装卸空托盘时跌落而造成损伤。

木制平托盘的破损最多的部位是盘面。从修理的实例看，盘面的重钉修理占总数的60%～80%，所以托盘的物理寿命除了因叉车操作不当，使横梁损伤报废之外，更取决于盘面的重钉次数。盘面靠三个钉子钉在横梁上，考虑到横梁的钉穴，重钉修理次数仅限为3次，如果从目前修理的实际情况为每两年一次来考虑，其寿命为8年。对场内保管用的托盘，应当以提高寿命为目标，进行有益于降低成本和有效利用资源的努力。实际工作中，有时对横梁采取增强措施，可将使用寿命提高到10年以上。从一般的实际使用情况看，运输用托盘的寿命平均为三年；场内保管用托盘，寿命平均为6年左右。

3. 托盘标准化

托盘标准化是实现托盘联运的前提，也是实现物流机械和设施标准化的基础及产品包装标准化的依据。但是，现在美国的标准托盘是48in×40in（1219mm×1016mm）；其周边国家如加拿大、墨西哥为1000mm×1000mm；澳大利亚为1165mm×1165mm；欧洲各国以1200mm×800mm的托盘为标准的国家最多，但英国、德国及荷兰有1200mm×800mm及1200mm×1000mm两种托盘存在，其他北欧各国拥有统一型1200mm×800mm的托盘。英国制订托盘统一的政策较晚，造成了两种托盘规格的并存。

日本、韩国、新加坡等国家和地区所制订的标准托盘是1100mm×1100mm，东南亚大多数国家现在还没有由国家来制订标准托盘。由于1100mm×1100mm的托盘与ISO国际标准集装箱相匹配，普及率很高。

各国的托盘规格特别是在欧洲托盘规格制订时都考虑以下因素，即与桥梁、隧道、运输道路与货车站台设施相适应以及与货车、卡车等车辆宽度相匹配，再由托盘规格来决定仓库支柱的间距、货架等尺寸，所以改变托盘规格，涉及一系列的复杂课题。国际间托盘规格的统一虽然很理想，但是在美国也看不出要改变自己国家托盘规格的趋势，欧洲各国也绝无这种可能性，因此各国改变托盘规格确实很难。

ISO制订了4种托盘国际规格，但没有谈及它们的优劣。到1997年为止，1140mm×1140mm是ISO的正式规格托盘，1100mm×1100mm在误差允许范围内被承认，1997年ISO的作业委员会将1100mm×1100mm设定为ISO托盘。

ISO承认的托盘规格：

1200mm×800mm　欧洲规格；

1200mm×1000mm　欧洲一部分、加拿大、墨西哥规格；

1219mm×1016mm　美国规格；

1100mm×1100mm　亚洲规格。

世界上占主导地位国家使用的托盘，多包括在这4种之中，这些都是各国按自己国家的基本设施情况而制订的标准化规格托盘，要变更就要付出很大牺牲。如前所述，不管把这4种托盘规格统一为哪一种，各国的利害得失都很大，作为没有强制力的国际组织无法强迫每一国家去执行。

在这4种托盘中，1100mm×1100mm规格托盘是与现在流行于世界的ISO国际集装箱相匹配而被设计出来的。如果世界上都使用同一规格的托盘，从进出口货物开始，世界上车辆和载物台等也被统一规格，则可期待会得到非常便利而又高效的物流。要实现更为良好的世界经济发展，统一托盘规格是非常必要的，必须要为世界通用的托盘规格的出现而努力。

三、集装箱基本知识

1. 集装箱的定义

集装箱是能装载包装货或无包装货进行运输，并便于用机械设备进行装卸搬运的一种成组工具。集装箱原文Container，直译为容器，意译为集装箱。集装箱在运输有包装的箱、罐、坛、袋等有一定强度和一定形状的货物时，是一种刚性或半刚性容器；在运输粉状或颗粒状的无包装散货时，是一种柔性容器。通常所说的集装箱一般是指具有一定容积，适合于在不同运输方式中转运，具有一定强度和刚度，能反复使用的金属箱。

关于集装箱的定义在各国的国家标准、各种国际公约和文件中，都有具体的规定，其内容不尽一致。不同的定义在处理业务问题时，就可能有不同的解释。关于集装箱应具备的条件，国际标准化组织在 ISO830—1981《集装箱术语》中作了规定：

集装箱是这样一种运输设备：

1）具有足够的强度，能反复长期使用。

2）适合一种或多种方式运输，途中转运时，箱内货物不必换装。

3）可进行快速搬运和装卸，特别便于从一种运输方式转移到另一种运输方式。

4）便于货物装满或卸空。

5）具有 $1m^3$ 及 $1m^3$ 以上的容积。

集装箱这一术语不包括车辆和一般包装。

国际集装箱标准技术委员会 ISO/TC104 从 1961 年成立以来，先后对集装箱规格作过许多次修订。现行的国际标准集装箱的公称长度标准和国际集装箱的外形尺寸、公差和最大总质量标准分别见表 5-2 和表 5-3。

表 5-2 国际集装箱公称长度

集装箱型号	公称长度		集装箱型号	公称长度	
	米制/m	英制/ft		米制/m	英制/ft
1AA 1A 1AX	12	40	1CC 1C 1CX	6	20
1BB 1B 1BX	9	30	1D 1DX	3	10

表 5-3 国际集装箱的外形尺寸、公差和最大总质量

箱形	长度和公差				宽度和公差				高度和公差				最大总质量	
	米制		英制		米制		英制		米制		英制		kg	lb
	mm		ft/in	in	mm		ft	in	mm		ft/in	in		
1AA	12192	0 −10	40	0 −3/8	2438	0 −5	8	0 −3/16	2591	0 −5	8 6	0 −3/16	30480	67200
1A	12192	0 −10	40	0 −3/8	2438	0 −5	8	0 −3/16	2438	0 −5	8	0 −3/16	30480	67200
1AX	12192	0 −10	40	0 −3/8	2438	0 −5	8	0 −3/16	<2438		<8		30480	67200
1BB	9125	0 −10	29 11.25	0 −3/8	2438	0 −5	8	0 −3/16	2591	0 −5	8 6	0 −3/16	25400	56000

（续）

箱形	长度和公差				宽度和公差				高度和公差				最大总质量	
	米制		英制		米制		英制		米制		英制		kg	lb
	mm		ft/in	in	mm		ft	in	mm		ft/in	in		
1B	9125	0 −10	29 11.25	0 −3/8	2438	0 −5	8	0 −3/16	2438	0 −5	8	0 −3/16	25400	56000
1BX	9125	0 −10	29 11.25	0 −3/8	2438	0 −5	8	0 −3/16	<2438		<8		25400	56000
1CC	6058	0 −6	19 10.5	0 −1/4	2438	0 −5	8	0 −3/16	2591	0 −5	8 6	0 −3/16	20320	44800
1C	6058	0 −6	19 10.5	0 −1/4	2438	0 −5	8	0 −3/16	2438	0 −5	8	0 −3/16	20320	44800
1CX	6058	0 −6	19 10.5	0 −1/4	2438	0 −5	8	0 −3/16	<2438		<8		20320	44800
1D	2991	0 −5	9 9.75	0 −3/16	2438	0 −5	8	0 −3/16	2438	0 −5	8	0 −3/16	10160	22400
1DX	2991	0 −5	9 9.75	0 −3/16	2438	0 −5	8	0 −3/16	<2438		<8		10160	22400

为了便于计算集装箱数量，常以长20ft，宽和高各8ft的集装箱作为一个换算标准箱，简称TEU（Twenty—foot Equivalent Units）。即40ft集装箱=2TEU；30ft集装箱=1.5TEU；20ft集装箱=1TEU；10ft集装箱=0.5TEU。

2. 集装箱的结构

集装箱的结构根据其箱子种类不同而有差异，但就一般普通箱而言，主要由以下一些部件构成（图5-31）。

（1）角配件　位于集装箱八个角端部，用于支承、堆码、装卸和栓固集装箱。角配件在三个面上各有一个长孔，孔的尺寸与集装箱装卸设备上的旋锁相匹配。其形状见图5-32。

（2）角柱　位于集装箱四条垂直边，起连接顶部角配件和底部角配件的支柱作用。

（3）上（下）横梁　位于箱体端部连接顶部（或底部）角配件的横梁。

（4）上（下）侧梁　位于箱体侧壁连接顶部（或底部）角配件的纵梁。

（5）顶（底）板　箱体顶部（底部）的板。

（6）顶（底）梁　支撑顶板（底板）的横向构件。

（7）叉槽　贯穿箱底结构，供叉举集装箱用的槽。

（8）侧（端）壁板　与上下侧（端）梁和角结构相连，形成封闭的板壁。

（9）侧（端）柱　垂直支撑和加强侧（端）壁板的构件。

（10）门楣（槛）　箱门上（下）方的梁。

（11）端（侧）门　设在箱端（侧）的门。

（12）门铰链　连接箱门与角柱以支承箱门，使箱门能开闭的零件。

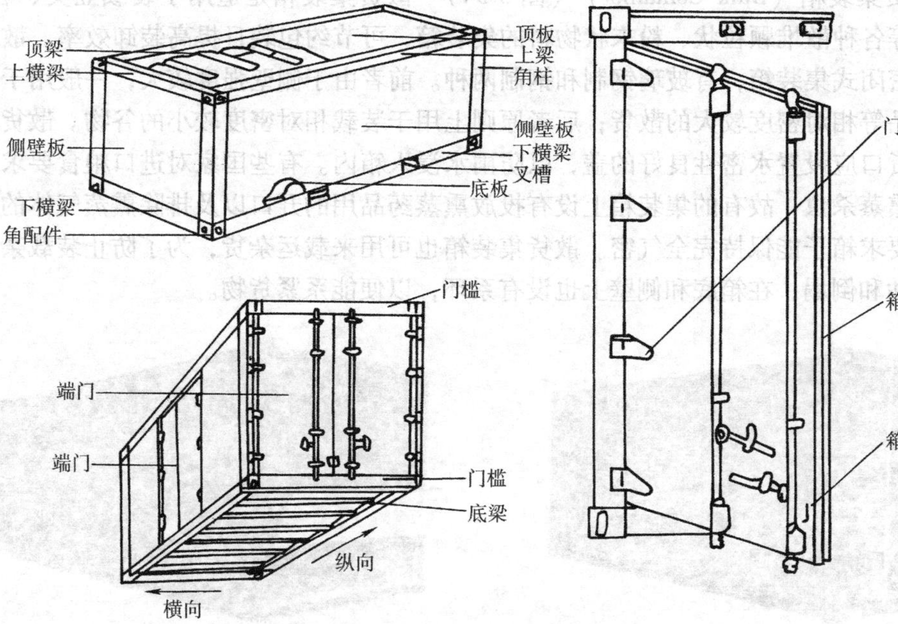

图 5-31 集装箱结构

(13) 门把手 开闭箱门用的零件，其一端焊接在锁杆上，抓住门把手使锁杆凸轮与锁杆凸轮座啮合，把箱门锁住。

(14) 锁杆凸轮 是门锁装置的零件之一，与门楣上的锁杆凸轮座相啮合，用以锁住箱门。

(15) 把手锁件 是门锁装置的零件之一，锁杆中央带有门把手，两端部带有凸轮，依靠门把手旋转锁件。

(16) 门锁杆托架 是门锁装置的零件之一，焊接在门上用以托住锁杆的装置。

(17) 箱门搭扣件 保持箱门呈开启状态的零件，它分两个部分：一部分设在箱门下侧端；另一部分设在侧壁下方相应的位置上。

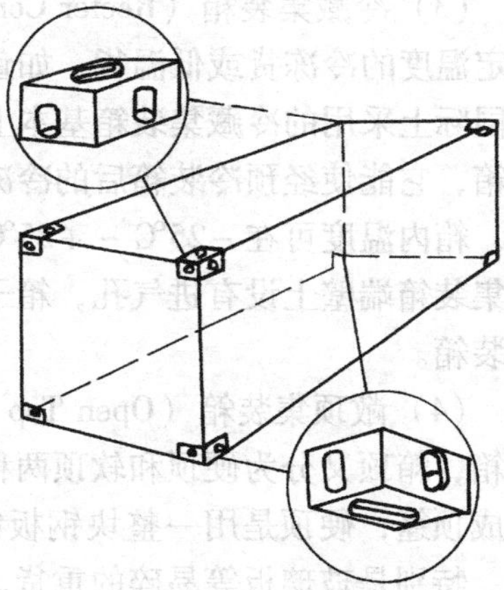

图 5-32 集装箱角配件

3. 集装箱的分类

运输货物用的集装箱种类繁多，从运输家用物品的小型折叠式集装箱到 40ft 标准集装箱，以及航空集装箱等。可按尺寸、材料、结构和用途进行不同的分类，其中使用较多的是按用途分类，可分为：

(1) 通用干货集装箱（Dry Cargo Container)（图 5-33） 也称为杂货集装箱是一种通用集装箱，表 5-2 所列均为此类。它用来运输无需控制温度的杂货，使用范围极广，占全部集装箱的 80% 以上。这类集装箱通常为封闭式，在一端或侧面设有箱门。干货集装箱通常用来装运文化用品、化工用品、电子机械、工艺品、医药、日用品、纺织品及仪器零件等，不受温度变化影响的各类固体散货、颗粒或粉末状的货物都可用这种集装箱装运。

（2）散货集装箱（Bulk Container）（图5-34）　散货集装箱是适用于装载豆类、谷物、硼砂、树脂等各种散堆颗粒状、粉末状物料的集装箱，可节约包装且提高装卸效率。散货集装箱是一种密闭式集装箱，有玻璃钢制和钢制两种。前者由于侧壁强度较大，一般用于装载麦芽和化学品等相对密度较大的散货；后者原则上用于装载相对密度较小的谷物。散货集装箱顶部的装货口应设置水密性良好的盖，以防雨水浸入箱内。有些国家对进口粮食要求在港外锚地进行熏蒸杀虫，故有的集装箱上设有投放熏蒸药品用的开口以及排除熏蒸气体的排出口，熏蒸时要求箱子能保持完全气密。散货集装箱也可用来载运杂货，为了防止装载杂货时箱内货物移动和倒塌，在箱底和侧壁上也设有系环，以便能系紧货物。

图5-33　通用干货集装箱

图5-34　散货集装箱

（3）冷藏集装箱（Reefer Container）（图5-35）　冷藏集装箱是专为运输途中要求保持一定温度的冷冻货或低温货，如鱼、肉、新鲜水果、蔬菜等食品进行特殊设计的集装箱。目前国际上采用的冷藏集装箱基本上分两种：一种是集装箱内带有冷冻机的称为机械式冷藏集装箱，它能使经预冷装箱后的冷冻货或低温货通过冷冻机的供冷保持在一定的温度上进行运输，箱内温度可在 -25℃ ~ +25℃之间调整；另一种是箱内没有冷冻机而只有隔热结构，即在集装箱端壁上设有进气孔，箱子装在舱内，由船舶的冷冻装置供应冷气的称为离合式冷藏集装箱。

（4）敞顶集装箱（Open Top Container）（图5-36）　敞顶集装箱是一种顶部可开启的集装箱，箱顶又分为硬顶和软顶两种。软顶是指用可拆式扩伸弓支撑的帆布、塑料布、涂塑布制成顶篷；硬顶是用一整块钢板制成顶篷，适用于装载大型货物、重型货物，如钢材、木材、特别是玻璃板等易碎的重货。这种集装箱的特点是吊机可从箱子上面进行货物装卸，既不易损坏货物，且便于在箱内将货物固定。

图5-35　冷藏集装箱

图5-36　敞顶集装箱

（5）框架集装箱（Frame Container）（图 5-37） 框架集装箱没有顶和左右侧壁，箱端（包括门端和盲端）也可拆卸，货物可从箱子侧面进行装卸，适用于装载长大笨重件，如钢材、重型机械等。这种集装箱的主要特点是密封性差，自重大，因普通集装箱采用整体结构，箱子所受应力可通过箱板扩散，而框架集装箱以箱底承受货物的重量，其强度要求很高，故集装箱底部较厚，可供使用的高度较小。

（6）罐式集装箱（Tank Container）(图 5-38） 罐式集装箱适用于装运食品、酒品、药品、化工品等流体货物。主要由罐体和箱体框架两部分组成。框架一般用高强度钢制成，其强度和尺寸应符合国际标准，角柱上装有国际标准角配件。罐体材料有钢和不锈钢两种，罐体外采用保温材料形成双层结构，使罐内液体与外界充分隔热。对装载随外界温度下降而增加粘度的货物，因装卸时需加热，故在罐体的下部设有加热器，罐上设有反映罐内温度变化的温度计。罐上还设有水密封的装货口，货物由液罐顶部的装货口进入，卸货时，货物由排出口靠重力作用自行流出，或者由顶部装货口吸出。

图 5-37 框架集装箱

图 5-38 罐式集装箱

（7）牲畜集装箱（Pen Container or Live Stock Container)(图 5-39） 它是适用于装载活的动物而具有特殊结构的集装箱。

此外，还有动植物集装箱、平台集装箱、汽车集装箱（图 5-40）等专用集装箱。

图 5-39 牲畜集装箱

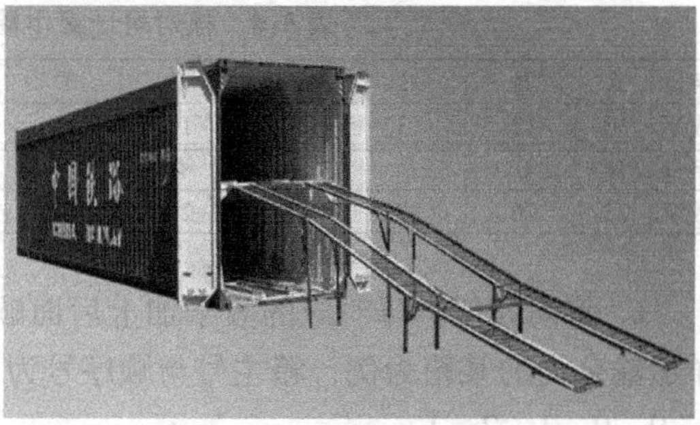
图 5-40 汽车集装箱

4. 集装箱标记

对集装箱作出永久标记，目的是便于海关及有关关系方对集装箱进行识别、监督和管理。

（1）集装箱标记内容　根据ISO790—1973和我国家标准（GB/T 1836—1997）的规定，集装箱的标记内容包括必备标记和自选标记两部分。

1）必备标记的内容

① 箱主代号。集装箱所有者的代码，用四位拉丁字母表示，前三位由箱主自己规定，并向国家集装箱局登记；第四位为U，表示海运集装箱代码，如中国远洋运输（集团）公司的箱主代码为COSU。

② 顺序号。为集装箱编号，按国家标准规定，用6位阿拉伯数字表示，不足6位，则以0补之。

③ 核对号。用于计算机核对箱主代号与顺序号记录的正确性。核对号一般位于顺序号之后，用1位阿拉伯数字表示，并加方框以醒目，见图5-41。

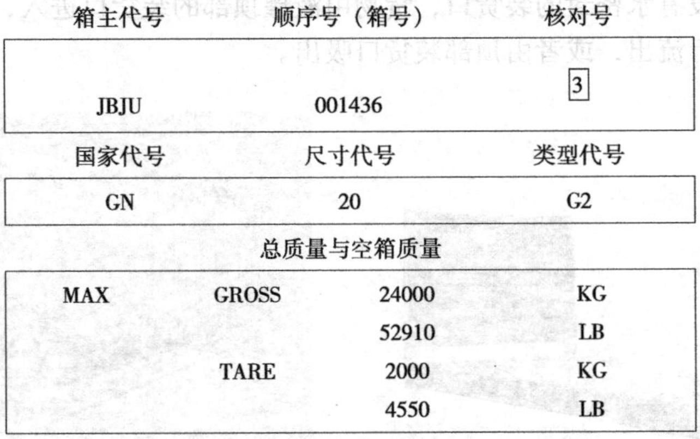

图5-41　集装箱标记

核对号是由箱主代号的四位字母与顺序号的6位数字通过以下方式换算而得。具体换算步骤如下：

a. 将表示箱主代号的4位字母转换成相应的数字，字母与数字的对应关系见表5-4。从表中可看出，表中去掉了11及其倍数的数字，这是因为后面的计算将11作为模数。

表5-4　核对号计算中箱主代号字母与数字的转换表

字母	A	B	C	D	E	F	G	H	I	J	K	L	M
数字	10	12	13	14	15	16	17	18	19	20	21	23	24
字母	N	O	P	Q	R	S	T	U	V	W	X	Y	Z
数字	25	26	27	28	29	30	31	32	34	35	36	37	38

b. 将前四位字母对应的数字加上后面顺序号的数字，共计十位数字。例如，以中国远洋运输公司的某箱为例，箱主号与顺序号为COSU 800121，对应的数字为13—26—30—32—8—0—0—1—2—1。

c. 采用加权系数进行计算，其计算公式为：

$$S = \sum_{i=0}^{9} C_i \times 2^i$$

式中，C_i为十个数字中的第i个。

d. 将S除以模数11，再取余数即为核对号。仍以COSU 800121为例，$S = 1721$，除以

11 后余数为 5，故其核对号为5。

④最大重量和自重。最大重量（MAX GROSS）又称额定重量，是集装箱的自重与最大允许装货重量之和。自重是指集装箱的空箱重量。集装箱最大重量和自重的标记要求用千克（kg）和磅（lb）两种单位同时标出。各种类型集装箱的最大重量见表 5-5。

表 5-5 各种类型集装箱最大重量表

箱形	40ft 1AA、1A、1AX	30ft 1BB、1B、1BX	20ft 1CC、1C、1CX	10ft 1D、1DX
最大重量/kg	30480	25400	24000	10160

2）自选标记内容

① 国家代号。用 3 位拉丁字母表示，说明集装箱的登记国，也可用两位字母表示。如 PRC 或 CN 表示中华人民共和国；USA 或 US 表示美国。

② 尺寸代号。由两位阿拉伯数字组成，用于表示集装箱的尺寸大小。

③ 类型代码。由两位阿拉伯数字组成，说明集装箱的类型，类型代码可从有关手册中查得。

例如，“CN 22G1”，其中 CN 代表集装箱登记所在国的代号。“22G1”为集装箱尺寸与类型代号，用 4 个数字符表示。其中“22”表示箱长为 20ft（6068mm），箱宽为 8ft（2438mm），箱高为 8ft6in（2591mm）；“G1”表示上方有透气罩的通用集装箱。

（2）集装箱代号标记位置　代号标记位置分布在集装箱顶部、两侧、门端、封闭端（盲端）5 个面上，ISO6346—1995 标准对国际集装箱代号的具体标记位置作了规定，见图 5-42。

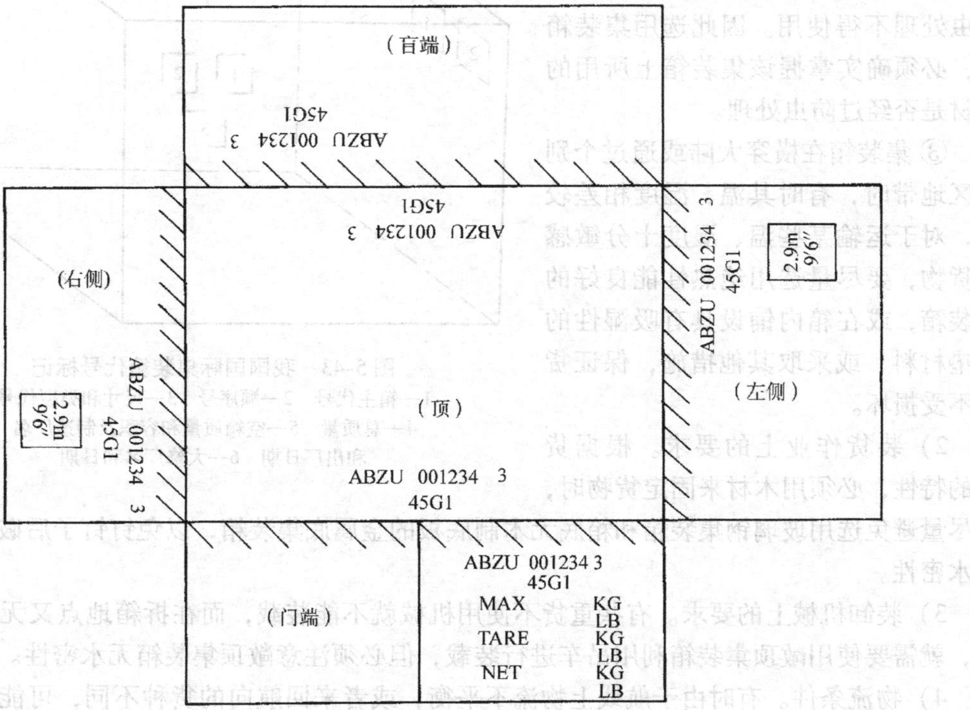

图 5-42 国际集装箱必备和自选标记印刷位置

说明：

（1）短斜线表示在角配件周边的黑、黄斑马线，长度≥300mm。

（2）箱顶和盲端作为自选标记尺寸、类型代号的标记位置。

（3）NET 和 AEI 是自选标记。

我国集装箱代号的标记位置与国际标准基本一致，区别在于要求在箱门右下角空箱重量下方标出集装箱制造厂名和出厂日期，在出厂日期下面标出大修厂名和日期，另外在必备标记中要求标出容积。标记中汉字字体要符合 GB/T14691—1993《技术制图　字体》标准，并采用国家正式公布的简体字，字体要求端正、排列整齐、均匀。汉语拼音字母及拉丁字母采用大写直体字母；数字用阿拉伯直体数字；集装箱重量、尺寸、容积的计量单位采用国际单位制，其字体与计算数字相同。代号标记的具体位置见图 5-43。

5. 集装箱货物的装箱

（1）集装箱的选定　在选用集装箱时，必须考虑以下问题：

1）运输线上的外界环境和特殊要求

① 在国际多式联运中，如要通过欧洲大陆，则集装箱从卸货港经过陆上运输进入另一国时，必须满足“国际公路运输海关公约”（TIR 条约）的规定。该条约规定了有关公路上运行的车辆或该车辆上装载的集装箱，在国境上进行换装和通过国境线的货物，必须办理海关手续。其内容之一是要求公路上运行的车辆或集装箱，必须有一定的技术条件，并事先要得到有关部门的同意，方能运行通过。

② 在澳大利亚航线上运输的集装箱，由于澳大利亚政府有关部门的规定，集装箱上所使用的木材，如未经防虫处理不得使用。因此选用集装箱时，必须确实掌握该集装箱上所用的木材是否经过防虫处理。

③ 集装箱在横穿大陆或通过个别山区地带时，有时其温、湿度相差较大，对于运输某些温、湿度十分敏感的货物，要尽量选用绝热性能良好的集装箱，或在箱内铺设具有吸湿性的衬垫材料、或采取其他措施，保证货物不受损坏。

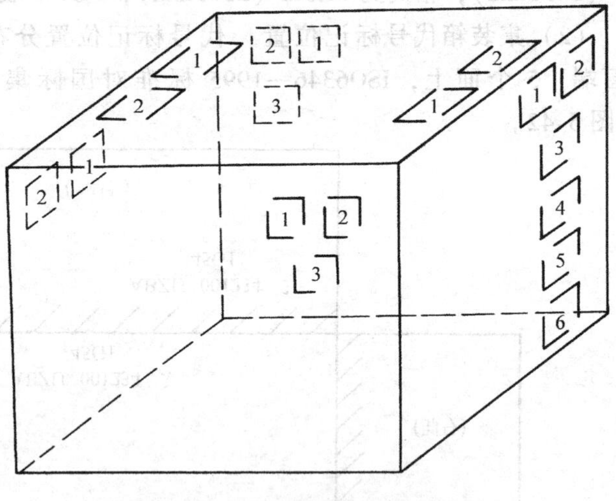

图 5-43　我国国际集装箱代号标记
1—箱主代号　2—顺序号　3—尺寸和类型代号
4—总质量　5—空箱质量和容积及制造厂名
和出厂日期　6—大修厂名和日期

2）装货作业上的要求。根据货物的特性，必须用木材来固定货物时，应尽量避免选用玻璃钢集装箱和箱底无木制底板的金属底集装箱，以免钉钉子后破坏集装箱的水密性。

3）装卸机械上的要求。有些重货不使用机械就不能装载，而在拆箱地点又无装货平台时，就需要使用敞顶集装箱利用吊车进行装载，但必须注意敞顶集装箱无水密性。

4）物流条件。有时由于航线上物流不平衡，或者来回航向的货种不同，可能会造成某些专用集装箱回空，所以应尽可能选用回程时也能装载另一种货的集装箱，避免集装箱回空运输。

（2）装载方法和固定方法的考虑　集装箱货有整箱货和拼箱货之分，整箱货是指货批量能装满一个集装箱以上的货物，装箱工作原则上由货主进行，货主装箱后将集装箱运到集装箱场，这种装箱方式称为托盘运入装箱方式；拼箱货是指货批量不能装满一个集装箱的零星小批量货，通常由货运站负责装箱，这种装箱方式也就是承运人装箱方式。由于装箱地点和装箱人的不同，装箱设备、装箱技术等装卸条件也会有较大差别，而且货物在箱内存放的时间和运输过程中的外界运输条件，有时也有很大差别，因此，在装箱前应根据具体条件来考虑其装载方法和固定方法。对于运输时间长、外界运输环境差的货物，要考虑箱内会不会发生水滴而产生水湿事故，固定货物的强度是否能满足运输形式中技术状况的要求。在装载方法上，有时在装箱地由于有较高的技术和良好的机械设备，货物能很顺利装入箱内，但如在偏僻的地区拆箱卸货，没有装卸经验及装卸设备时，货物可能难以取出，如强行取出货物，有时会损坏集装箱，或者损坏货物。经常发生的情况是，在固定货物时，装货地可能很容易固定了，但在卸货地却无法拆卸固定用具，在这种情况下，装货时即应周密、细致地考虑卸货地的具体条件，即使明明知道这样装载和固定货物需要花费很多时间，也要为在卸货时顺利取出货物创造必要的条件。

（3）装载量的确定　为使集装箱能达到最大的装载量，必须进行精确计算。装载技术的好坏，有时会影响到装载件数。如果一票货物装完了若干个集装箱，只剩下一小部分时，由于不能将不同卸货港的货物混装在一个集装箱内，所以剩下的货物件数不多，也只好另装一个集装箱。因此，装箱前必须要正确地掌握装载量。

集装箱的装载量就是集装箱的最大载货重量（P），它是集装箱的总重（R）与集装箱的自重（T）之差，即 $P=R-T$。集装箱的总重是一个定值，按国际标准：除动物集装箱外，20ft 型钢质集装箱的总重为 24000kg，40ft 为 30480kg。但集装箱的自重，根据不同集装箱的种类和不同设计，即使是同一种类，同一箱型集装箱，也有一定差别。如上海远洋运输公司的 20ft 钢箱，其自重有 2060kg 到 2360kg 不等，平均为 2210kg；40ft 钢箱平均自重为 3850kg，而 20ft 敞开顶箱的自重一般为 2520kg，20ft 台式集装箱一般为 2770kg。不同种类集装箱的载货重量见表 5-6。集装箱货大多数属于轻货，容积装满后，通常达不到最大载货重量指标。

表 5-6　不同种类集装箱的载货重量

集装箱的种类	自重		最大载货重量		集装箱的种类	自重		最大载货重量	
	kg	lb	kg	lb		kg	lb	kg	lb
20ft 杂货集装箱	2210	4873	21790	48047	20ft 敞顶集装箱	2520	5557	21480	47363
40ft 杂货集装箱	3850	8489	27630	60924	40ft 敞顶集装箱	2770	6108	21230	46812

（4）货物密度　所谓货物密度是指货物单位容积的重量，简称单位容重。它是货物积载因数（单位重量容积）的倒数。

对于集装箱来说，把集装箱的最大载货重量除以集装箱的容积，所得之商就是箱的“单位容重”。要求集装箱的容积重量都能装满，就要求货物的密度等于集装箱的单位容重。实际上集装箱装货后，箱内容积或多或少会产生空隙，集装箱内实际利用的有效容积为集装箱容积乘上箱容利用系数。现以 20ft 型和 40ft 型杂货集装箱，以及 20ft 型敞顶集装箱为例，其箱的单位容重见表5-7。

表5-7 集装箱的单位容重

集装箱的种类	最大载货重量		集装箱容积		箱容积利用率为100%时的单位容重		箱容积利用率为80%时的单位容重	
	kg	lb	m^3	ft^3	kg/m^3	lb/ft^3	kg/m^3	lb/ft^3
20ft 型杂货集装箱	21790	48047	33.2	1172	656.3	41.0	820.4	51.3
40ft 型杂货集装箱	27630	60924	67.8	2426	407.5	25.1	509.4	31.4
20ft 型开顶集装箱	21480	47363	28.4	1005	756.3	47.1	945.4	58.9

利用货物密度和单位容重可以衡量装箱货物是“重货”还是“轻货”。所谓“重货”是指货物密度大于集装箱的单位容重，反之称为“轻货”。

(5) 集装箱数量的计算　在计算集装箱所需数量之前，先要判定货物是重货还是轻货，再求出一个集装箱的最大装载量和有效容积，就可算出货物所需的集装箱数。

计算时如果货物是重货，则用货物总重量除以集装箱的最大载货重量，即得所需的装箱数量。如果是轻货，则用货物总体积，除以集装箱的有效容积，也可求出所需的装箱数量。如果货物密度等于箱的单位容重，则无论按重量计算或是按容积计算，均可得出集装箱的需要量。

对于一时尚不能判定是重货还是轻货的货物，则先按容积来计算，求出每个集装箱的最大可能装载件数，用件数乘上每件货物的重量，再与该集装箱的最大载货重量相比较。如果小于集装箱的最大载货重量，则可以该重量除以该批装箱货物的总重量求出集装箱数；如果箱内所装件数的总重量大于集装箱的最大载货量，则以集装箱的最大载货重量除以该批装箱货物的总重量，求得所需要的集装箱数。

现举例计算如下：

例：所装货物为纸板箱包装的电器制品，共750箱。体积为 $117.3m^3$（$4141ft^3$）重量为20.33t（4482516lb），问需要装多少个20ft杂货集装箱。

解：先求货物密度

1）货物密度为 $20\,330kg \div 117.3m^3 = 173.3kg/m^3$；

2）取箱容积利用率为80%，20ft杂货集装箱的单位容重为 $820.4kg/m^3$；

3）因货物密度小于箱的单位容重，故所装之电气制品为轻货；

4）集装箱的有效容积为 $33.2m^3 \times 0.8 = 26.56m^3$；

5）所需集装箱数为货物体积除以集装箱的有效容积，即

$$117.3m^3 \div 26.56m^3 \approx 4.4$$

需要5个20ft杂货集装箱才能将该批纸箱包装的电气制品装完。

(6) 装箱时要注意事项

1）重量的配置。在装箱时尽可能使重量均匀地分布于集装箱底板上。过分的集中负荷或偏心荷重，在装卸集装箱时，有倾斜或翻倒的危险。此外，当货物是重物，难以避免负荷集中分布时，可采用衬垫等方式使负荷分散。

另外，在使用大型国际集装箱时，要将叉车驶入集装箱内装卸货物，要求底板有一定的强度，其强度大体上满足两吨叉车装载两吨货物驶入，重量超过上述情况的设备应避免

使用。

2）货物紧固。在可能因运输振动而使货物移动的情况下，要固定货物，称作紧固。紧固方式有以下三种，分别进行组合使用。

① 固定材料紧固。是用角钢等材料将货物固定在集装箱内的方法。

② 充填紧固。是在货物和货物之间、货物和集装箱内壁之间用角钢等支承在水平方向上固定的方式，包括插入阻隔物或垫子以防止货物移动的方式。

③ 捆索。是在集装箱侧壁设捆索环，用缆绳或皮带固定货物的方法。

3）货物的配装。不同货物在同一集装箱中时，要注意货物的性质、重量、包装对其他货物的有害影响，这是在装货地点应考虑的问题。货重在箱内应均匀分布，不允许偏载。要按货物标定的“不可倒置”、“平放”、“竖放”等标志装箱。箱内堆垛时，要采用全自动起升叉车在箱内作业。装拼箱货时，要注意轻货压重，包装强度弱的压包装强度大的；清洁货压脏污货；同形状和同包装货放在一起；有异味、潮湿的货物用塑料薄膜包妥后与其他货隔开；有尖角棱刺的货物应另加保护，以免损伤其他货物。

知识检验

一、填空题

1. 物流标准化的重点在于通过制订标准规格尺寸来实现物流过程的________。
2. 物流的基础模数尺寸为________。
3. 日本、韩国、（中国）台湾、新加坡等国家和地区所制订的标准托盘是________。

二、简答题

1. 集装箱如何分类？集装箱的特点是什么？
2. 简述集装箱的一般构造。
3. 集装箱和主代码、箱号、标准码如何标记？
4. 简述集装箱装箱的一般要求。

课题四 技能训练

任务描述

应用四种方式进行码垛，训练托盘码垛的方法。

任务准备

1）学生每5人为一个小组，每个小组指定一名学生为组长。

2）货物纸箱：按照任务内容准备康师傅苏打夹心饼干、康师傅酸菜方便面等15种货物模型，规格为500mm×400mm×220mm等。

3）准备标准托盘若干，规格为1200mm×1000mm×100mm、1100mm×1100mm×100mm。

4）卡片若干，用于标示堆码号。

【实训基本数据】

（1）货物规格

商品序号	商品名称	纸箱规格	箱　数
10001	康师傅苏打夹心饼干	500mm×400mm×220mm	24
10002	康师傅酸菜方便面	400mm×240mm×200mm	50
10003	康师傅矿物质水	600mm×300mm×200mm	16
10004	恰恰香瓜子（原味）	500mm×400mm×220mm	28
10005	九龙话梅	500mm×400mm×220mm	30
10006	零度可口可乐	600mm×300mm×200mm	24
10007	农夫山泉矿泉水	600mm×400mm×220mm	16
10008	海飞丝洗发水	600mm×400mm×200mm	18
10009	力士玫瑰浴液	600mm×300mm×200mm	15
10010	飘柔精华素	600mm×400mm×200mm	26
10011	凡士林护手霜	400mm×240mm×200mm	27
10012	金鱼洗涤灵	600mm×400mm×220mm	15
10013	洗碗布	600mm×300mm×200mm	24
10014	美的电风扇	500mm×400mm×220mm	22
10015	九阳料理机	600mm×300mm×200mm	25

（2）卡片

货物堆码卡片

分 组 号：______________

货物编码：______________

货物品名：______________

货物件数：______________

堆码方式：______________

堆码层数：______________

任务实施

步骤一：在托盘上按照重叠式方法把纸箱码垛起来。

1）将10001~10003号货物箱平行排列，根据托盘规格设计重叠式堆码法。

2）堆码过程中按先远后近的原则堆码。

3）将底层的货物箱堆码整齐，箱与箱之间不留空隙。

4）箱与箱的交接面为正面与正面衔接，侧面与下侧面衔接。

5）将货品箱逐层叠堆码，层与层之间的货物箱平行，货物箱的四个角边重叠，方向相同，直到堆码完成。

6）填好卡片，贴在货物箱上。

步骤二：分别用其他三种方法把纸箱码垛起来，记录下各种方法操作的大概时间。

步骤三：用捆扎带把码垛好的货物箱捆扎起来，并检查其捆扎的可靠性。

任务评价

任务编号		5	学时	6学时	学生姓名		总分	
类别	序号	评价项目	评价内容	配分	学生自评	学生互评	教师评价	得分
岗位技能评价	1	方法技巧运用	是否能正确使用4种堆垛方式进行货物码放，并将码垛好的纸箱捆扎起来，检查其捆扎的可靠性	30				
	2	知识应用能力	是否理解所学知识，以及运用所学知识完成任务的能力	20				
	3	完成时间	是否按时完成各项任务	10				
职业素养评价	4	文明和安全意识	是否遵守实训中心安全规章和设备安全操作规定	10				
	5	个人礼仪	衣帽、仪态；礼仪规范及守纪情况；遵守实训室文明生产规则情况	10				
	6	团队合作	沟通交流、合作参与意识；小组训练积极主动性	10				
	7	任务执行	协作性、积极主动性和任务完成情况	10				

注：按学生自评占20%、学生互评占30%、教师评价占50%计算总分。

任务小结

授课班级		授课时间		授课地点	
授课教师		任务名称			
学生表现					
存在问题及改进方法和措施					

单元六　物流加工与包装设备认知

知识目标

1. 掌握流通加工的概念。
2. 熟悉自动分拣设备的结构。

技能目标

1. 了解自动分拣设备作业流程。
2. 会使用物流包装设备打包货物。

课题一　流 通 加 工

一、流通加工的概念

流通加工是流通中的一种特殊形式。流通加工是物品在从生产领域向消费领域流动的过程中，为了促进销售、维护产品质量和提高物流效率，对物品进行加工，使物品发生物理、化学或形状的变化。例如对物品施加包装、分割、计量、分拣、刷标志、栓标签、组装等简单作业，均属流通加工的领域。

流通加工是相对于生产加工而言的，和一般的生产型加工相比，在加工方法、加工组织、生产管理方面并无显著区别，但在加工对象、加工程度方面差别较大，主要表现在：

（1）加工对象不同　流通加工的加工对象是商品，而一般的生产加工的加工对象是原材料或半成品。

（2）加工程度不同　流通加工所进行的一般都是简单加工，是对生产加工的辅助和补充，不能替代生产加工。生产加工是复杂加工，商品的加工大部分过程由生产加工完成。

（3）创造的价值不同　商品的价值大部分由生产过程创造，流通加工只是对其进行完善。

二、流通加工的作用

物流领域中的流通加工，主要着眼于满足客户的需求，提高服务功能。它的作用具有社会性。

（1）提高原材料利用率，提高加工效率及设备利用率　利用流通加工环节进行集中下料，即将生产厂直接运来的简单规格产品，按使用部门的要求进行下料。例如将钢板进行剪板、切裁；钢筋或圆钢裁制成毛坯；木材加工成各种长度及大小的板、方等。集中下料可以合理套裁、优材优用、小材大用，可以获得很好的技术经济效果。由于建立集中加工点，可以采用效率高、技术先进、加工量大的专门机具和设备。从整个社会角度来讲，既减少了材料的浪费，又减少了设备的重复配置。例如对平板玻璃进行流通加工（集中裁制、开片供应），使玻璃利用率从60%左右提高到85%～95%。

（2）提高产品档次，增加经济效益 有一些产品，如工艺美术品、玩具娃娃等，在流通过程中对它们进行简单的包装，改变其外观，从而提高其销售价格。

（3）使各种运输方式达到最佳组合 在流通过程中，产品的运输路线基本上是生产厂家到流通加工再到用户，流通加工一般都设在与用户距离较近的位置，产品从生产厂家到流通加工所在地，其数量较大，而从流通加工地到用户数量一般较小，所以前者可以采用火车、船舶等运输工具，后者则可采用小型货车，从而节省运费。

（4）进行初级加工，方便用户 对于一些用量小或临时需要的使用单位，由于其缺乏进行高效率初级加工的能力，依靠流通加工可使使用单位省去进行初级加工的投资、设备及人力。

目前发展较快的初级加工有：水泥加工成混凝土；原木或板方材加工成门窗；冷拉钢筋或冲制异形零件；钢板预处理、整形、打孔等。

三、流通加工设备的分类

在物流业务中，流通加工大都是对物品进行浅层次的初级加工，如将钢板按用户要求切割成小块；将散装的食用油灌装成小桶装；散装的大米袋装；将货物贴上商标等。所有这些，除部分手工操作外，大部分都要借助于机械加工设备。按照加工的方式不同，可以将流通加工设备大致分为以下几种：包装机械、切割机械、分拣机械、印贴标志条形码设备、拆箱设备、称重设备等。

知识检验

一、填空题

1. 流通加工是物品在__________过程中，对物品进行加工。
2. 流通加工设备大致分为__________等。

二、选择题

流通加工相对于一般生产加工而言其主要差异为（　　）。

A. 加工对象不同　　B. 加工程度不同　　C. 创造的价值不同

三、简答题

流通加工的主要作用是什么？

课题二 自动分拣系统

一、分拣作业设备

1. 分拣系统应考虑的基本因素

配送中心利用分拣作业来满足每一客户订单的需求。一个设计良好的分拣系统，不仅可节省人力、降低成本，而且可提高客户的满意度。

规划一个分拣系统的重点是让每一位分拣人员、每一种机械以最有效的方式完成分拣动作，乃至完成整体订单。分拣系统的规划应从分拣出库模式、保管与动管、分拣机械设备的运用以及分拣方式四方面加以考虑。

完成一个分拣动作的时间长短，基本上由寻找物品的时间、拣取物品的时间及取货来回移动的时间三方面决定。所以，提高分拣作业的效率则取决于如何减少物品寻找和来回搬运的时间。

（1）分拣的出库模式　配送中心所储存的商品，虽然包装尺寸、重量各异，但其形态基本上仍可归纳为托盘、箱及单品三种方式。而相对其出货方式，亦可区分为托盘、箱及单品三种。保管与分拣间商品形态的变化关系见表6-1。

表6-1　保管与分拣间的商品形态变化

形　态	储方单位	选品单位	略　　号	形　态	储方单位	选品单位	略　　号
Ⅰ	托盘	托盘	P① P	Ⅴ	整箱	整箱＋单品	C C＋B. C
Ⅱ	托盘	托盘＋整箱	P P＋C	Ⅵ	整箱	单品	C B. C
Ⅲ	托盘	整箱＋单品	P C＋B. C	Ⅶ	单品	单品	BC B. C
Ⅳ	整箱	整箱	C C				

①　P—Pallet 托盘　C—Case 箱　B. C—Board Case 单品

对于不同的物流中心，不仅可能定位不同（如零售点的物流中心与制造者的物流中心），而且进货存放与出库分拣间的形态变化也可能有很大差异。而出入库形态的改变，不仅会影响到储区的分布规划，对于设备的运用，以及进货、保管、分拣、出货、加工等作业程序，亦有很大的影响。

（2）分拣机械设备的选用　在物流中心里，其主要机械设备的运用，大部分都是以储存为目的，而其储存设备的选定，也会间接或直接影响到分拣效率。目前许多设备的设计，除了充分考虑其储存的功能之外，也在努力提高分拣效率。

分拣的时间一般可分为三部分，即寻找、拣取及搬送。适当的物流机械设备的选用不仅可节省分拣时间，更可提高分拣的正确度。例如，自动仓库的运用，可减少人的移动，商品由设备自动地移至人的面前进行分拣作业；而电子标签分拣系统的运用，不仅缩短了商品寻找的时间，更可提高分拣的正确性。

如何选择分拣/储存的设备，是物流中心规划工作中重要的环节。确定是从普通货架上采取人工拣取作业，还是采用自动化的仓储设备加上自动传送系统，是这一环节的主要内容。自动化的程度高低，还受投资金额的限制，所以，为了有效地选择分拣/储存设备，除需考察商品的回转率、规格尺寸、外观、储存方式及物化特性外，物流EIQ分析中的IQ曲线亦常常被用来分析商品，以确定相应的适合设备。

一般分拣机械设备的选用应考虑以下原则：

1）机械设备的先进合理性。在当前高新技术不断发展的条件下，机械设备先进性是选用时必须考虑的因素之一，只有先进的分拣机械设备，才能很好地完成现代配送作业。例如，英国于20世纪60年代末期确定以斜带式分拣机作为全国标准设备，到了20世纪80年代，由于分拣货物重量、数量增加，该类设备的处理能力低而被迫改为翻板式和托盘式分拣机，造成了很大的损失。因此，在选用分拣机械设备时，要尽量选用能代表该类设备发展方向的机型。但是，机械设备的先进性是相对的，选用先进机械设备不能脱离国内外实际水平和自身的现实条件，应根据实际条件，具体问题具体分析，选用有效、能满足用户要求的设备。实际上，选用分拣机械设备应选用那些已被实践证明技术成熟、技术规格和指标明确，并能在性能上满足要求的分拣机械设备。

2）经济实用性。选用的分拣机械设备应具有能满足使用要求、操作和维修方便、安全可靠、能耗小、噪声小、成本低、运转费用低等优点。

3）技术经济性。上机率是上机分拣的货物数量与该种货物总量之比。若一味追求过高的上机率，必将要求上机分拣的货物尺寸、重量、形体等参数尽量放宽，这将导致设备的复杂化，技术难度及制造成本增加，可靠性降低。而上机率过低，必将影响机械设备的使用效率，增加手工操作的工作量，既降低了机械设备的性价比，也使分拣作业的效益降低。因此，必须根据实际情况，兼顾上机率和机械设备技术经济性两方面的因素，确定合理的上机率和允许上机货物参数。

4）相容性和匹配性。选用的分拣机械设备应与系统其他机械设备相匹配，并构成一个合理的物流程序，使系统获得最佳经济效果。我国有个别配送中心购置了非常先进的自动分拣机械设备，但自动分拣货物与大量的人工装卸搬运货物极不相称，因而，不可能提高分拣机械设备利用率，整体综合效益也不高。因此，在选用时，必须考虑相容性和协调性，使分拣与其他物流环节做到均衡作业，这是提高整个系统效率和保持货物配送作业畅通的重要条件。

5）符合所分拣货物的基本特性。分拣货物的物理、化学性质及其外部形状、重量、包装等特性千差万别，必须根据这些基本特性来选择分拣机械设备，如浮出式分拣机只能分拣包装质量较高的纸箱等。这样，才能保证货物在分拣过程中不受损失，保证配送作业的安全。

6）适应分拣方式和分拣量的需要。分拣作业的生产效率取决于分拣量的大小及机械设备自身的分拣能力，也与分拣方式密切相关。因此，在选择分拣机械设备时，首先要根据分拣方式选用不同类型的分拣机械设备，其次，要考虑分拣货物批量的大小，若批量较大，应配备分拣能力高的大型分拣机械设备，并可选用多台设备；而当批量小时，宜采用分拣能力较低的中小型分拣机械设备。另外，还应考虑对自动化程度的要求，可选用机械化、半自动化、自动化分拣机械设备，这样，既能满足要求，又能充分发挥机械设备的效率。在实际工作中要注意不可一味强调高技术和自动化，而不考虑实际情况，否则可能造成不必要的损失和浪费。

总之，选用分拣机械设备时，既要做好技术经济分析，尽量达到经济合理的要求，还要考虑分拣作业方式、作业场地以及与系统是否匹配等综合因素，以保证分拣工作正常、安全运行，提高经济效益。

（3）分拣策略　在现行的分拣作业中，除了运用少数的自动化设备之外，大多数仍以人工配合简单的搬运设备，如叉车、拣选车、托盘搬运车、笼车、平板车等进行。因此，分拣策略的运用直接影响到接单出货时间。

由于配送中心处理的订单很多，而每张订单更包含了多种商品，如何将不同的订单与商品采用最有效的方法由配送中心取出集中在一起，有赖于分拣策略的运用。分拣策略考虑的因素包括订单的多少与内容、分拣人员的工作负担、商品的分区及运送线路等。考虑的重点是在同一时间内一个分拣人员要处理多少张订单及品项，才能使处理效率最佳。

常用的分拣策略有以下几种：

1）订单分别拣取。即每一位分拣人员只针对一张订单进行分拣作业。由于配送中心的涵盖面积大，商品种类繁多，而且又分区储存，所以单一订单分别拣取又可分为以下几种：

①单人分拣。每张订单由单人负责全程拣取。

②接力拣取。一张订单由各区人员采用接力方式拣取。

③分区汇总拣取。将一张订单根据不同区域划分为几张不同的分拣单，由各区负责人进行分拣工作后，再将各区域所拣出的商品聚集在一起。

无论是单人拣取、接力拣取或分区汇总拣取，均要充分考虑分拣效率。如每位分拣人员负责的商品数目很多且分散，相对地将耗费许多时间于寻找商品及行走。因此在分拣方式的分工上，无论是接力拣取还是分区汇总拣取，均要充分考虑分拣人员的工作量的平衡，避免由于分工不合理而造成的瓶颈现象。

分区汇总拣取不同于接力拣取，每区可独立针对个别的分拣单进行拣取工作，不会受到上游分拣人员完成时间的影响。由于接力拣取是利用一张分拣单及对应容器（如笼车、托盘、塑胶箱或纸箱）进行接力分拣工作，因此当分拣单上最后一项商品拣取完毕时，所有该分拣单上的商品亦汇总完成；而分区汇总拣取时，则需将来自各区的商品对照订单进行汇总工作。因此在采用分区汇总拣取方式时，采用适当的分货设备，可显著提高汇总工作效率。

2）批次分拣。批次分拣是将数张订单中相同的商品数量累加起来一次拣取处理。由于拣取为汇总拣取，因此在商品拣取完毕后，需再根据订单进行分类，分类工作可在最后的理货区进行，也可采用“分类式拣取”的方式，即边拣边分类。每次分拣时，利用手推车或笼车，捎带相应订户数目的塑胶容器，然后同时拣取，且根据各家订货数进行分配。

一般批次拣取时的分批原则有下列几种：

① 按分拣单位分批。将同一种分拣单位的品项汇总处理。

② 按配送区域或路径分批。将同一配送区域或路径的订单汇总处理。

③ 按流通加工需求分批。将需同一系统流通加工的订单汇总处理。

④ 按车辆需求分批。若配送商品需特殊的配送车辆，如低温、冷冻、冷藏车，或客户所在地下货需特殊形式车辆者，可汇总合并处理。

订单分别拣取方式大多适用于多样少量的订货需求，而对订单大小差异数大、订单数量变化频繁、订货外形体积包装变化较大，货品特性差异较大及分类作业较难进行者，采用批次拣取较好。

对于配送中心来说，分拣策略的选择常常不是单一的。现行物流中心往往将商品依其特性、需求、包装形态分区储存，所以分拣策略的运用可根据具体情况适当选用。

2. 典型的分拣机械设备

传统的仓库注重于保管机能，因此其设备运用的考虑，基本上是以储放、保管为主。而配送中心的机械设备规划既要考虑保管也要考虑分拣效率。分拣机械设备的选择确定应考虑以下几点：

1）保管形态。如托盘、箱、单品。

2）出货频率的高低。

3）商品出库的模式。如托盘、箱、单品。

4）搬运距离。

下面着重介绍两种非常有效的分拣机械设备系统：

（1）电子标签分拣系统　传统的人工分拣作业是分拣人员根据分拣单，逐项在货架区间来回穿梭寻找商品进行分拣。这种作业方式的效率与正确性依赖于分拣人员对商品所在位置的熟悉程度及对分拣单上商品的品项与数量能否正确执行。近年来由于信息技术突飞猛进，许多信息设备也被用来进行分拣作业，如条码、无线通信系统、IC 显示器等，其中电子标签分拣系统彻底改变了传统的分拣作业，亦称之为无纸分拣作业。

电子标签分拣系统见图 6-1。其原理是在每一商品的储存架上安装显示灯号，用以引导分拣员该订单所需商品的所在位置，除了灯号外，在货架上还有数字显示器来显示该商品所需的数量，同时，在每一个商品存放区中，还安装了显示器用以确定该区所应拣取的商品是否有遗漏，而店别显示器则用来显示当时作业订单所属的商店代号。

利用显示器设备来引导作业人员进行拣取工作，能使分拣人员在最短的时间内达到最高的分拣效率，任何人都不需专门训练，即能立即免订单进行拣取，使分拣作业单纯化、合理化，更可提高作业的效率与精度。

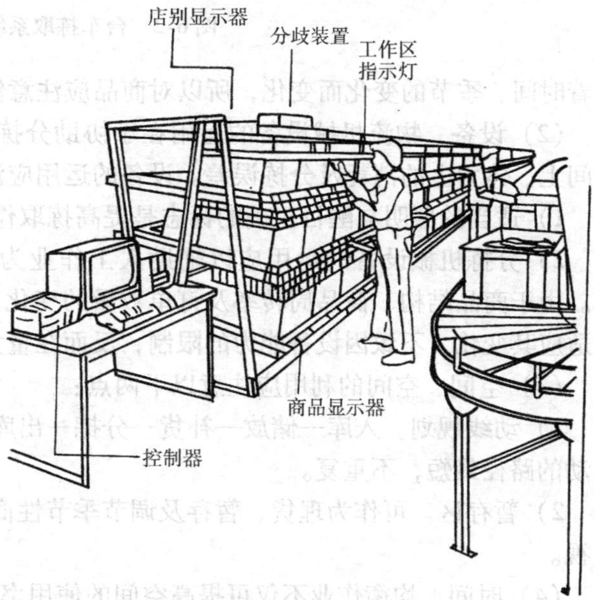

图 6-1　电子标签分拣系统图

（2）台车拣取　所谓台车是指附有系统显示装置的拣取台车，它装有显示盘及控制盘。显示盘指示储存货架及应该拣取的数量，作业人员根据其指示进行拣取。

1）附有显示装置仅用于拣取作业的台车。将主电脑中处理的订单资料传送至个人电脑，并利用读写装置将该资料写进 IC 卡。台车上显示的信息则经由 IC 卡来传送。资料的内容包括顾客名称、商品货架编码、商品名称、数量等，将这些资料显示于显示盘上，作业员识别这些资料后进行拣取作业，此时的货架务必采用固定储位。由于有自动显示装置，所以拣取的品项与数量几乎不会有错误。

2）台车与料架同步数位显示的系统。是指与台车做显示拣取指示的同时，亦对应拣取料架的数位显示器进行光空间通信的传输，使台车及料架同步显示拣取指示的系统。系统的流程见图 6-2。

3. 分拣效率的提高

分拣系统基本上是由商品、设备、人、空间、时间 5 个基本元素组合而成，在系统规划与运作时，应充分了解其特性，才能提高系统的效率。

（1）商品　一个分拣系统的最基本元素即为商品，由于配送中心的商品结构、内容常

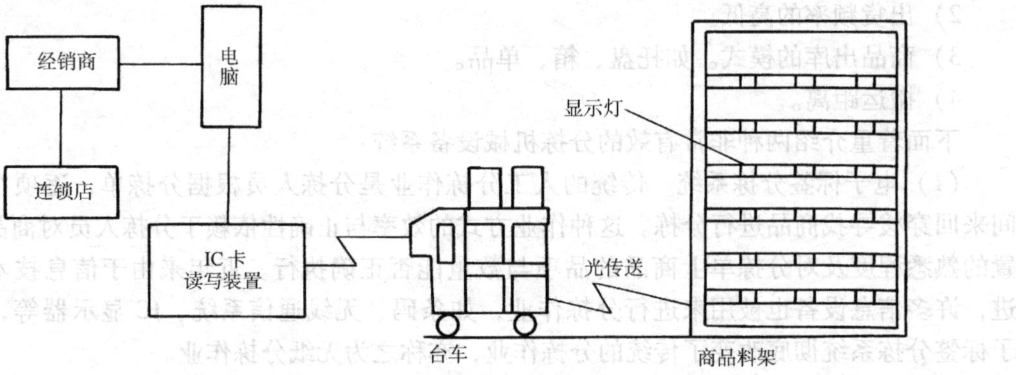

图6-2　台车拣取系统的流程

随着时间、季节的变化而变化，所以对商品应注意储位的调整与分拣策略。

（2）设备　物流机械设备的运用在于协助分拣人员以减少其在寻找、拣取及搬运时在时间上、体力上的消耗及分拣误差。设备的运用应注意以下两点：

1）适当的照明与醒目正确的标志是提高拣取作业效率的最基本条件。

2）分拣机械设备的运用应以辅助人工作业为主，以使操作简单、正确、提高作业效率。由于商品结构、商品周转率及订单数量的变化，设备的选择应考虑到其弹性与扩张性，以适应其变化，不致因设备能力的限制，反而在量大时造成瓶颈。

（3）空间　空间的利用应注意以下两点：

1）动线规划。入库—储放—补货—分拣—出库。以上流程的动线应作适当的规划，使移动的路径最短，不重复。

2）暂存区。可作为理货、暂存及调节季节性商品等弹性运用的空间，在规划时应予以重视。

（4）时间　均衡作业不仅可提高空间的使用率，更可提高人员及设备的使用率。

（5）人　实施人性化管理，注重人员的训练，以提高效率与正确率。

二、自动分拣机械设备

1. 自动分拣技术发展概况

所谓分拣是指将一批相同或不同的货物，按照不同的要求（如品种、发运的目的地、要货客户等）分别拣开，进行配送或发运。如邮局把信件、邮包按送达目的地分开就是典型的分拣作业。

近20年来，随着经济和生产的发展，商品趋于“短小轻薄”，流通趋于小批量、多品种和及时制（JUST-IN-TIME，简称JIT，原用于生产物流，后推及销售物流），各类配送和货运中心的货物分拣任务十分艰巨，分拣系统成为一项重要的物流设施，分拣技术也成为物流技术中的一个重要分支。

自动分拣机首先在邮政部门开设应用，大量的信件和邮包要在极短时间内正确分拣处理，非凭借高度自动化的分拣设施不可。此后，运输企业、配送中心、通信、出版部门以及各类工业生产企业亦相继应用。美国和欧洲在20世纪60年代初开始使用，而日本则在20世纪70年代初才引进自动分拣机，但由于其本国经济的特殊需要，发展迅速，后来居上，

1987 年拥有自动分拣机 1000 台，号称世界第一。

国外自动分拣技术发展的特点是：应用部门不断扩大，分拣技术不断改进提高，分拣规模和能力不断发展。例如，瑞典某通信销售中心的自动分拣机有 520 个分拣道口；日本佐川急便某流通中心分拣机的分拣能力达 3 万件/h；单机的最大分拣能力也达 1.6 万件/h。

自动分拣系统之所以能在工业发达国家迅速发展，有其特殊的经济背景和外界条件。首先，在国外随着消费水平的提高，商品经济高度发展，商品品类繁多，流通数量庞大，开展门对门小件运输，各类流通中心、配送中心和运输集散中心的货物分拣量急剧增加，企业为应付激烈的竞争，提高服务质量，迅速及时地送货上门，在客观上需要高效率的分拣系统。其次，国外劳动力工资相对较高，分拣工作要花费大量的劳务费用，为求得更大的经济效益，有必要寻求节省人力的自动化设施。再次，计算机信息系统在物流企业普遍应用，各类装卸、搬运、储存等配套物流设施的齐备，以及作业环境的完善，使自动分拣系统具备正常运行的条件。

我国邮政部门早在 20 世纪 70 年代已在上海等大城市采用较简单的翻盘分拣机来处理邮包的分拣；20 世纪 80 年代开始使用条码和邮政编码来分拣信件；1990 年邮政部门已研制生产出多席位、自动进包、自动识别的托盘式包裹分拣机，具有一定的技术水平。

2. 自动分拣系统的主要组成部分和分拣原理

自动分拣系统类型众多，但其主要组成部分基本相仿，大体上由收货输送机、喂料输送机、分拣指令设定装置、合流装置、分拣输送机、分拣卸货道口、计算机控制器七部分组成，见图 6-3。

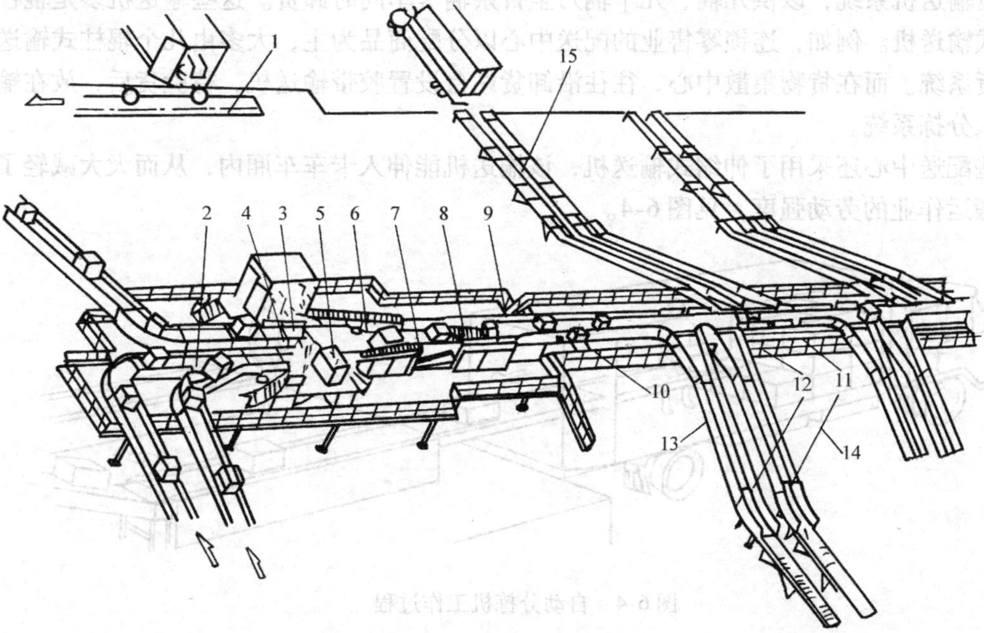

图 6-3 自动分拣系统组成

1—输入输送机 2—辊道合流输送机 3—进货装置 4—键盘输入
5—微机信息处理机 6—皮带合流输送机 7—中继输送机 8—定位装置
9—钢带分拣机 10—激光扫描器 11—刮板推出器 12—取出辊道输送机
13—滑道 14—起吊装置 15—伸缩辊道输送机

（1）自动分拣机工作过程概述　自动分拣机一般由接受分拣指令的控制装置、把到达分拣位置的货物取出的搬运装置、在分拣位置把货物分送的分支装置和在分拣位置存放货物的暂存装置等组成。

虽然各种分拣机在具体结构上有所不同，但分拣的工作过程基本相同。货物到达分拣点以前，先要经过输送、信号设定、合流、主传送等工作过程。到达分拣点时，发出指令把货物传送到分拣机，由分拣机的瞬时动作将货物分拣到指定的滑道。

为了把货物按要求分拣出来，并送到指定地点，一般需要对分拣过程进行控制。通常是把分拣的指示信息记忆在货物或分拣机上。当货物到达时，将其识别并挑出，再开动分支装置，让其分流。控制分为外部记忆和内部记忆两种方式。外部记忆是把分拣指示标贴在分拣物上，工作时用识别装置将其区分，然后做相应的操作。内部记忆是在自动分拣机的货物入口处设置控制盘，利用控制盘，操作者在货物上输入分拣指示信息，这个货物到达分拣位置时，分拣机接收到信息，开启分支装置。目前比较常用的分拣控制技术是扫描识别技术，在货场的固定位置上贴有某种标志，货物到达分拣位置时，扫描仪对标志进行扫描识别，然后按预先设定的程序运行，使货物按指定路线运送到指定的滑道滑下，完成分拣作业。

采用自动分拣机使分拣处理能力大大提高，分类数量大，准确率高。

（2）自动分拣机各组成部分工作概述

1）进货输入输送机。卡车送来的货物放在收货输送机上，经检查验货后，送入分拣系统。

为了满足物流中心吞吐量大的要求，提高自动分拣机的分拣量，往往采用多条输送带组成的收货输送机系统，以供几辆、几十辆乃至百余辆卡车同时卸货。这些输送机多是辊柱式和胶带式输送机。例如，连锁零售业的配送中心以分配商品为主，大多由几个辊柱式输送机组成收货系统。而在货物集散中心，往往沿卸货站台设置胶带输送机，待验货后，放在输送机上进入分拣系统。

有些配送中心还采用了伸缩式输送机，该输送机能伸入卡车车厢内，从而大大减轻了卡车工人搬运作业的劳动强度，见图6-4。

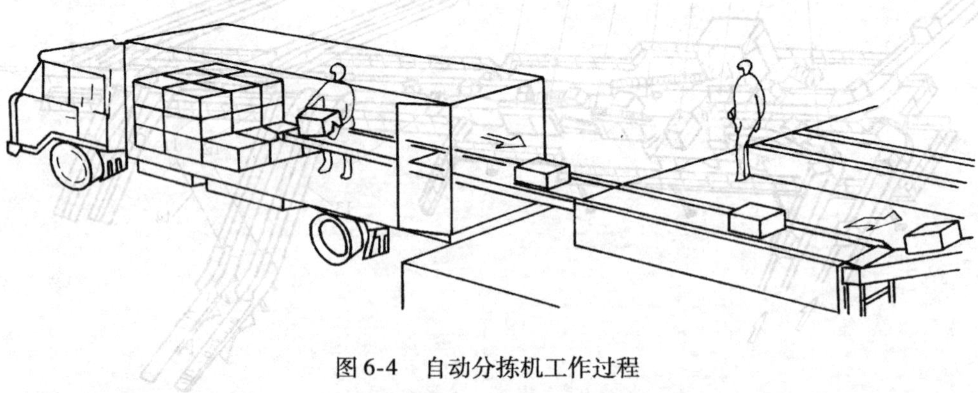

图6-4　自动分拣机工作过程

2）分拣指令设定装置。通常在待分拣的货物上贴上标有到达目的地标记的标签，或在包装箱上写上收货方的代号，并在进入分拣机前，先由信号设定装置把分拣信息（如配送目的地、客户户名等）输入计算机中央控制器。在自动分拣系统中，分拣信息转变成分拣指令的设定方式有以下几种：

① 人工键盘输入（图 6-5）。由操作者一边看着货物包装箱上粘贴的标签或书写的号码，一边在键盘上输入信息。一般键盘为 10 码键（TEN KEY），键盘上有 0 到 9 共 10 个数字键和重复、修正等键。键盘输入方式操作简单，费用低，限制条件少，但操作员必须注意力集中，劳动强度大，易出差错（看错、键错，据国外研究资料，差错率为 1/300），而且键入的速度一般只能达到 1000～1500 件/h。

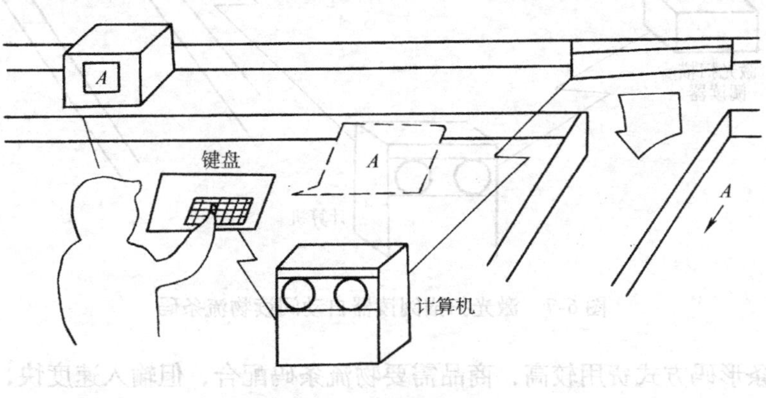

图 6-5　人工键盘输入

② 声控方式输入（图 6-6）。首先需将操作人员的声音预先输入控制器电脑中，当货物经过设定装置时，操作员将包装箱上的标签号码依次读出，计算机将声音接受并转为分拣信息，发出指令，传送到分拣系统的各执行机构。

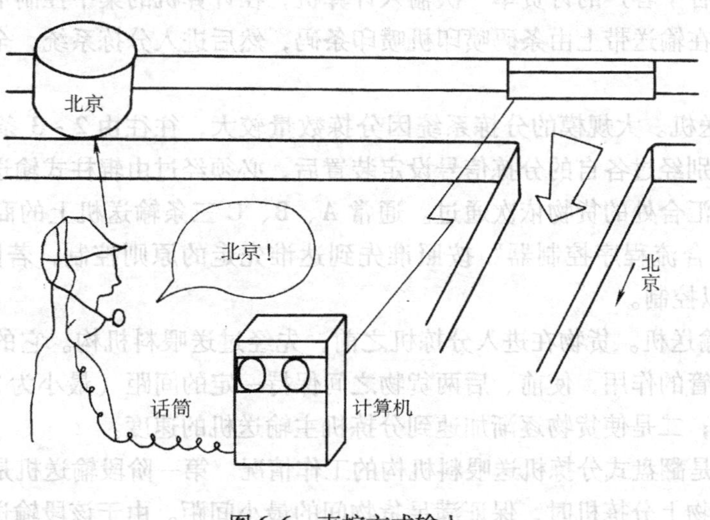

图 6-6　声控方式输入

声控方式输入法相比人工键盘输入速度要快些，可达 3000～4000 件/h，操作人员较省力，双手空出来可“手口并用”。但由于需事先储存操作人员的声音，当操作人员偶尔因咳嗽声哑等，就会发生差错。据国外物流企业实际使用情况来看，声控输入法效果不理想。

③ 利用激光自动阅读物流条码（图 6-7）。被拣商品包装上贴（印）上代表物流信息的条码，在输送带上通过激光扫描器（LASER-SCANNER）自动识别条码上的分拣信息，输送

给控制器。由于激光扫描器的扫描速度极快，达100～120次/s，来回对条形码扫描，故能将输送机上高速移动货物上的条形码正确读出。

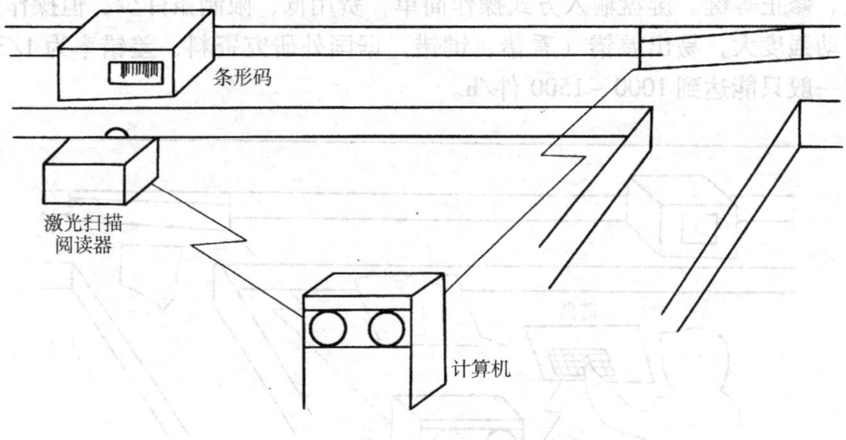

图6-7　激光扫描阅读器自动阅读物流条码

激光扫描条形码方式费用较高，商品需要物流条码配合，但输入速度快，可与输送带的速度同步，达5000件/h以上，差错率极小，规模较大的配送中心都采用这种方式。

④ 计算机程序控制。根据各客户需要商品的品种和数量，预先编好合计程序，把全部分拣信息一次性输入计算机，控制器即按程序执行。计算机程序控制是最先进的方式，它需要与条形码技术结合使用，而且还须置于整个企业计算机经营管理系统之中。一些大型的现代化配送中心把各个客户的订货单一次输入计算机，在计算机的集中控制下，商品货箱从货架被拣选取下，在输送带上由条码喷印机喷印条码，然后进入分拣系统，全部配货过程实现自动化。

3）合流输送机。大规模的分拣系统因分拣数量较大，往往由2～3条传送带输入被拣商品，它们在分别经过各自的分拣信号设定装置后，必须经过由辊柱式输送机组成的合流装置，它能让到达汇合处的货物依次通过。通常A、B、C三条输送机上的商品，经过合流汇交处由计算机“合流程序控制器”按照谁先到达谁先走的原则控制，若同时到达，按A、B、C的程序予以控制。

4）送喂料输送机。货物在进入分拣机之前，先经过送喂料机构。它的作用有两个：一是依靠光敏晶体管的作用，使前、后两货物之间保持一定的间距（最小为250mm），均衡地进入分拣传送带；二是使货物逐渐加速到分拣机主输送机的速度。

图6-8所示是翻盘式分拣机送喂料机构的工作情况。第一阶段输送机是间歇运转的，它的作用是保证货物上分拣机时，保证满足货物间的最小间距。由于该段输送机传送速度一般为35m/min左右，而分拣机传送速度的驱动均采用直流电动机无级调速，由速度传感器将输送机的实际带速反馈到控制器，进行随机调整，保证货物在第三段输送机上的速度与分拣输送机完全一致，这是自动分拣机成败的关键之一。

5）分拣传送装置及分拣机构。它是自动分拣机的主体，包括两个部分：货物传送装置和分拣机构。前者的作用是把被分拣物送到设定的分拣道口位置；后者的作用是把被分拣物推入分拣道口。各种类型的分拣机，其主要区别就在于采用不同的传送工具（例如钢带输送机、胶带输送机、托盘输送机、辊柱输送机等）和不同的分拣机构（例如推出器、浮出式导轮转向器、倾盘机构等）。

图 6-8 翻盘式分拣机送喂料机构的工作情况

上述的传送装置均设带速反锁器，以保持带速恒定。

6）分拣卸货道口。它是用来接纳由分拣机构送来的被分拣物的装置，它的形式有各种各样，主要取决于分拣方式和场地空间。一般采用斜滑道，其上部接口设置动力辊道，把被拣商品“拉”入斜滑道。

斜滑道可看作是暂存未被取走货物的场所。当滑道满载时，由光敏晶体管控制，阻止分拣物再进入分拣道口。此时，该分拣道口上的“满载指示灯”会闪烁发光，通知操作人员赶快取走滑道上的货物，消除积压现象。一般分拣系统还设有专用道口，以汇集“无法分拣”和因“满载”无法进入设定分拣道口的货物，以作另行处理。有些自动分拣系统使用的分拣斜滑道在不使用时可以向上吊起，以便充分利用分拣场地。

7）计算机控制系统。它是向分拣机的各个执行机构传递分拣信息，并控制整个分拣系统的指挥中心。自动分拣的实施主要靠它把分拣信号传送到相应的分拣道口，并指示起动分拣装置，把被拣商品推入道口。分拣机控制方式通常用脉冲信号跟踪法。

送入分拣运输机的货物，经过跟踪定时检测器，并根据控制箱存储器的记忆，计算出到达分拣道口的距离及相应的脉冲数。当被分拣物在输送机上移动时，安装在该输送机轴上的脉冲信号发生器产生脉冲信号并计数，当数到与控制箱算出的脉冲数相同时，立即输出起动信号，使分拣机构动作，货物被迫改变移动方向，滑入相应的分拣道口。

3. 常用自动分拣机的工作过程、使用范围及特点

自动分拣机种类很多，分类方法也不尽相同，按照它的用途、性能、结构和工作原理，一般分为带式、托盘式、翻板式、浮出式、悬挂式、滚柱式等多种类型。

（1）带式分拣机 带式分拣机是利用输送带载运货物完成分拣工作的机械设备，按带的设置形式常分为平带式和斜带式两种类型。这里以图 6-9 所示的平钢带分拣机为例说明。

平钢带分拣机分拣过程如下：

分拣人员阅读编码带上的货物地址，在编码键盘上按相应的地址键，携带有地址代码信息的货物即被输送至缓冲储存带上排队等待。

当控制柜中的计算机发出上货信号时，货物即进入平钢带分拣机。其前沿挡住货物探测器时，探测器发出货到信号，由计算机控制紧靠探测器的消磁、充磁装置，首先对钢带上的

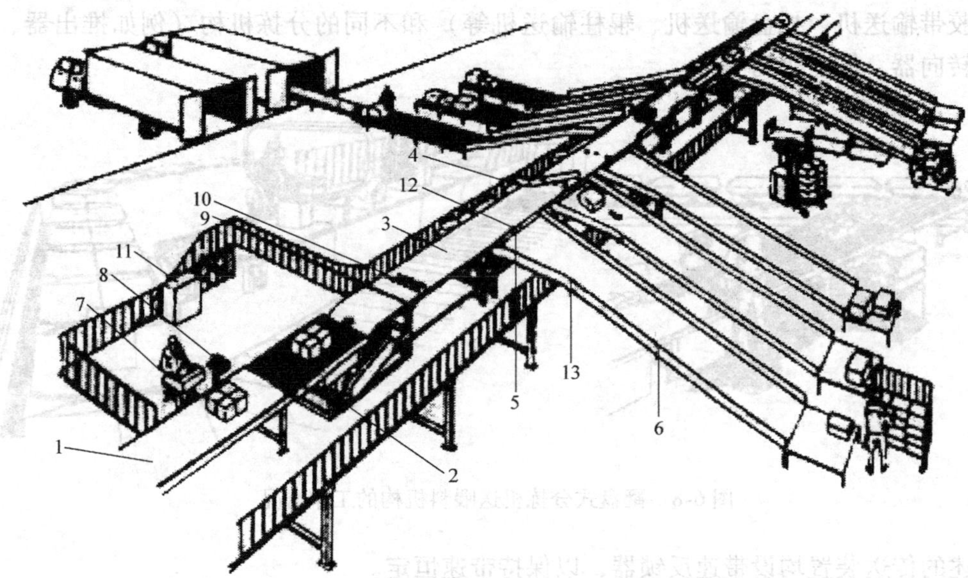

图6-9　平钢带分拣机工作简图

1—编码带　2—缓冲存储器　3—平钢带　4—小导向接板　5—过渡板
6—滑槽　7—编码键盘　8—监视器　9—货物检测器　10—消磁、充磁装置
11—控制柜　12—信息读出装置　13—满量检出器

遗留信息进行消磁，再将该货物的地址代码信息以磁编码的形式记录在紧挨货物前沿的钢带上，成为自携地址信息，从而保持和货物同步运动的关系。

在分拣机每一个小格滑槽的前面都设置了一个磁编码信息读出装置，用来阅读和货物同步运行的磁编码信息。当所读信息就是该格口滑槽代码时，计算机就控制导向挡板，快速地运动到钢带上方，导向挡板和钢带运动方向呈35°左右的夹角，可以顺利地将货物导入滑槽，完成分拣任务。

平钢带分拣机的适用范围较大，除了易碎、超薄货物及木箱外，其余货物都能分拣，最大分拣重量可达70kg，最小分拣重量为1kg，最大分拣尺寸为1500mm×900mm×900mm，最小分拣尺寸为50mm×150mm×50mm，分拣能力可达5000箱/h，甚至更高。该分拣机的主要优点是强度高，耐用性好，可靠性程度高，但设置较多的分拣滑道较困难，系统平面布局比较困难。另外，对货物冲击较大，运行费用较高，自身价格也较高。

斜带分拣机最大的优点是利用重力卸载，因而卸载机构比较简单，同时，可设置较多的分拣滑道。

（2）托盘式分拣机　托盘式分拣机是一种使用十分广泛的机型，它主要由托盘小车、驱动装置、牵引装置等构成。其中，托盘小车形式多种多样，有平托盘小车、U形托盘小车、交叉带式托盘小车等。

传统的平托盘小车、V形托盘小车利用盘面的倾翻和重力卸落货物，结构简单，但存在着上货位置不准、格口宽度尺寸过大、卸货时间过长的缺点，会导致高速分拣时不够稳定。

交叉带式托盘小车的特点是取消了传统的盘面倾翻、利用重力卸落货物的结构，而在车体上设置了一条可以双向运转的短传送带（称为交叉带），用它来承接从上货机来的货物，由链牵引运行到相应的格口，再由交叉带运转，将货物强制卸落到左侧或右侧的格口中。交叉带式托盘分拣机见图 6-10。

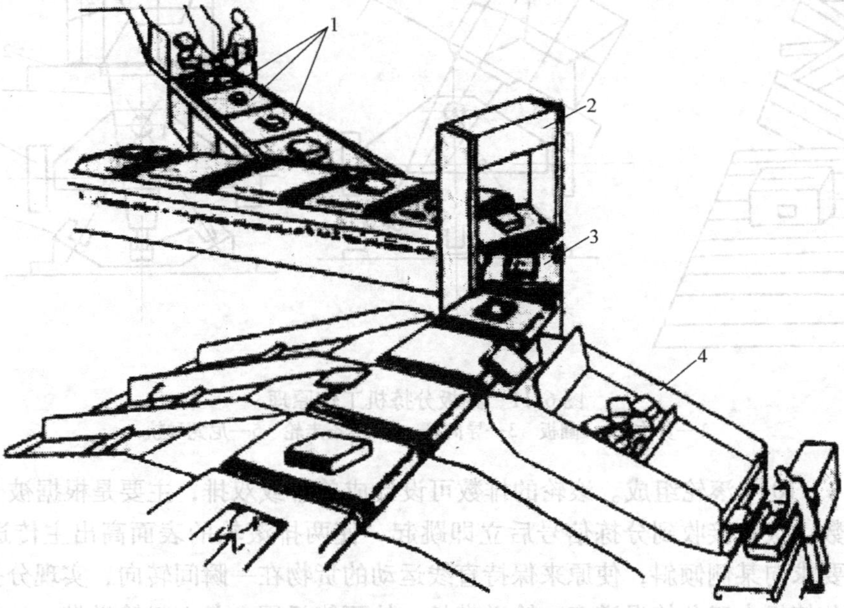

图 6-10 交叉带式托盘分拣机示意图
1—上货柜 2—激光扫描器 3—带式托盘小车 4—格口

交叉带式托盘小车有下列两个显著优点：

1）能够按照货物的质量、尺寸、位置等参数来确定托盘带承接货物的起动时间、运转速度的大小和变化规律，从而摆脱了货物重量、尺寸、摩擦系数的影响，能准确地将各种规格的货物承接到托盘的中部位置。这样一来，就扩大了上机货物的规格范围，在业务量不大的中小型配送中心，可按不同的时间段处理多种货物，从而节省了设备的数量和场地。

2）卸货时，同样可以根据货物重量、尺寸及在托盘带上的位置来确定托盘的起动时间、运转速度，可以快速、准确、可靠地卸落货物，能够有效地提高分拣速度，缩小格口宽度，从而缩小机器尺寸，有明显的经济效益。

托盘分拣机的适用范围比较广泛，它对货物形状没有严格限制，箱类、袋类、甚至超薄形的货物都能分拣，分拣能力可达 10000 件/h。

（3） 翻板分拣机　翻板分拣机是用途较为广泛的板式传送分拣机械设备。它由一系列相互连接的翻板、导向杆、牵引装置、驱动装置、支撑装置等组成，见图 6-11。

当货物进入分拣机时，光电传感器检测其尺寸，连同分拣人员按键的地址信息一并输入计算机中。当货物到达指定格口时，符合货物尺寸的翻板即受控倾翻，驱使货物滑入相应的格口中。每块翻板都可由倾翻导轨控制向两侧倾翻。每次有几块翻板翻转，取决于货物的长短，而且，货物翻落时，翻板顺序翻转，可使货物顺利地进入滑道，这样就能够充分利用分拣机的长度尺寸，从而提高分拣效率。

翻板分拣机的适用范围广，可分拣箱类、袋类等货物。它的分拣能力可达 5400 箱/h。但该分拣机分拣席位较少，且只能直线运行，占用场地较大。

（4） 浮出式分拣机　浮出式分拣机主要由两排旋转的滚轮组成，滚轮设置在传递带下

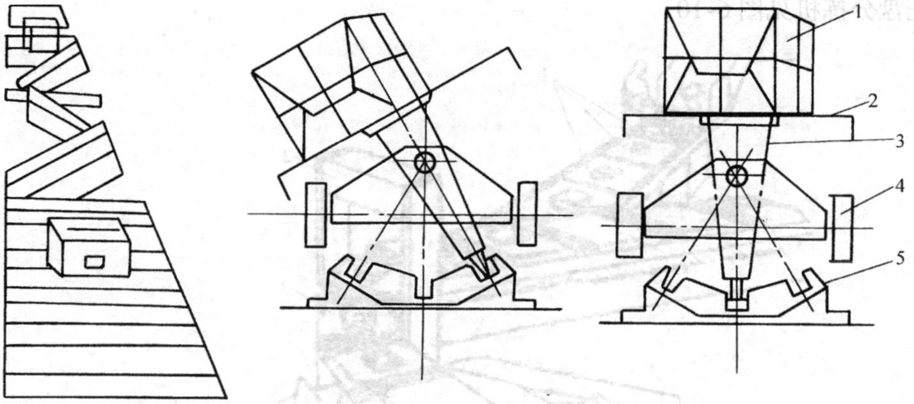

图6-11　翻板分拣机工作原理
1—货物　2—翻板　3—导向杆　4—链条走轮　5—尼龙导轨

面，每排由8～10个滚轮组成。滚轮的排数可设计成单排或双排，主要是根据被分拣物的重量来决定排数。滚轮接收到分拣信号后立即跳起，使两排滚轮的表面高出主传送带10mm，并根据信号要求向某侧倾斜，使原来保持直线运动的货物在一瞬间转向，实现分拣。

浮出式分拣机由于分拣滑道多，输送带长，故不能只用一条上料输送带，一般有五条左右。主传送带的速度为100～120m/min，比输送带的速度要快得多。该分拣机对货物的冲击力较小，适合分拣底部平坦的纸箱或用托盘装的货物，不能分拣很长的货物和底部不平的货物。

浮出式分拣机适用于包装质量较高的纸制货箱，一般不允许在纸箱上使用包装带，分拣能力可达7500箱/h。该分拣机的优点是可以在两侧分拣，冲击小，噪声小，运行费用低，耗电少，并可设置较多分拣滑道。但它对分拣物包装形状要求较高，对重物或轻薄货物不能分拣，也不适用于木箱、软性包装货物的分拣。

(5) 悬挂式分拣机　悬挂式分拣机是用牵引链（或钢丝绳）作牵引件的分拣机械设备。按照有无支线，它可分为固定悬挂和推式悬挂两种机型。前者用于分拣、输送货物，它只有主输送线路，吊具和牵引链是连接在一起的；后者除主输送线外还备有储存支线，并有分拣、储存、输送货物等多种功能，见图6-12。

固定悬挂式分拣机主要由吊挂小车、输送轨道、驱动装置、张紧装置、编码装置、夹钳等组成。分拣时，货物吊夹在吊挂小车的夹钳中，通过编码装置控制，由夹钳释放机构将货物卸落到指定的搬运小车上或分拣滑道上。

推式悬挂机具有线路布置灵活，允许线路爬升等优点，较普遍地用于货物分拣和储存业务。

悬挂式分拣机具有可悬挂在空中，利用空间进行作业的特点，它适合于分拣箱类、袋类货物，对包装物形状要求不高，分拣物重量大，一般可达100kg以上，但该机需要专用场地。

(6) 滚柱式分拣机　滚柱式分拣机用于对货物输送、存储与分路的分拣机械设备。按处理货物流程需要，可以布置成水平形式，也可以和提升机联合使用构成立体仓库，见图6-13。

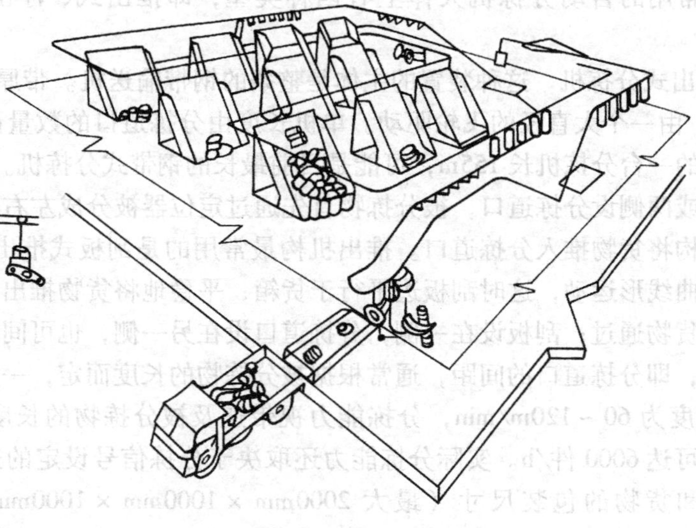

图6-12 固定悬挂式分拣机示意图

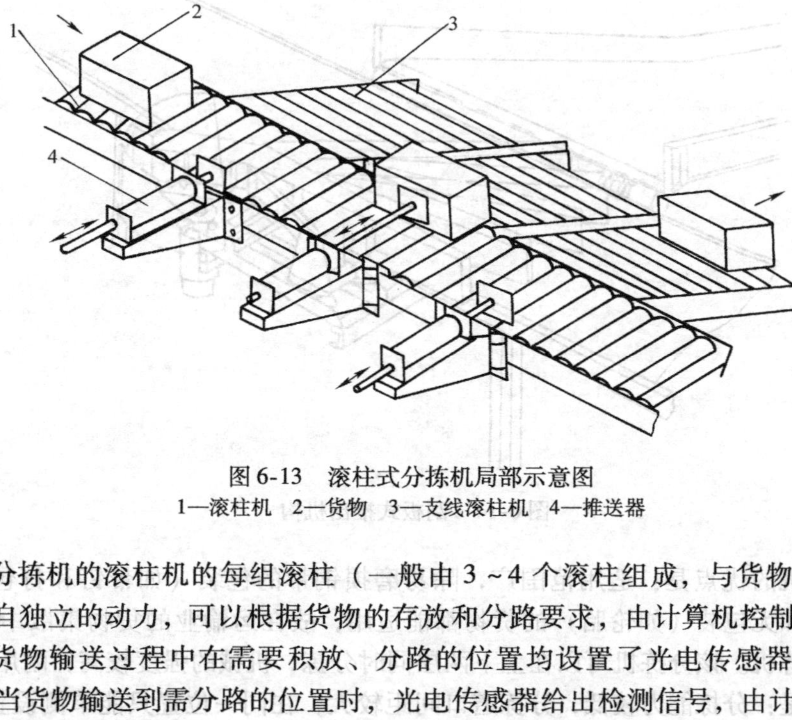

图6-13 滚柱式分拣机局部示意图

1—滚柱机 2—货物 3—支线滚柱机 4—推送器

滚柱式分拣机的滚柱机的每组滚柱（一般由3~4个滚柱组成，与货物宽度或长度相当）均有各自独立的动力，可以根据货物的存放和分路要求，由计算机控制各组滚柱的转动或停止。货物输送过程中在需要积放、分路的位置均设置了光电传感器进行检测。在图6-13中，当货物输送到需分路的位置时，光电传感器给出检测信号，由计算机分析，控制货物下面的那组滚柱停止转动，并控制推送器动作，将货物推入相应的支线，实现货物的分拣工作。

滚柱式分拣机一般适用于包装良好、底面平整的箱装货物，其分拣能力高，但结构较复杂，价格较高。

以上几类分拣机，在运用时具体选择哪种类型，需要综合考虑以下因素才能决定：分拣物的形状、体积、重量、数量；输送的路线及变动性；单位时间内的处理能力；分拣量；设备费用、占地面积、周围环境等。

在流通领域常用的自动分拣机大体上有四种类型，即推出式、浮出式、倾翻式和滑块式。

（1）钢带推出式分拣机　这种装置的主体是整条的钢带输送机。带厚0.8～1.2mm，宽度750～950mm，由一个大直径的飞轮驱动。单机长度由分拣道口的数量而定，日本西浓运输株式会社安装的一台分拣机长155m，可能是目前最长的钢带式分拣机。

钢带的一侧或两侧设分拣道口，被分拣物首先通过定位器被分成左右两行，到设定的道口时，由推出机构将货物推入分拣道口。推出机构最常用的是刮板式推出机构，见图6-14。在推出货物时作曲线形运动，这时刮板边平行于货箱，平稳地将货物推出，避免损伤，并快速退回，让后继货物通过；刮板设在一侧，分拣道口设在另一侧，也可间隔地设在钢带的两侧。刮板的间距，即分拣道口的间距，通常根据被分拣物的长度而定，一般为3～4m。

钢带行走速度为60～120m/min，分拣能力视带速及被分拣物的长度，一般为2000～4000件/h，最大可达6000件/h。实际分拣能力还取决于分拣信号设定的速度、分拣物的重量（1～70kg）和货物的包装尺寸（最大2000mm×1000mm×1000mm；最小150mm×150mm×50mm）。

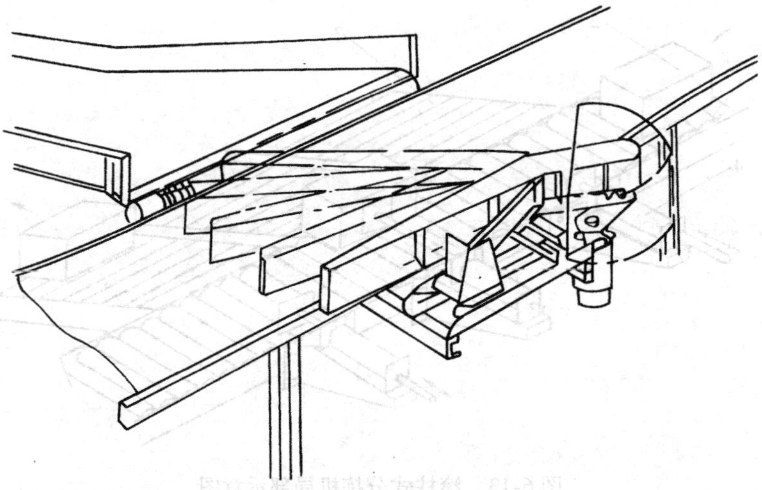

图6-14　刮板式推出机构

钢带分拣机的优点是：适用范围广，除易磨损钢带的包装（如带钉和打包铁皮木箱）外，其他包装和无包装（如轮胎）的货物都能适用，故在运输业的货物集散中心大多采用这种类型的分拣机。该分拣机可以在上下两层同时分拣，机械的强度较高，耐用性好，维修费用小。缺点是：分拣能力较低，分拣道口间距较大，在同一位置只能单侧设置分拣道口，造价也较高。

（2）胶带浮出式分拣机　这种分拣机的主体是分段的胶带输送机。分拣道口处设置一排可以向两侧转向、并可上下浮动的橡胶斜轮。斜轮在输送带平面以下，被分拣物在经过斜轮时不受任何影响。当商品抵达设定的分拣道口时，斜轮上浮，把货物斜移转弯，送入分拣道口，见图6-15。

胶带宽度600～750mm，每一分拣道口有一排斜轮，间距3m左右，两侧各设分拣道口（通常与主传送带成60°或90°），被分拣物经分拣信号设定装置后，通过鱼骨状斜辊道的合流输送机进入主传送带。分拣道口的上口有一段带动力的辊道，引导货物流入分拣滑道。

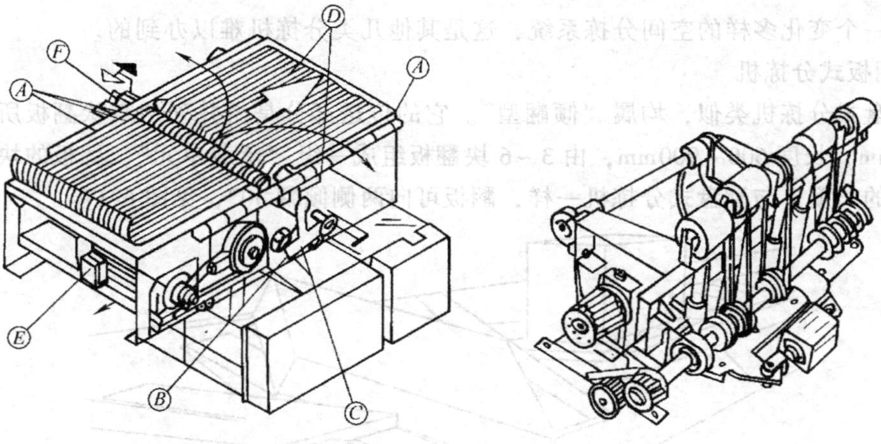

图 6-15 分拣道口

主输送胶带的长度由分拣道口的数量决定，分段相接，每段 3m，分拣输送机的带速通常达 100m/min 以上，分拣能力为 6000 ~ 8000 件/h。分拣物的重量最大 50kg，最小 1kg；包装尺寸最大 1200mm × 700mm × 900mm，最小 200mm × 200mm × 100mm。它要求被分拣物包装的底面平整硬实。其控制方式为脉冲跟踪，斜轮的上下和侧转动作均由气压驱动。

胶带浮出式分拣机的优点是：能向两侧分拣，可布置较多的道口；对商品冲击小，可分拣易碎商品；机身较低（1000mm）；噪声小；营运费用低；便于扩充；分拣能力高。缺点是：对包装形状和质量要求高。

（3）翻盘式和翻板式分拣机

1）翻盘式分拣机

翻盘式分拣机的传送装置是一排由链条拖行的翻盘，翻盘到设定的分拣道口向左侧倾斜，被分拣物靠重力滑入分拣道口，见图 6-16。

翻盘式分拣机具有两大特点：

① 传送翻盘的链条能在水平和垂直两个平面转向，因此翻盘传送带可在空间内任意布置。

② 被分拣物是通过“喂料输送机”送入翻盘的。喂料输送机是一段分级加速的高速输送机，最后一段以 180m/min 的高速度在极短的时间内把被分拣物送入空翻盘。喂料输送机可设在翻盘输送带的任何一点或几点，送入角度可以是斜角或直角。

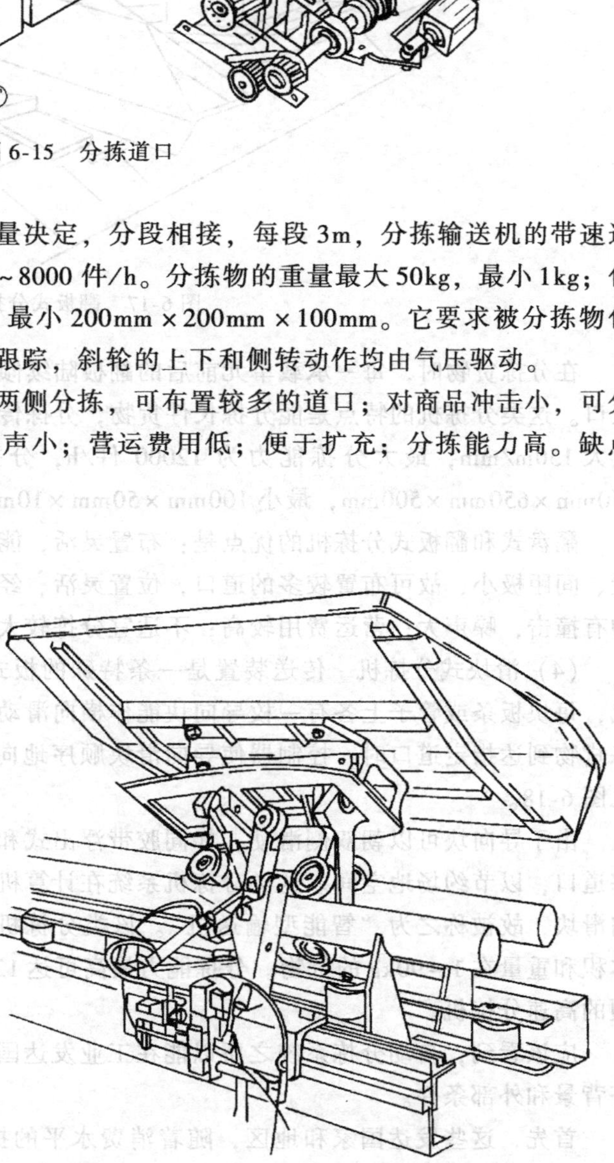

图 6-16 翻盘式分拣机

由于上述两个特点，翻盘式分拣机分拣线的布置十分灵活，既能水平，也能倾斜，甚至可以隔层布置；平面上可呈直线形、环形或不规则形；还可以架空挂置翻盘。用翻盘式分拣机能组成一个变化多样的空间分拣系统，这是其他几类分拣机难以办到的。

2）翻板式分拣机

与翻盘式分拣机类似，均属“倾翻型”。它的传送部分是由并列的窄状翻板所组成。翻板宽200mm，长度600～900mm，由3～6块翻板组成一组“承载单元”，翻板的块数取决于被分拣物的长度。与翻盘式分拣机一样，翻板可向两侧倾翻30°，见图6-17。

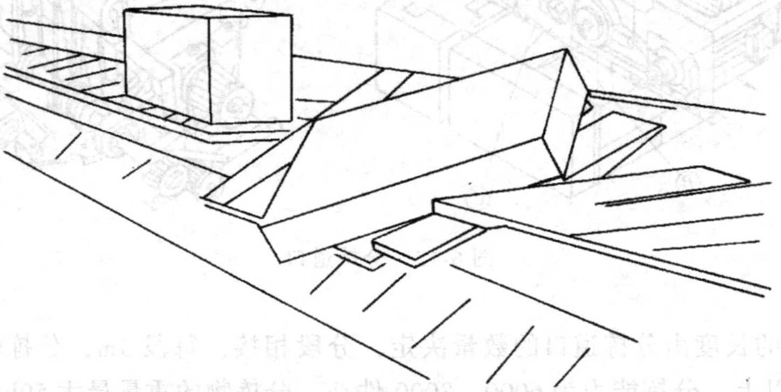

图6-17　翻板式分拣机

在分拣货物时，每一承载单元前后的翻板陆续倾翻，使长件货物能平稳地转向翻入分拣道口。这类分拣机的特点是能分拣长件货物，分拣传送线也能转弯和倾斜运行。传送线速度最大150m/min，最大分拣能力为12000件/h，分拣物重量0.2～75kg；包装尺寸最大750mm×650mm×500mm，最小100mm×50mm×10mm。

翻盘式和翻板式分拣机的优点是：布置灵活，能从多处送入分拣物，分拣道口可两侧布置、间距极小，故可布置较多的道口，位置灵活、经济；能分拣极小的货物。缺点是：对货物有撞击，噪声大；营运费用较高；不适宜分拣较大、较重、较高的货物。

（4）滑块式分拣机　传送装置是一条特殊的板式输送带，其板面用金属板条或管子组成，每块板条或管子上各有一枚导向块能作横向滑动。导向块靠在输送机一侧边上，当被分拣货物到达指定道口时，控制器使导向滑块顺序地向道口方向滑动，把货物推入分拣道口，见图6-18。

由于导向块可以朝双侧滑动，如同胶带浮出式和翻盘式分拣机一样，也可在两侧设置分拣道口，以节约场地空间。这类分拣机系统在计算机控制下，自动识别、采集数据、操纵导向滑块，故被称之为“智能型输送机”。该类分拣机振动小，不损货物，适宜于各种形状、体积和重量在1～90kg的货物。分拣能力最高可达12000件/h，准确率99.9%，是当代最新型的高速分拣机。

应该看到，自动分拣系统之所以能在工业发达国家迅速发展、广泛应用，有其特殊的经济背景和外部条件。

首先，这些发达国家和地区，随着消费水平的提高，商品经济高度发展，商品种类繁多，流通数量庞大。多批次、小批量、及时制的物流作业要求，使得各类流通中心、配送中心、货物集散中心的货物分拣量急剧增加，为了在激烈的竞争中取胜，迅速、及时地送货上门，已成为衡量服务质量的重要标志，故客观上需要高效率的分拣系统。

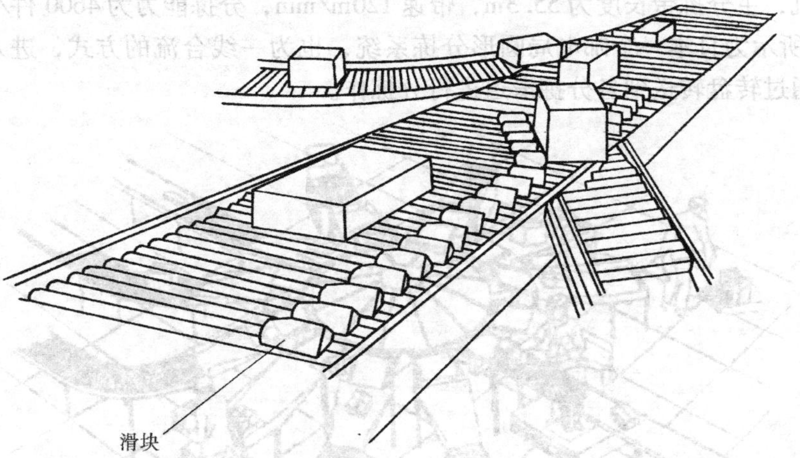

图 6-18 滑块式分拣机

其次，这些国家的“人件费”相对较高，分拣工作要花费大量的劳务费用，为了谋求更多的经济利益，必须开发自动化设施以取代人力。

再次，计算机信息系统在物流企业普遍应用，各类装卸、搬运、储存等配套物流设施的齐备，以及作业环境的完善，使自动分拣系统具备正常运行的条件。

随着商品经济的发展，我国各地铁路、公路货物集散中心陆续出现，销售领域内批发零售仓库已向配送中心发展，这是物流必须适应商流发展的必然结果。如何借鉴国外分拣技术，探索适合我国国情的分拣设施，是我国物流界面临的任务之一。

三、分拣系统图例

图 6-19 所示为日本一个中小规模车站分拣系统的示意图，这是一线合流的方式。收入

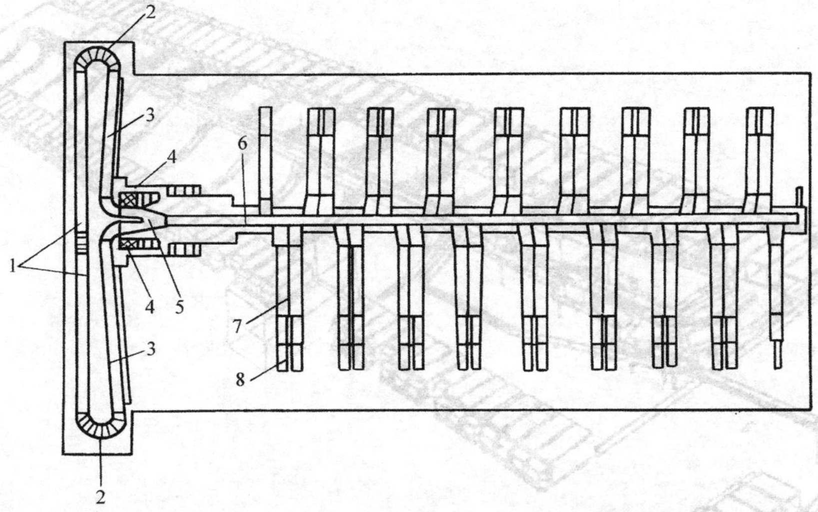

图 6-19 日本一个中小规模车站分拣系统

1—进货用钢带输送机 2—弯形辊式输送机 3—倾斜橡胶传送带

4—操作室 5—合流装置 6—ASS6 主分拣装置 7—卸料器 8—伸缩输送机

的货物由两个操作室的键盘控制，从一条搬运传送带和左右两方进行分拣。它为桑托比克编码程序分拣机，主分拣带长度为55.3m，带速120m/min，分拣能力为4600件/h。

图6-20所示为日本一个邮电局圆形分拣系统，也为一线合流的方式，进入的货物由计算机控制，通过转盘转送到各分拣滑道进行分拣作。

图6-20　邮电局圆形分拣系统

图6-21所示为自动分货机。这是高技术分货作业方式，目前高水平的配送中心一般都以自动分货机为主要设备。分货机在一端集中取出共需之货，随分货机上传送带的运行，按计算机预先设定的指令，在与分支机构连接处自动打开出口，将货物分别送入相应的各个分支机构，分支机构的终点是用户配货货位。有时候配送车辆便停放在分支机构的终端，所分货物直接装入配送车辆。分货完毕随即进行配送。

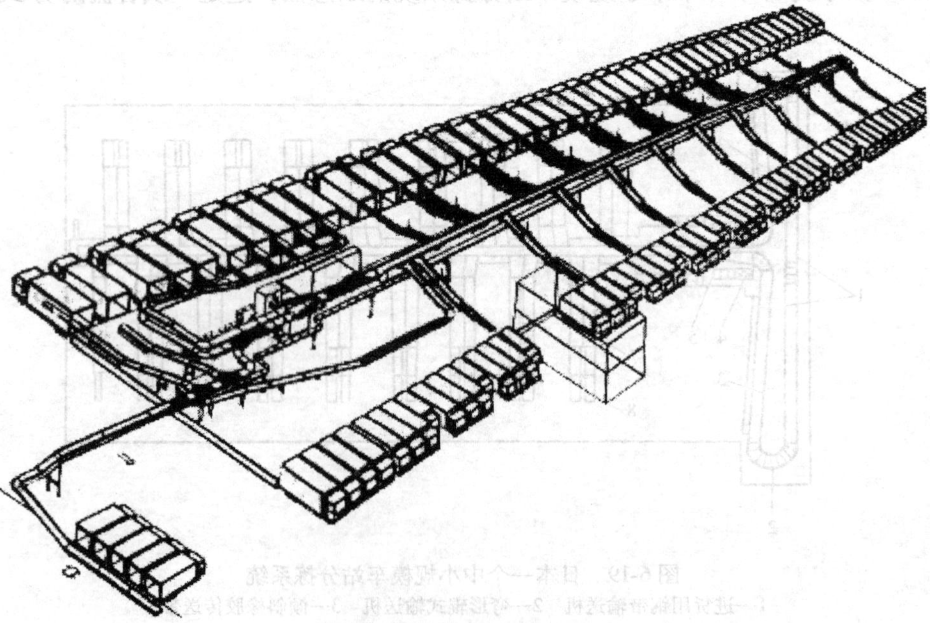

图6-21　自动分货机

图6-22所示为济南自动化配送中心的机械设备系统，是由固定货架的堆垛机系统、旋转货架系统、输送机械、分拣系统等组成。

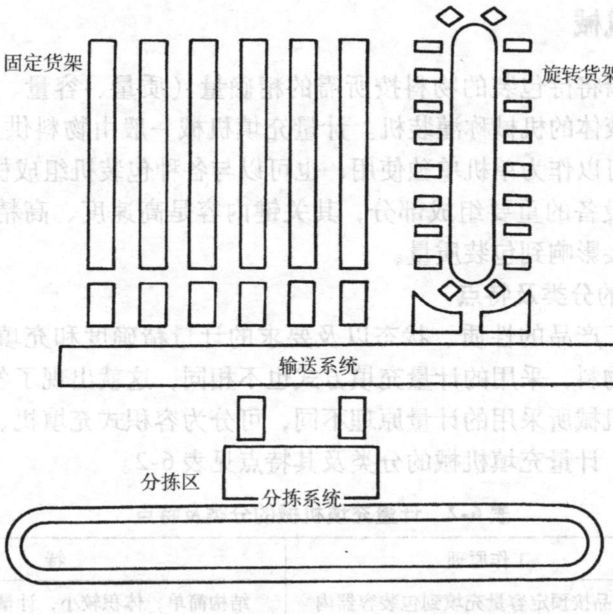

图6-22 济南自动化配送中心的机械设备系统

知识检验

一、填空题

1. 上机率是____________。
2. 批次分拣是将数张订单中相同的____________拣取处理。
3. 翻板分拣机是用属于用途广泛的____________机械设备。
4. 带式分拣机按带的设置形式常分为____________、____________两种类型。

二、选择题

1. 自动分拣机主要类型有（　　）。
   A. 推出式　B. 浮出式　C. 倾翻式　D. 滑块式
2. 翻盘式分拣机传送翻盘的链条能否在水平和垂直两个平面转向。（　　）
   A. 能　B. 不能
3. 斜带分拣机最大的优点是（　　）。
   A. 效率高　B. 利用重力卸载　C. 大规模作业

三、简答题

1. 简述分拣机械设备的选用原则。
2. 提高分拣效率应从几个方面考虑？
3. 翻盘式分拣机的主要特点是什么？
4. 简述为什么要采用自动分拣系统。

课题三 物流包装设备

在社会再生产过程中，产品包装处于生产过程的末尾和物流过程的开头，既是生产的终点又是物流的开始，而包装机械是使产品包装实现机械化、自动化的根本保证，因此包装机械在物流中起着相当重要的作用。以下介绍几种主要的包装机械。

一、计量充填机械

计量充填机械是指将待包装的物料按所需的精确量（质量、容量、数量）充填到包装容器内的机械。充填液体的机械称灌装机。计量充填机械一般由物料供送装置、计量装置、下料装置等组成。它可以作为单机单独使用，也可以与各种包装机组成机组联合工作。计量充填包装机械是包装设备的重要组成部分，其关键内容是高速度、高精度与高可靠性的统一，其性能的好坏直接影响到包装质量。

1. 计量充填机械的分类及特点

实际生产中，由于产品的性质、状态以及要求的计量精确度和充填方式等因素不尽相同，因而对于不同的物料，采用的计量充填方式也不相同，这就出现了各式各样的计量充填机械。根据计量充填机械所采用的计量原理不同，可分为容积式充填机、称重式充填机、计数式充填机三种类型。计量充填机械的分类及其特点见表6-2。

表6-2　计量充填机械的分类及特点

类　别	工作原理	特　点
容积式充填机	将产品按预定容量充填到包装容器内	结构简单，体积较小，计量速度高，计量精度低
称重式充填机	将产品按预定重量充填到包装容器内	结构复杂，体积较大，计量速度低，计量精度高
计数式充填机	将产品按预定数目充填到包装容器内	结构较复杂，计量速度较快

2. 容积式充填机

容积式充填机是把精确容积的物料装进每一个容器，而不考虑物料密度或重量，常用于那些密度相对不变的物料，或用于那些体积要求比重量要求更重要的物料。下面介绍几种容积式填充机。

（1）固定式量杯充填机　固定式量杯充填机的定量装置见图6-23，物料经供料斗1自由落入计量杯内，圆盘口上装有四个量杯和对应的活门底盖4，当转盘主轴8带动圆盘7旋转时，刮板10将量杯3上面多余的物料刮去。当量杯转到卸料工位时，顶杆推开量杯的活门底盖4，量杯中的物料在自重作用下充填到下方的容器中。

量杯式充填机适用于颗粒较小且均匀的物料，计量范围一般在200ml以下为宜。在选用时应注意：假如量杯的容量调得不正确，料斗送料太慢或不稳定，料斗的装料面太低，进料管太小，物料流动不爽，进料管和量杯不同心等都会使量杯装不满；若机器的运转速度过快，料斗落下物料的速度过快则会引起物料重复循环装料；量杯伸缩机构调节不当常会造成过量回流；如果容器与进料管不同心，节拍不准，容器太小或物料粘在料管中使送料滞后，就会引起物料的溢损。

（2）螺杆式充填机　螺杆式充填机的结构见图6-24，利用螺杆螺旋槽的容腔来计量物料。由于每一个螺距中都有一定的理论容积，因此只要准确地控制螺杆的转速和转数，就能获得较为精确的计量值。螺杆充填机的漏斗状料斗里有一个旋转的螺杆，它以恒速送出一定的物料。螺杆一般是竖直地装在漏斗中，送料管则向下直接对准容器。当容器到位后，传感器发出信号使电磁离合器合上，带动螺杆转动。料加好后，离合器脱开，制动器使螺杆停止转动，物料便停止流下。

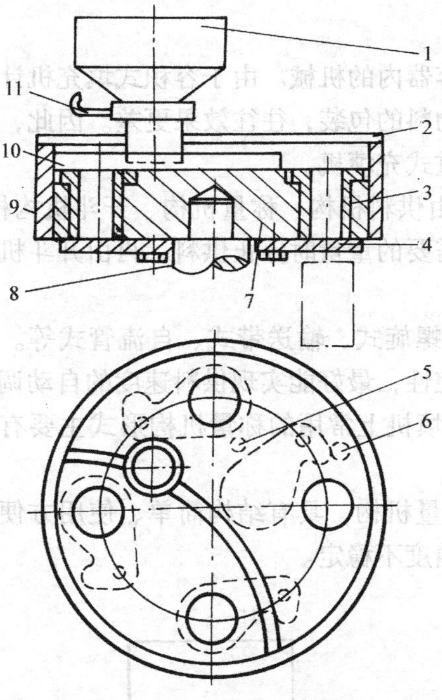

图6-23 固定式量杯充填机的定量装置
1—料斗 2—外罩 3—量杯 4—活门底盖 5—闭合圆销 6—开启圆销 7—圆盘 8—转盘主轴 9—壳体 10—刮板 11—下料闸门

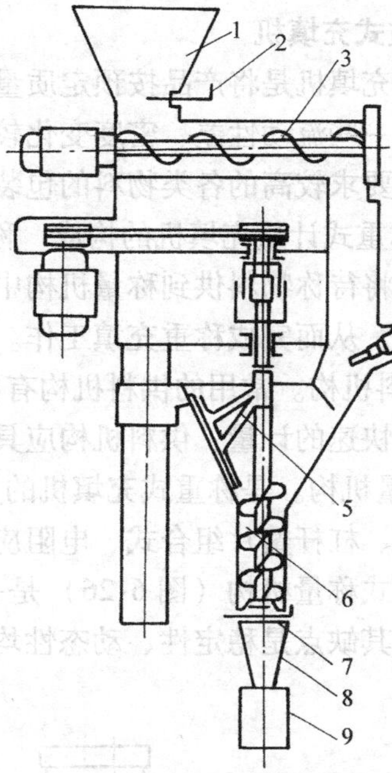

图6-24 螺杆式充填机
1—料仓 2—插板 3—水平螺旋给料器 4—料位测量器 5—搅拌器 6—垂直螺旋 7—闸门 8—输出导管 9—包装容器

螺杆式充填机主要用于粉料或小颗粒状物料的计量。其主要优点是结构紧凑，无粉尘飞扬，还可通过改变螺杆的参数来扩大计量范围。尽管螺杆充填机适用的物料范围很广，但是它特别适用于在出料口容易结块而不易落下的物料，如咖啡粉、蛋糕混合料、面粉等。流动性能不同的物料要使用不同形状的螺杆。有的螺杆充填机带有搅拌器或搅动片，它们使物料在料斗内不断转动以免结块。搅拌器形状要与被充填物料相适应。对于不许破碎的颗粒状物料不能选用该机器（如种子等）。

（3）计量泵式充填机　计量泵式充填机的结构见图6-25。转毂的形状有圆柱形、菱形及齿轮形等。计量腔在转毂边缘。容腔形状有槽形、扇形和叶轮形等多种，计量腔容积又有定容积型和可调容积型两种。待包装物品存放于放料斗中，计量毂由传动装置驱动运转。当计量容腔经过装料口时，被料斗中落下来的物料充满。装入计量腔的物品，随转毂转到排料口时，在重力的作用下排出，经导管填入包装容器中，完成包装的计量。

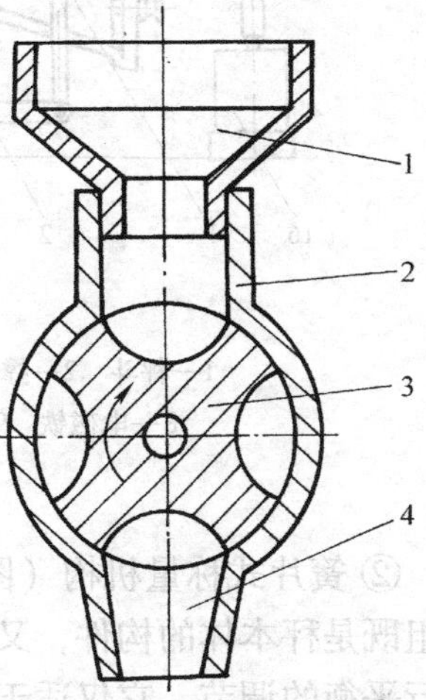

图6-25 计量泵式充填机
1—进料口 2—转毂机壳 3—转毂 4—排料口

计量泵式充填机适用于颗粒状、粉状，且流动性好、无结块的细粉粒物品的计量与包装，如茶叶末、精盐等小定量值的包装计量。用于计量的转毂工作速度与计量物品的特性及计量容腔的结构有关，一般选在0.025～1.00m/s之间。

3. 称重式充填机

称重式充填机是将产品按预定质量填充到包装容器内的机械。由于容积式填充机计量精度不高，对一些流动性差、密度变化较大或易结块物料的包装，往往效果更差。因此，人们对计量精度要求较高的各类物料的包装，就采用称重式充填机。

（1）称重式计量充填机的构成　称重式充填机由供料机构、称量机构、开斗机构构成。由供料机构将待称物料供到称量机构中，当达到所需要的重量时停止供料，再由开斗机构开斗放料充填，从而完成称重充填工作。

1）供料机构。常用的供料机构有电磁振动式、螺旋式、输送带式、自流管式等。为实现高精度、快速的计量，供料机构应具有良好的可控性，最好能实现供料速度的自动调节。

2）称量机构。是称重式充填机的关键部件。充填机上常用的称量机构形式主要有杠杆式、簧片式、杠杆簧片组合式、电阻应变片式等。

①杠杆式称量机构（图6-26）是一种传统的称量机构，具有结构简单、使用方便、直观等优点，其缺点是稳定性、动态性均较差，称量精度不稳定。

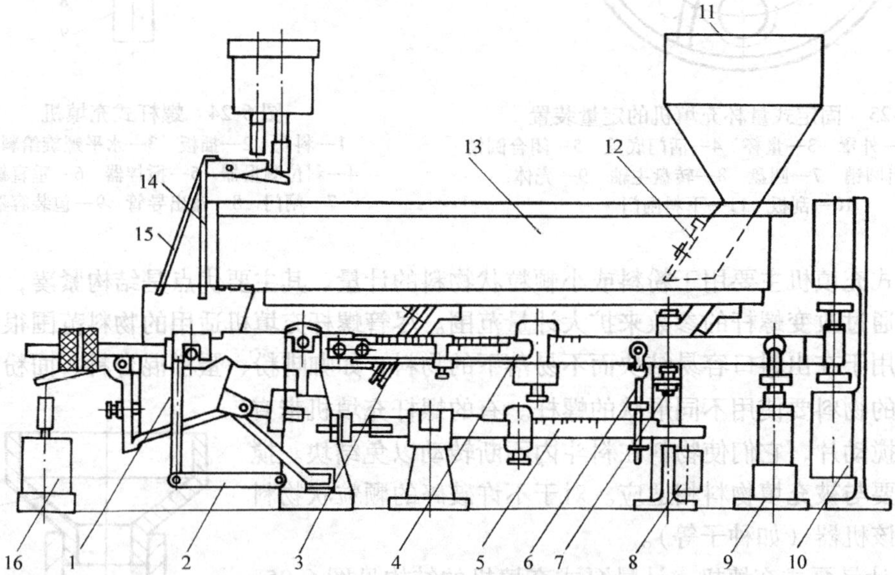

图6-26　杠杆式称量机构

1—秤斗　2—撑杆　3—微调秤杆　4—主秤杆　5—副秤杆　6—吊杆　7—限位器　8—电磁铁　9—阻尼器　10—接近开关　11—料斗　12—闸门　13—给料器　14—活门　15—供料活门　16—排料控制阀

② 簧片式称量机构（图6-27）由支杆通过一对平行的弹簧片组安装在固定板上，弹簧片组既是秤本体的构件，又是秤盘的弹性支承，起着平衡作用。预载弹簧用于改变定量值时进行平衡的调节。它仅适于称量1kg以下的物料。具有称量精度高、反应灵敏、结构简单、寿命长等优点。

③ 杠杆簧片组合式称量机构（图6-28）的支承点采用刀口支承，也有采用簧片支承

的。这类秤综合了弹簧秤、杠杆秤的主要优点，称量精度高，平衡时间短，但不适宜10kg以上的定量称量。

④ 电阻应变片式（图6-29）称量机构的原理，是采用电阻应变片测量支承弹性体上的位移来测量秤斗内的重量的。由于电阻应变片可以测量μm级的位移，且线性度好，因此称量精度高。通过采用一闭环电子调节系统对质量进行检测、调节，可实现称量值自动控制。另外，它还具有动态性能好，称量范围宽等优点。其缺点是控制原理复杂，使用维护不方便，制造成本也较高。

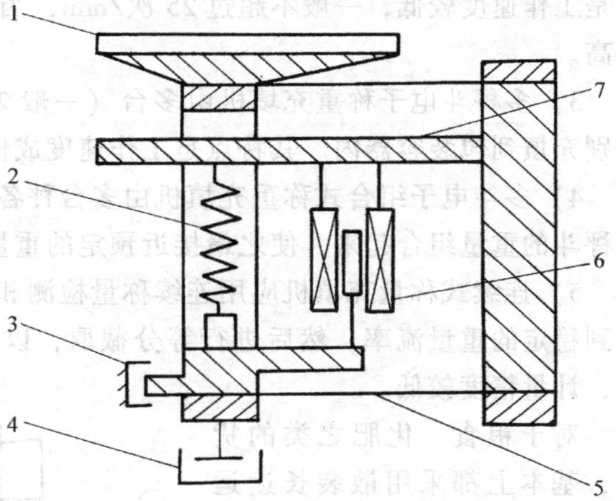

图6-27 簧片式称量机构
1—秤盘 2—预载弹簧 3—限位架 4—阻尼器 5—弹簧片 6—差动变压器 7—固定安装板

3）秤斗与开斗机构。秤斗与开斗机构一般都是组合在一起的。常用的开斗排料方式有控制式和非控制式两类。控制式排料是每次排料后，根据秤斗内残留物料的增减重新修正量值来进行计量，或直接控制秤斗的排料量来确定所称的物重。因此每次计量都要进行二次称重，并需设置一套比较繁杂的调整控制系统。控制式排料常用于吸潮、粘结性强而流动性差的物料。非控制式排料是将秤斗底部活门打开，利用物料自重自动排料。

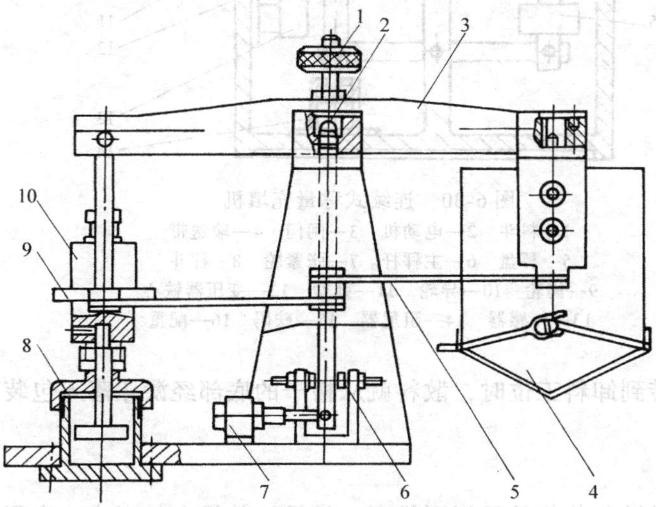

图6-28 杠杆簧片组合式称量机构
1—横梁重心调节螺母 2—刀口支承 3—横梁 4—秤 5—板弹簧 6—限位架 7—传感器 8—阻尼器 9—配重 10—砝码

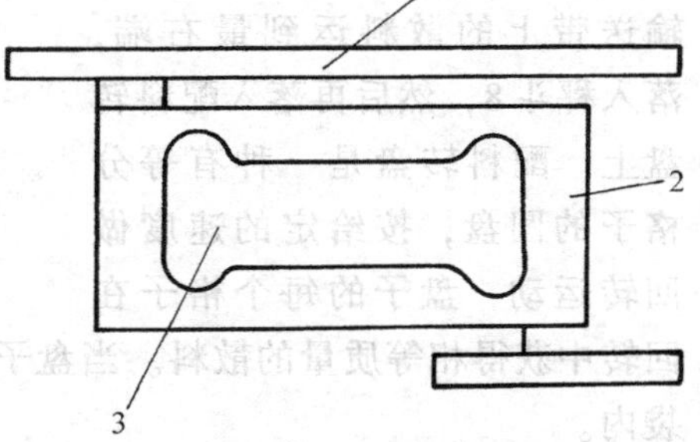

图6-29 电阻应变片式称量机构
1—称量台 2—轻合金应变框架 3—应变片

（2）称重式计量充填机的分类与特点

1）无秤斗称重充填机在充填过程中，物料连同包装容器一起称重。其特点是结构简单，易于在生产线上布置，单台工作速度可达40次/min。

2）单秤斗称重充填机由单台秤称出预定产品的质量，并将其充填到包装容器内。其特点是工作速度较低，一般不超过25次/min，当物料粒度变化大或物料粘秤斗时，称重精度不高。

3）多秤斗电子称重充填机由多台（一般2～4台）各自称出预定产品的质量，并将其分别充填到包装容器内。其特点是工作速度成倍于单秤斗称重充填机。

4）多斗电子组合式称重充填机由多台秤各自称出一定的重量后，通过微处理机将某几个秤斗的重量组合起来，使之最接近预定的重量，并将其充填到包装容器内。

5）连续式称量充填机应用连续称量检测和自动调节技术，确保在连续运转的输送机上得到稳定的重量流率，然后进行等分截取，以得到一个相同的定量值。其特点是计量速度高，计量精度较低。

对于粮食、化肥之类的货物，基本上都采用散装长途运输，到达目的地之后再袋装出售的方式。这中间必然存在如何称量、如何充填装袋的问题。连续式称量充填机（图6-30）是应用较广泛的称重机械，其工作过程如下：散料加入料斗1内，通过闸门3均匀洒落到输送带4上，其流量可通过电动机2调节，输送带4的下部是一台重力式电子皮带秤，输送带上的散料质量由它来检测。输送带上的散料运到最右端，落入秤斗8，然后再落入配料转盘上。配料转盘是一种有等分格子的圆盘，按给定的速度做回转运动，盘子的每个格子在回转中获得相等质量的散料。当盘子转到卸料工位时，散料就从格子的底部经漏斗落入包装袋内。

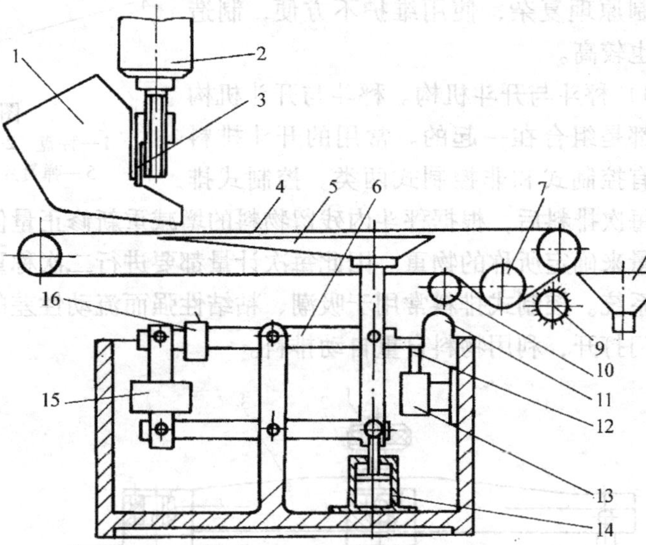

图6-30　连续式称量充填机
1—料斗　2—电动机　3—闸门　4—输送带
5—秤盘　6—主秤杆　7—张紧轮　8—秤斗
9—刷轮　10—导轮　11—弹簧　12—变压器铁心
13—传感器　14—阻尼器　15—砝码　16—配重

4. 计数式充填机

计数定量的方式分为两类：一类是被包装物品呈规则排列，常见计数机有长度式、容积式、堆积式等几种计数形式；另一类是从混乱的被包装物品的集合中直接取出一定个数，常见的有转盘、转毂、推板等形式，主要用于颗粒状、块状物品的计数。

（1）长度式计数机构（图6-31）　常用于饼干包装、云片糕包装、茶叶装盒后的第二次大包装等。计量时，排列有序的物品经输送机构送到计量机构中，当行进物品的前端触到计量腔的挡板5时，挡板上的微动开关4动作，横向推板3将一定数量的物品送到包装台上进行包装。

（2）容积式计数机构（图6-32）　通常用于等径、等长类物品的包装。其工作过程是：

物品自料斗 1 下落到定容箱 3 内，形成有规则的排列。当定容箱 3 充满时，即达到预定的计量数时，料斗 1 与定容箱 3 之间的闸门 2 关闭，同时定容箱 3 底门打开，物品就进入包装盒。包装完毕后，定容箱底门关闭，进料闸门又打开，如此周而复始。

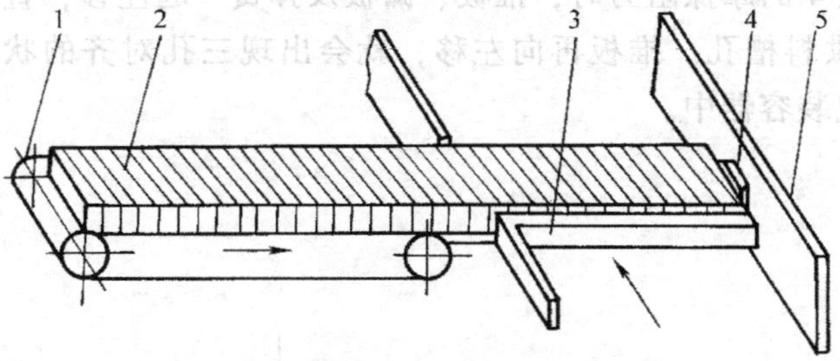

图 6-31 长度式计数机构示意图

1—辊轮 2—被包装物 3—横向推板 4—微动开关 5—挡板

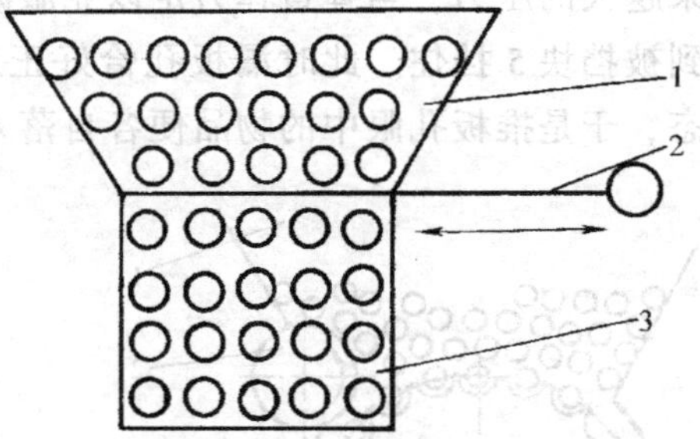

图 6-32 容积式计数机构示意图

1—料斗 2—闸门 3—定容箱

(3) 堆积式计数机构（图 6-33） 包装时，计量托体与上下推头协同动作，完成取量及包装工作。首先托体 1 作间歇运动，每移动一格，则从料斗 2 中落送一包至托体 1 中，托体移动 4 次后完成一大包的计量充填。这种机构主要用于几种不同品种的组合包装。

(4) 转盘式计数机构（图 6-34） 包装时，定量盘 2 转动到其上的小孔与料斗 1 底部接通，料斗中的物料落入小孔中（每孔一颗）。定量盘上的小孔分为 3 组，当定量盘上的小孔有两组进入装料工位时，另一组在卸料工位卸料，物品通过卸料槽 3 充入包装容器中。

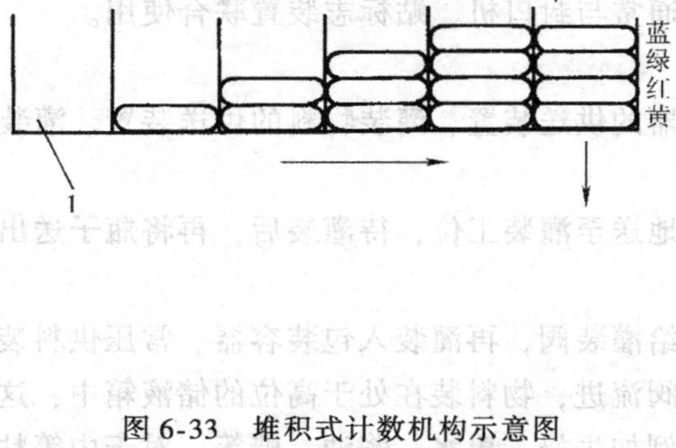

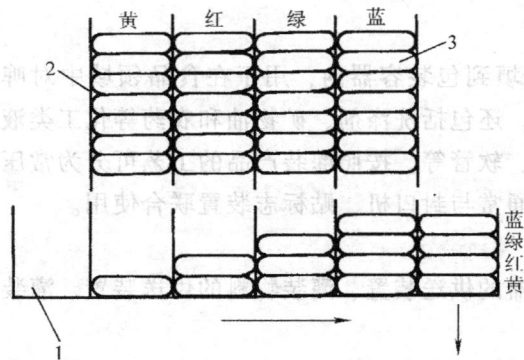

图 6-33 堆积式计数机构示意图

1—托体 2—料斗 3—被包装物

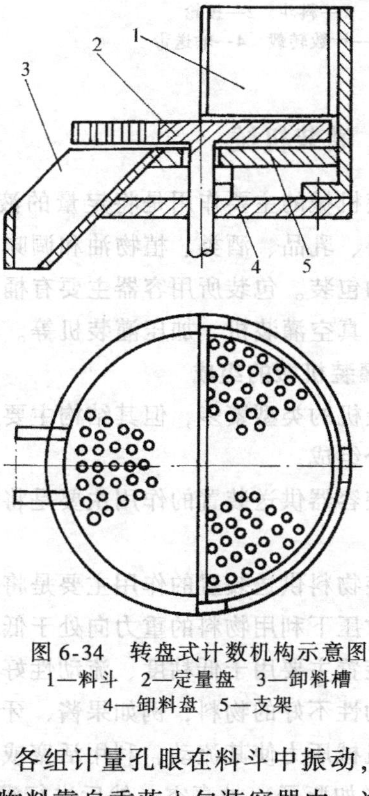

图 6-34 转盘式计数机构示意图

1—料斗 2—定量盘 3—卸料槽

4—卸料盘 5—支架

(5) 转毂式计数机构（图 6-35） 转毂运动时，各组计量孔眼在料斗中振动，物品靠自重充填入孔眼。当充满物品的孔眼转到出料口时，物料靠自重落入包装容器中。这类计数机主要用于小颗粒物品的计数。

（6）推板式计数机构（图6-36）开始工作时，推板1自右向左移动，孔眼逐个通过料箱供料口，一旦孔口对正，物料就落入推板1的孔眼中。继续向左推移推板，弹簧2受到越来越大的压力，当弹簧弹力足以克服漏板4的摩擦阻力时，推板、漏板及弹簧一起左移，直到被挡块5挡住。此时漏板孔恰好正对供料槽孔。推板再向左移，就会出现三孔对齐的状态，于是推板孔眼中的物品便各自落入包装容器中。

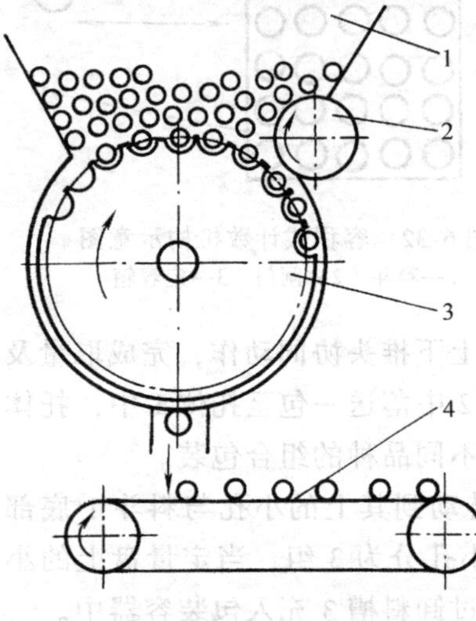

图6-35　转毂式计数机构示意图
1—料斗　2—拨轮
3—计数转毂　4—输送带

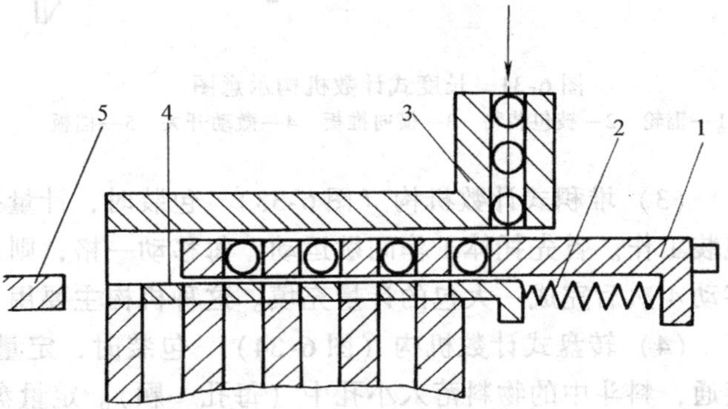

图6-36　推板式计数机构示意图
1—推板　2—弹簧　3—供料槽体　4—漏板　5—挡块

二、灌装机械

灌装机械的主要作用是将定量的液体物料充填到包装容器内，用于在食品领域中对啤酒、饮料、乳品、酒类、植物油和调味品的包装。还包括洗涤剂、矿物油和农药等化工类液体产品的包装。包装所用容器主要有桶、瓶、听、软管等。按照灌装产品的工艺可分为常压灌装机、真空灌装机、加压灌装机等。灌装机械通常与封口机、贴标志装置联合使用。

1. 灌装机械的组成

灌装机的类型繁多，但其结构主要由包装容器的供送装置、灌装物料的供送装置、灌装阀三部分组成。

包装容器供送装置的作用主要是将容器间隔地送至灌装工位，待灌装后，再将瓶子送出灌装机。

灌装物料供送装置的作用主要是将物料提供给灌装阀，再灌装入包装容器。常压供料装置是在常压下利用物料的重力向处于低位的灌装阀流进，物料装在处于高位的储液箱中，这种供料装置主要用于低粘度、流动性好的物料，例如牛奶、墨水、酱油、醋等；对于中等粘度，流动性不好的物料，例如果酱、牙膏、洗发膏等，它们在重力作用下难以自流，这就必须施加机械压力使其流动，利用活塞或柱塞的往复运动来压送液料；真空供料装置需先将包装容器（如瓶子）抽真空，然后进行灌装。

灌装阀的作用主要是根据灌装工艺要求切断或沟通液室、气室盒与待灌装容器之间物料流通的通道，是灌装机控制灌装的关键部件。不同的灌装方式采用不同的灌装阀，可分别采用常压灌装阀、压力灌装阀、真空灌装阀、等压灌装阀等。

2. 灌装过程

结构简单的等压灌装阀的灌装过程大致有 5 个步骤：

（1）瓶阀对中密封　空瓶被输送至与灌装缸等速转动的瓶托上，瓶托沿弧形控制板（凸轮）上升，阀的控位圈罩住瓶颈，回气管插入瓶中，瓶口与阀的密封圈靠瓶托气缸的气压密封。

（2）开阀充气等压　专门机构打开灌装阀中的气阀，贮液缸上腔的二氧化碳气迅速充入瓶中，贮液缸上腔与瓶内形成等气压。

（3）进液回气　在弹簧的作用下，进液阀自动开启，靠液体的自重，在回气管上分水环的作用下，液体呈伞状沿瓶壁注入瓶中，瓶内气体随压力的增高由回气管返回贮液缸上腔。

（4）进液停止，关阀泄压　瓶内液面上升封住回气管的气孔后，瓶颈处气压逐渐高于贮液缸上腔气压，进液停止，关阀机构关闭灌装阀。泄压弧形板顶开阀上的排气塞，将瓶颈处气体均匀缓慢排出，此时要避免泄压过急或泄压不充分的现象发生。

（5）灌装结束　瓶子脱离灌装阀之后被拨盘导出灌装系统，进入封口装置。

图 6-37 所示为结构简单的等压灌装阀工作过程的示意图。

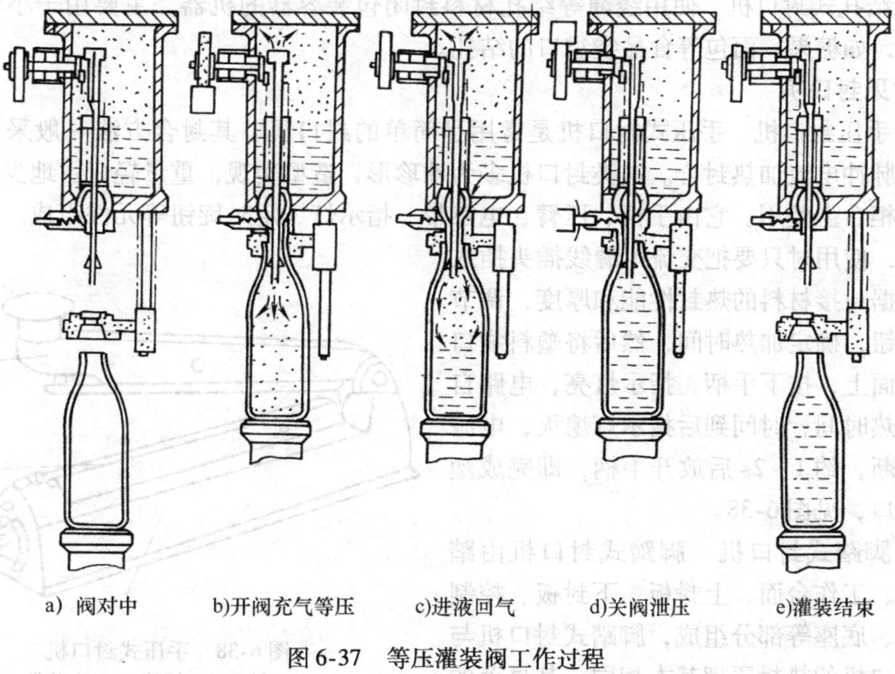

a）阀对中　b)开阀充气等压　c)进液回气　d)关阀泄压　e)灌装结束

图 6-37　等压灌装阀工作过程

三、封口机械

封口机是指在包装容器内盛装产品后对容器进行封口的机器。

不同的包装容器有不同的封口方式，如塑料袋多采用接触式加热加压封口或非接触式的超声波熔焊封口；麻袋、布袋、编织袋多采用缝合的方式封口；瓶类容器多采用压盖或旋盖封口；罐类容器多采用卷边式封口；箱类容器多采用钉封或胶带粘封。

1. 封口机的分类

按照封口方式的不同，封口机可分为以下几种类型：

（1）热压式封口机　采用加热加压的方式封闭包装容器的机器。常用的加热元件有加热板、加热环、加热辊等，主要用于各种塑料袋的封口。

（2）熔焊式封口机　通过加热使包装容器封口处熔化而将包装容器封闭的机器。常用的加热方式有超声波、电磁感应和热辐射等，主要用于封合较厚的包装材料。

（3）缝合式封口机　使用缝线缝合包装容器的机器。多用于麻袋、布袋、复合编织袋等的封口。

（4）卷边式封口机　用滚轮将金属盖与包装容器开口处相互卷曲勾合以封闭包装容器的机器。卷边式封口机又称封出机，是罐头食品生产过程中的重要机械设备之一。

（5）液压式封口机　指用滚轮滚压金属盖使之变形以封闭包装容器的机器。它生产的罐头密封可靠，能保存较长时间，但开启较困难。

（6）旋合式封口机　指通过旋转封口器材以封闭包装容器的机器。封口器材通常是带有螺纹的瓶盖或带有向内卷曲的盖爪的罐盖，以旋拧的方式旋紧在带有螺纹的瓶口或罐品上。

（7）结扎式封口机　使用线绳等结扎材料封闭包装容器的机器，主要用于小包装件的集束封口，如糖果、面包等食品袋袋口的结扎。

2. 常见封口机

（1）手压封口机　手压式封口机是常用且简单的封口机，其封合方法一般采用热板加压封合或脉冲电流加热封合。这类封口机多为袖珍形，造型美观，重量轻，占地少，适于放在桌上或柜台上使用。它由手柄、压臂、电热带、指示灯、定时旋钮等元件组成。该机不用电源开关，使用时只要把交流电源线插头插入插座，根据封接材料的热封性能和厚度，调节定时器旋钮，确定加热时间，然后将塑料袋口放在封接面上，按下手柄，指示灯亮，电路自动控制加热时间，时间到后指示灯熄灭，电源被自动切断，约1～2s后放开手柄，即完成塑料袋的封口，见图6-38。

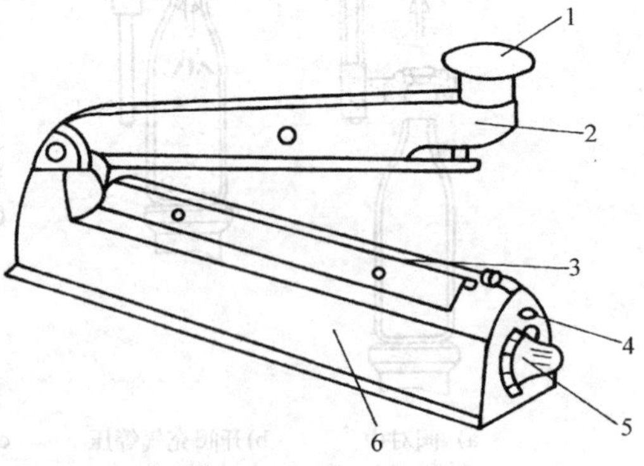

图6-38　手压式封口机

1—手柄　2—压臂　3—电热带　4—指示灯　5—定时旋钮　6—外壳

（2）脚踏式封口机　脚踏式封口机由踏板、拉杆、工作台面、上封板、下封板、控制板、立柱、底座等部分组成，脚踏式封口机与手压式封口机的热封原理基本相同，其显著的不同之处是采用脚踏的方式拉下压板。操作时双手握袋，轻踩踏板，瞬间通电完成封口，既方便，封口效果又好。该类封口机可采用双面加热，以减小热板接触面与薄膜封接面间的温差，提高封接速度和封口质量。有的还配有印字装置，在封口的同时可以打印出生产日期、重量、价格等。有些脚踏式封口机的工作台面可以任意倾斜，以适应封接包装液体或粉状物料的塑料袋，见图6-39。

（3）缝合式封口机　自动缝合机的外形结构见图6-40，主要由机头、线挑、机头支架、备用支架、输送带、脚踏开关等部件组成。从连续式称量充填机输送过来的包装袋依次在输送带6上行进，袋口合拢后从机头经过，此时踩下脚踏开关，缝合机工作，将袋口缝合。输送带的高度可以调整，以适应不同高度的包装袋。缝合机的输送带速度可以调整，以便与各种包装生产线匹配。底座装有四个轮子，可以自由移动。

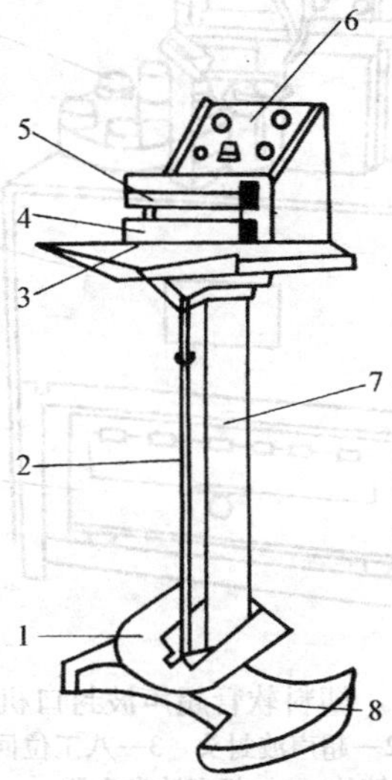

图6-39　脚踏式封口机
1—踏板　2—拉杆　3—工作台面
4—下封板　5—上封板　6—控制板
7—立柱　8—底座

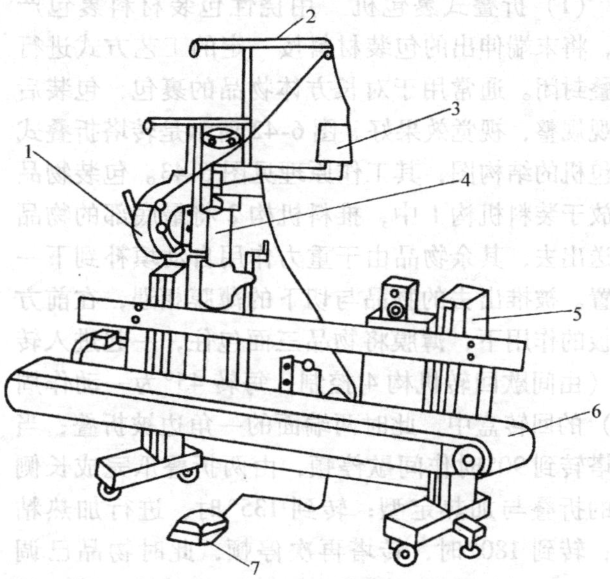

图6-40　自动缝合机
1—机头　2—线挑　3—缝纫线盒　4—机头支架
5—备用支架　6—输送带　7—脚踏开关

（4）超声波封口机　超声波封口机是一种投资费用较大，适应薄膜种类较多的热封设备。常用于封焊塑料软管、铝塑复合管等较厚的材料，对于厚度不匀的材料也能取得较好的封口效果。

塑料软管超声波封口机是常见的一种超声波封口机，该机能对直径20～50mm的塑料圆筒状软管（如牙膏管、化妆品管、饮料管、果酱管和药膏管等）进行超声波封口。软管超声波封口机主要由加料斗、超声波封头、回转台、箱体、超声波发生器等部件组成。回转台有8个工位：第1工位灌装；第2工位封尾；第3工位切尾；第4工位出管；其余各工位为插管。工作时第8工位转台逆时针间歇回转，当塑料软管进入第1工位时，红外线检测器发出信号，进行灌装；灌装后进入第2工位，经红外线检测后发出信号，封尾夹头闭合，即超声波发生，进行封尾；第3工位将封合好的软管尾部裁切整齐，并使软管的长度一致；第4工位将封合好的软管卸出，见图6-41。

四、裹包机械

用挠性包装材料进行全部或局部裹包产品的包装设备统称为裹包机械。裹包机械的共同特点是用薄型挠性包装材料（如玻璃纸、塑料膜、粘膜、各类复合膜、拉伸膜、收缩膜等）将一个或多个固态物品进行裹包，广泛用于食品、烟草、药品、日用化工品、音像制品等领域。其种类繁多，功能各异，因而裹包机械的结构较为复杂，其调整、维修需要一定的技术水平。常用的裹包机有：

(1) 折叠式裹包机　用挠性包装材料裹包产品，将末端伸出的包装材料按一定的工艺方式进行折叠封闭。通常用于对长方体物品的裹包，包装后外观规整，视觉效果好。图6-42所示是转塔折叠式裹包机的结构图，其工作原理见图6-43。包装物品叠放于装料机构1中，推料机构2将最底部的物品推送出去，其余物品由于重力作用自动填补到下一位置。被推出去的物品与切下的薄膜相遇，在前方挡板的作用下，薄膜将物品三面包住，一起进入转塔（由间歇回转机构4控制，每转45°为一动作周期）的回转盒中，此时两端面的一角边被折叠；当转塔转到90°时作间歇停顿，由两折叠爪完成长侧边的折叠与加热定型；转到135°时，进行加热粘合；转到180°时，转塔再次停顿，此时物品已调头，两卸料杆将物品取出，由两个推料推进器送往端侧面折叠机构6进行侧面折叠热封：首先折叠两端面的另一短边，随着物品被推进，物品端面的上边被折叠，接着折叠下边，至此折叠全部完成；随后是侧面热封，转向叠放；最后由输送带输出，完成整个包装过程。

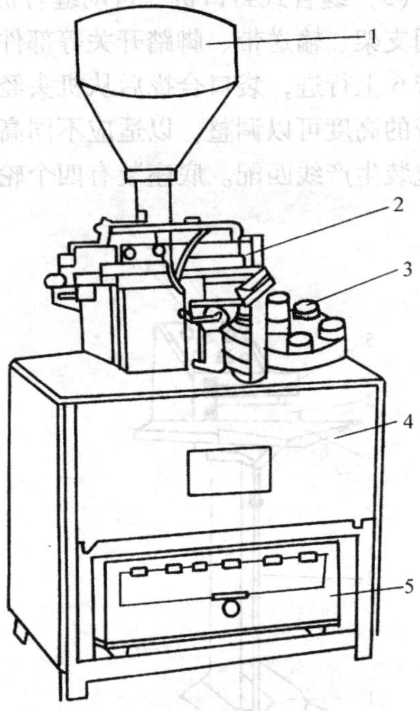

图6-41　塑料软管超声波封口机
1—加料斗　2—超声波封头　3—八工位回转台
4—箱体　5—超声波发生器

图6-42　转塔折叠式裹包机结构
1—装料机构　2—推料机构　3—包装材料进给机构　4—间隙回转机构　5—包装材料
6—端侧面折叠机构　7—整列排除机构　8—电器控制箱　9—传动装置　10—电动机

（2）接缝式裹包机　用挠性包装材料裹包产品，将末端伸出的裹包材料按同面粘接的方式进行加热加压封闭、分切。接缝式裹包机通常是不间断地连续动作，工作效率较高。

（3）覆盖式裹包机　用两张挠性包装材料覆盖在产品的两个相对面上，采用热封或粘合的方法进行封口。

（4）缠绕式裹包机　用成卷的挠性包装材料对产品进行多圈缠绕裹包。

（5）拉伸式裹包机　使用拉伸薄膜，在一定张力下对产品进行裹包，常用于把集积在托盘上的产品连同托盘一起裹包。

（6）贴体裹包机　将产品置于底板上，用覆盖产品的塑料薄片在加热和抽真空作用下紧贴产品，并与底板封合，使包装物品有较强的立体感。

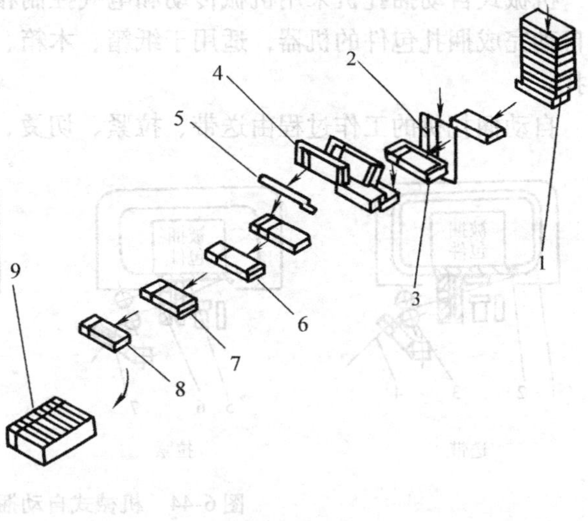

图 6-43　转塔折叠式裹包机工作原理
1—包装物被依次推出　2—包装材料切下
3、4、5、6、7、8—端面、侧面折叠、加热、粘合、热封
9—叠放

（7）收缩包装机　用热收缩薄膜对产品进行裹包封闭，然后再进行加热，使薄膜收缩后裹紧产品。收缩包装机分为烘道式、烘箱式、柜式、枪式等多种。

五、捆扎装箱机械

1. 捆扎机械

捆扎机械是利用带状或绳状捆扎材料将一个或多个包件紧扎在一起的机器，属于外包装设备。目前我国生产的捆扎机基本上采用塑料带作为捆扎材料，利用热熔搭接的方法使紧贴包件表面的塑料带两端加压粘合，从而达到扎紧包件的目的。捆扎机械品种多样，在选用时主要应考虑以下因素：

（1）包件批量　为了尽可能提高机器的利用率，降低使用成本，首先应根据包件数量和包件的捆扎道数来确定选用机器的自动化程度。自动捆扎机的捆扎速度要比半自动捆扎机快得多，国产自动捆扎机每分钟可捆 12 ~ 30 次，半自动捆扎机则由于需要人工送包件捆扎，每分钟可捆 12 次。国外自动捆扎机的捆扎速度一般为每分钟 24 ~ 34 次，最快可达 62 次，半自动捆扎机捆扎速度为每分钟 14 ~ 33 次。因此，对于小批量生产的产品捆扎，以选用半自动捆扎机为宜，既可充分利用机器，又可降低使用成本，在大中批量生产的情况下（一般推荐每班所需捆扎次数大于 2000 次），则应选用自动捆扎机，当包件是以流水线形式生产时，为能适应生产节拍，则应选用包括自动送包的全自动捆扎机。

（2）包件尺寸　捆扎机除了在捆扎速度上存在差异外，在结构上也有很大的区别。标准型全自动和自动捆扎机，最小捆扎尺寸为 50mm × 80mm，最大捆扎尺寸可达 800mm × 800mm，适用于流水线作业的低台自动捆扎机，最大捆扎尺寸已达 1800mm × 1800mm。而半自动捆扎机是利用手工穿带进行捆扎的，最大捆扎尺寸可不受限制。

机械式自动捆扎机的工作原理如下：

机械式自动捆扎机采用机械传动和电气控制相结合，无须手工穿带，是一种可连续或单次自动完成捆扎包件的机器，适用于纸箱、木箱、塑料箱、信函及包裹、书刊等多种包件的捆扎。

自动捆扎机的工作过程由送带、拉紧、切烫、粘接四个环节组成，见图6-44。

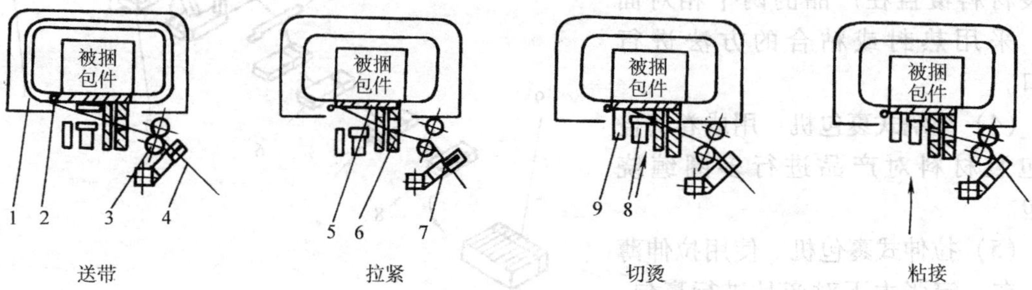

图6-44　机械式自动捆扎机工作原理

1—轨道　2—止带器　3—送带轮　4—捆扎带　5—隔离器　6—右爪
7—张紧臂　8—压力块　9—左爪

（1）送带　送带轮3逆时针转动，利用轮与捆扎带的摩擦力使捆扎带4沿轨道1运动，直至带端碰上止带器2的微动开关（或者用控制送带时间的办法），使捆扎带处于待捆位置。

（2）拉紧　右爪6上升压住带端，送带轮3顺时针方向转动，同样利用摩擦力使捆扎带沿轨道1退出，这时轨道中的叶片在捆扎带的退带拉力作用下松开，使捆扎带继续退出直至紧贴在包件表面，而张紧臂7随之向下摆动，将带子完全拉紧。

（3）切烫　左爪9上升将两层捆扎带压住，隔离器5退出而烫头相随跟进，开始将捆扎带两端加热，这时压力块8上升切断捆扎带。

（4）粘接　烫头退出至起始位置，而压力块8继续上升，将两层已加热的捆扎带两端压粘在一起，完成一个周期捆扎动作。

机械式半自动捆扎机的工作原理与机械式自动捆扎机的工作原理除穿带用手工外，其余工作过程均相同。

2. 装箱机械

对于啤酒、饮料等商品，灌装之后必须进行包装，才能进入流通领域。

装箱机一般是从自动化程度和装箱的运动形式两个方面划分：按自动化程度分为全自动装箱机和半自动装箱机；按装箱的运动形式分为连续式装箱机和间歇式装箱机。

装箱机的工作原理是通过机械运转、气动和电控装置，将瓶子成组准确、可靠地放入包装箱中。适用于啤酒、饮料和其他行业的装箱工作。

装箱机的主要特点是：工作安全可靠，运行平稳，生产效率高，操作方便；结构简单、合理；符合卫生要求。

（1）连续式装箱机　连续式装箱机是指瓶子和箱子在整个装箱过程中处于连续运动状态，分水平旋转式和垂直旋转式两种。

1）水平旋转式装箱机。水平旋转式装箱机主要由同步输送带、同步输箱带、水平环形导轨及垂直升降抓头等部件组成。该机运动简单，由于是连续运动，减少了主电动机的频繁起动和停止，减少了瓶、箱位置核准及缺瓶、缺箱等检测的等待时间，因此生产效率高，噪声小，而且动作正确、可靠和安全。

水平旋转式装箱机的工作原理见图6-45和图6-46，抓头架90和导瓶框95在传动链35的带动下，绕轴33、34在输瓶台和输箱带的上方作循环运动；同时在导轨18和22的作用下，抓头架和导瓶框按一定的规律作上下垂直运动。

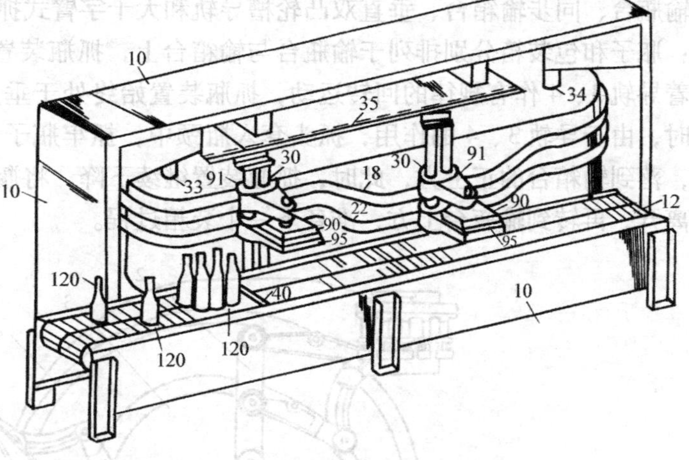

图6-45 水平旋转式装箱机输瓶带一侧

在输瓶台上的瓶子，经过栏杆40的阻挡作用，编组整齐排列，并与抓头架同步前进。当瓶子与抓头架同步进入抓瓶位置时，在导轨的作用下，抓头架向下运动，抓头正好套入瓶颈中，并把瓶子抓牢。随着运动的进行，在导轨作用下，抓着瓶子的抓头升起，使瓶子离开输瓶带；在传动链35的作用下，抓着瓶子的抓头绕轴34转到输箱带的上方；同时，在输箱带上由于推箱块112的作用，使箱子有规律地排列并与抓头架同步前进；当进入装箱位置时，在导轨95的作用下导瓶框架下降，导瓶弹簧片插入箱格中；在导轨90的作用下，抓头下降，瓶子通过导瓶弹簧片将瓶子顺利地放入箱子中；随后抓头架和导瓶框架升起，再绕轴33转到输瓶台上方，开始下一个装箱过程。

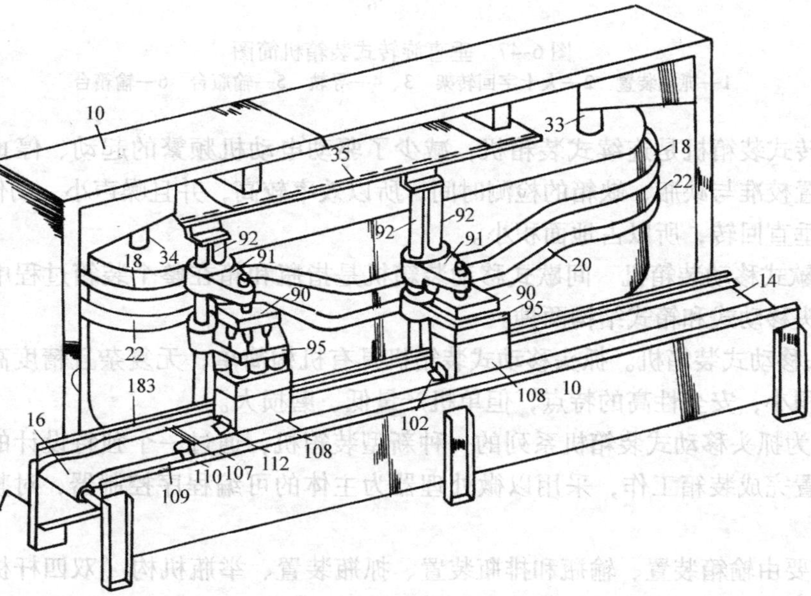

图6-46 水平旋转式装箱机输箱带一侧

2）垂直旋转式装箱机。装箱机是通过机械运转、气动和电动控制，将瓶子成组准确、可靠地放入包装箱中。图6-47所示是垂直旋转式装箱机的工作简图，其机械部分主要由同步输瓶台、同步输箱台、垂直双凸轮槽导轨和大十字臂式抓头等部件组成。该机工作过程如下：瓶子和包装箱分别排列于输瓶台与输箱台上，抓瓶装置1在大十字回转架2的带动下，沿着导轨3、4作有规律的回转运动，抓瓶装置始终处于垂直状态。当抓瓶装置到达瓶子上方时，由于导轨3、4的作用，抓头套入瓶颈中，抓牢瓶子，随后离开输瓶台，回转一圈之后，落到输箱台的正上方，此时，抓瓶装置继续下降，将瓶子顺利装入箱子中，抓瓶装置随即离开，再转到输瓶台上方，准备下一个装箱过程。

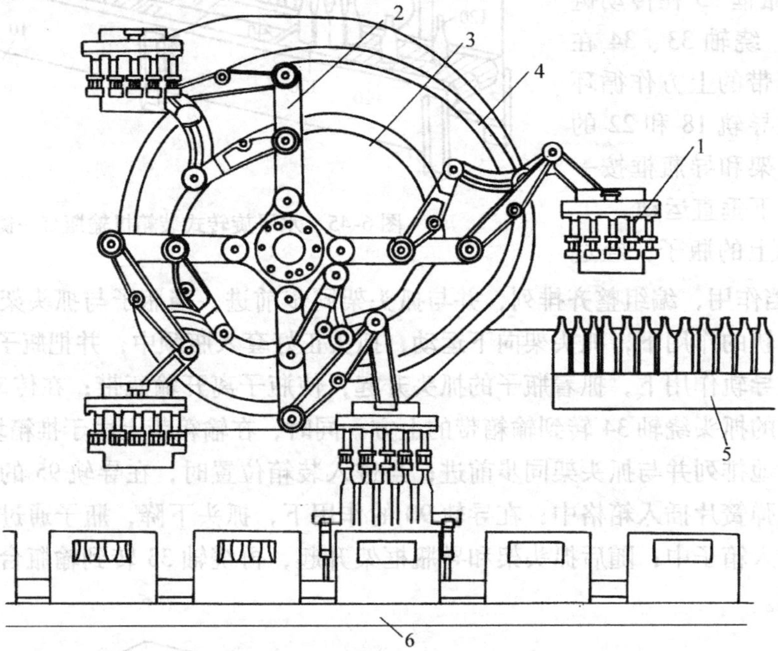

图6-47　垂直旋转式装箱机简图
1—抓瓶装置　2—大十字回转架　3、4—导轨　5—输瓶台　6—输箱台

垂直旋转式装箱机是连续式装箱机，减少了驱动电动机频繁的起动、停止，减少了瓶子、箱子位置校准与缺瓶、缺箱的检测时间，所以效率较高，并且噪声小，动作准确，安全可靠。由于垂直回转，所以占地面积小。

（2）间歇式移动装箱机　间歇式移动装箱机是指瓶和箱在整个装箱过程中有停顿的过程，分为抓头移动式和箱式结构两种。

1）抓头移动式装箱机。抓头移动式装箱机具有机构简单，无复杂且精度高的导轨和运动杆件，体积小，安全性高的特点，但单机产量低、磨损大。

VEM作为抓头移动式装箱机系列的一种新型装箱机，通过一个独特设计的双四杆机构带动抓瓶装置完成装箱工作，采用以微处理器为主体的可编程序控制器，对整机进行自动控制。

VEM主要由输箱装置、输瓶和排瓶装置、抓瓶装置、举瓶机构（双四杆机构）及一系列光电控制装置组成，见图6-48。

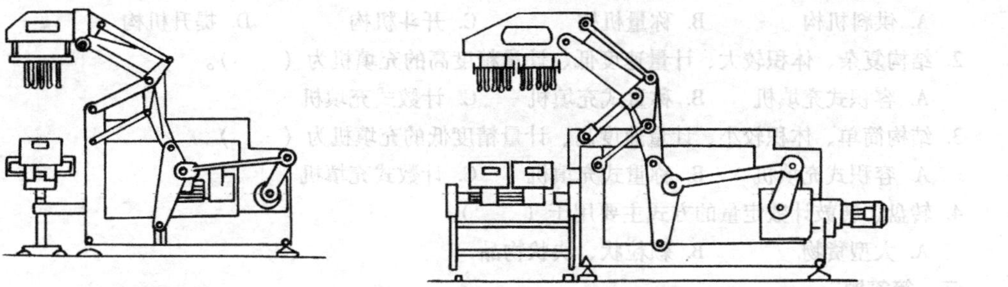

a)单列箱　　b)双列箱

图 6-48　VEM 装箱机

VEM 工作时，通过主传动机构带动举瓶机构作来回运动，并通过抓瓶装置把瓶子从输瓶台上方抓起，然后平移至输箱带上方，最后把瓶子准确、可靠地放入箱子里，完成整个装箱过程。

VEM 特点主要有以下几点：

① 工作可靠。该机是由抓头的充、排气来实现抓、放瓶子的。通过机械运转、气动和电控等装置把瓶子准确、可靠地放进箱子里。

② 运行平稳。装箱运动由带制动的双速电动机驱动。通过独特的双四杆机构，使箱子提升和降落时运动平稳。

③ 生产效率高。该机在工作过程中，起步和终止均缓慢平稳，中途运动较快，空回程快速运行，缩短了非工作时间，提高了生产效率。

④ 操作容易。该机全自动运行，能自动调节运转速度，与整条生产线同步运转。

⑤ 结构合理。该机由合理的机械结构、可靠的气动装置和先进的电控技术组成，技术先进，结构简单。

⑥ 安全可靠。该机除了设置保护罩和网以外，还设有光电安全保护装置，操作人员误入危险区时，即可自动停机。

⑦ 符合卫生要求。该机噪声小，而且采用无油润滑的气动元件，避免了油污染。

2）箱式结构装箱机。箱式结构型装箱机主要由输瓶装置、输带装置、抓瓶装置、回杆机械臂及凸轮导轨等部件组成。

箱式结构型装箱机工作时，瓶子由输瓶带送入到正确的抓瓶位置，箱子由输箱带送至正确的装箱位置，回杆机械臂在电动机的带动下沿凸轮导轨运动，装在其上面的抓瓶装置便能准确地将瓶子从输瓶带上抓起，移动到装箱位置将瓶子装入箱中，然后装好瓶子的箱子被输出。当箱子输出后，就进入下一个循环。

箱式结构型装箱机的特点是输瓶带不用转弯，可直接送入瓶子装箱，减少了缺瓶和倒瓶的概率，但受结构影响，单机产量不高。

知识检验

一、填空题

1. 充填液体的机械称为________。

2. ________是采用加热加压的方式封闭包装容器的机器。

二、选择题

1. 称重式充填机的主要构成为（　　）。

A. 供料机构　　B. 称量机构　　C. 开斗机构　　D. 提升机构

2. 结构复杂、体积较大、计量速度低、计量精度高的充填机为（　　）。

A. 容积式充填机　　B. 称重式充填机　　C. 计数式充填机

3. 结构简单、体积较小、计量速度高、计量精度低的充填机为（　　）。

A. 容积式充填机　　B. 称重式充填机　　C. 计数式充填机

4. 转盘、转鼓计数定量的方式主要用于（　　）。

A. 大型货物　　B. 颗粒状、块状物品

三、简答题

1. 包装过程一般包括哪些内容?

2. 计量充填机械有哪几大类？各自的工作原理与特点是什么?

3. 封口机械有哪些主要类型？各用于什么场合最适合?

课题四　技能训练

任务描述

在物流实训中心使用半自动打包机，将一批货物打包放到指定货区。

任务准备

1）将班级学生按6~8人分为若干小组，轮流训练完成打包机操作任务。

2）准备批量货物，准备打包绳。

3）检查物流实训室的半自动打包机能否正常使用。

任务实施

步骤一：认识半自动打包机的各个操作开关。

步骤二：将需要打包的货物箱放在半自动打包机上。

步骤三：用开关调整好半自动打包机上的打包绳长度。

步骤四：按动半自动打包机上的包装货物开关将货物箱捆扎好（十字交叉型）。

步骤五：轮流训练，熟练掌握该包装机械的操作。

任务评价

任务编号		6	学时	6学时	学生姓名		总分	
类别	序号	评价项目	评价内容	配分	学生自评	学生互评	教师评价	得分
岗位技能评价	1	设备操作能力	是否能够按要求使用打包机进行货物的打包作业	20				
	2	调研及方法技巧运用能力	调查收集资料能力，是否能够利用查找的资料进行操作分析	20				
	3	理解及知识应用能力	是否理解所学知识，以及运用所学知识完成任务的能力	10				
	4	完成时间	是否按时完成各项任务	10				

（续）

任务编号		6	学时	6学时	学生姓名		总分	
类别	序号	评价项目	评价内容	配分	学生自评	学生互评	教师评价	得分
职业素养评价	5	文明和安全意识	是否遵守实训室文明生产规则、设备安全操作规程；是否能做好5S	10				
	6	个人礼仪	衣帽、发饰、仪态；在设备操作过程中的礼仪规范及守纪情况	10				
	7	团队合作	沟通交流、合作参与意识。包括小组活动的组织、展示、内容等；是否在小组活动中勇于发言，有独到见解	10				
	8	任务执行	协作性、积极主动性和任务完成情况	10				

注：按学生自评占20%、学生互评占30%、教师评价占50%计算总分。

任务小结

授课班级		授课时间		授课地点	
授课教师			任务名称		
学生表现					
存在问题及改进方法和措施					

单元七 物流信息采集与传输设备认知

知识目标

1. 掌握条形码的识别原理。
2. 熟悉条形码识别系统的组成。
3. 掌握条形码扫描器的类型。
4. 了解射频识别的原理和类型。

技能目标

1. 会使用手持终端。
2. 会使用 POS 机。

案例导入

无线信息采集 添翼物流信息化

物流业是现代商品流通环节的基础行业，对商业流通体系，乃至整个国民经济都有着举足轻重的意义。中国加入 WTO 后，世界物流业强手正纷纷抢占我国市场，国内物流企业面临着前所未有的严峻挑战，而提高物流企业管理水平和实施效率的关键之一，便是有效实施以物流信息化为典型代表的现代化物流技术改造。

1. 无线广域网扩展业务

在物流信息化系统的实施中，及时准确地掌握物品在物流链中的相关信息是实现物流信息化的核心之一，数据的即时采集和传递由此变得至关重要，但原有的手工填表式数据信息采集、逐级汇总的统计方式已不具有太大的使用价值，而现有的有线数据采集系统，则因为系统硬件、软件成本高，很难做到全国覆盖，且灵活性差，难以应付复杂的物流管理需求。因此，要保证物品数据采集和传递的灵活性和有效性，实施无线网络技术成为必由之路。

无线广域网信息传递技术不受时间和空间的约束，即使在流动的货运汽车上也可以及时准确地传递信息。在国内，由于无线通信的普及，GSM/GPRS 或者 CDMA 网络几乎遍及全国的任何一个角落，如能有效地使用无线网络传输信息，则可以大大扩展物流企业业务的领域。

无线信息采集的一般模式是利用无线终端采集、发送和传递数据信息，企业网络完成验证后，数据进入物流后台数据库系统，进行存储、分析，作为管理和决策的依据；同样后台可以发送任务到移动终端，方便快捷地实现对前端的控制。

2. 成本分析

国内的商品已基本实现了条形码化管理，为实施方便快捷的电子化数据提供了前提。目前无线广域中的GPRS无疑是最为理想的网络平台。GPRS，即通用无线分组业务，是一种基于GSM系统的无线分组交换技术，提供端到端的、广域的无线IP连接。相对于以前的WAP和SMS（短信息）有着绝对的性能优势和成本优势。GPRS使用分组包交换技术，所以无线传输无需受掉线困扰，并且通信按照流量收费，同样1MB的数据流量，短信息方式需要650元发送费用，而GPRS只需要20元。网络通信速度也由WAP方式的不到9kbit/s提高到30～40kbit/s，并且可以同时支持语音通话和数据传输。GPRS覆盖了国内绝大多数区域，可以实现业务开展区域的最大化。

条形码数据采集和GPRS无线网络的无线信息采集方案，不仅能够满足物流数据采集方便快捷，而且实施简单、成本低廉，是目前最为理想的实施方案。（资料来源：中国交通技术网．2012－10－23）

课题一　条形码设备

一、条形码识别系统

对物流信息进行实时、准确采集，是物流信息自动化管理的要求。实现自动识别及数据自动录入，就是对商品在出库、入库、分拣、运输等过程中的各种信息进行及时捕捉，以解决数据录入和数据采集的“瓶颈”问题。随着计算机网络技术和信息技术的发展，可以通过网络系统实现各种物流数据和信息的传输，包括日常查询和计划等。

条形码设备是物流信息处理时使用最广泛的一种信息处理设备。

1. 条形码概述

条形码是由宽度不同、反射率不同的条和空，按照一定的编码规则（码制）编制而成的，用以表达一组数字或字母符号信息的图形标识符，即条形码是一组粗细不同、按照一定的规则安排间距的平行线条图形。常见的条形码由反射率相差很大的黑条（简称条）和空格（简称空）组成。

2. 条形码识别系统的组成

条形码识别系统是条形码系统的组成部分。它由扫描系统、信号整形、译码三部分组成（图7-1）。扫描系统由光学系统及探测器（即光电转换器）组成，信号整形部分由信号放大、滤波和波形整形组成，译码部分则由译码器及通信部分组成。

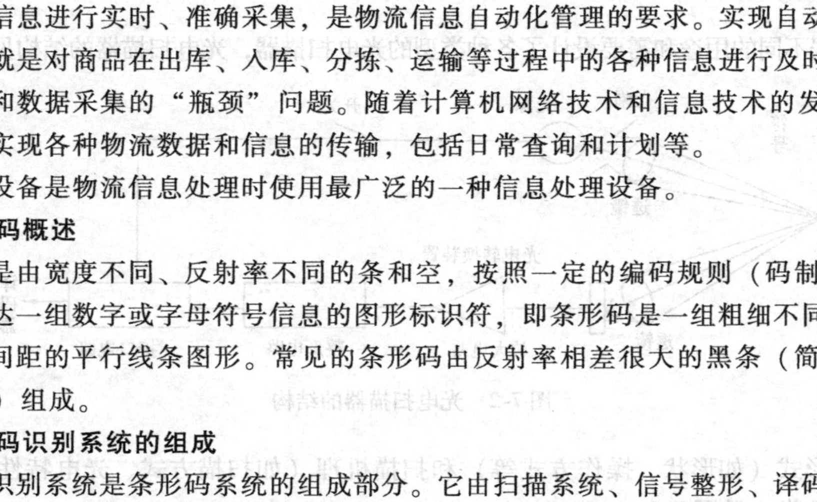

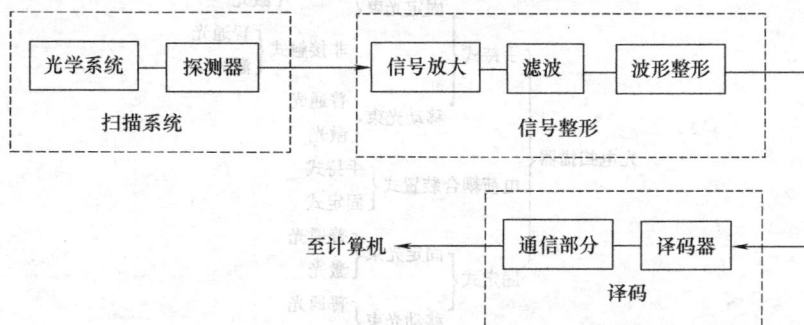

图7-1　条形码识别系统的组成

3. 条形码的识别原理

由于不同颜色的物体，其反射的可见光的波长不同，白色物体能反射各种波长的可见光，黑色物体则可以吸收各种波长的可见光，所以当条形扫描光源发出的光经过光源及凸透镜聚焦，照射到探测器上，探测器接到与空和条相应的强弱不同的反射光信号，并转换成相应的电信号输出到放大的整形电路，空、条的宽度不同，相应的电信号持续时间长短也不同。由于探测器输出的与条形码的条和空相应的电信号较弱，不能直接使用，因而先要将探测器输出的电信号送放大器放大，放大后的电信号仍然是一个模拟电信号，为了避免由条形码中的疵点和污点导致错误信号，在放大电路后需加一整形电路，将模拟电信号转换成数字电信号，以便计算机系统能准确判读。整形电路的脉冲数字信号经译码器译成数字、字符信号，译码器通过识别起始、终止字符来判别条形码符号的码制及扫描方向，通过测量脉冲数字电信号0、1的数目来判别出条和空的数目，通过测量0、1信号持续的时间来判别条和空的宽度，这样便得到了被辨读的条形码符号的条和空的数目及相应的宽度和所用的码制，根据码制所对应的编码规则，便可将条形符号转换成相应的数字、字符信息，再通过接口电路送给计算机系统进行数据处理与管理，完成条形码辨读的全过程。

二、光电扫描器

人们根据不同的用途和需要设计了各种类型的光电扫描器，光电扫描器的结构见图7-2。

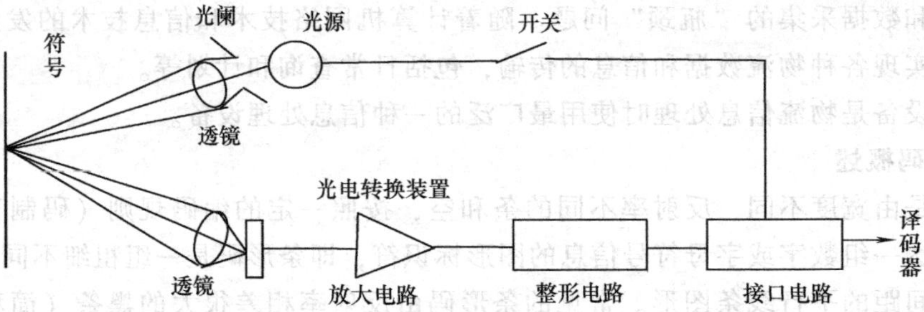

图7-2　光电扫描器的结构

按物理形式（如形状、操作方式等）和扫描机理（如扫描方式、光电特性等）把光电扫描器分成几类，见图7-3。

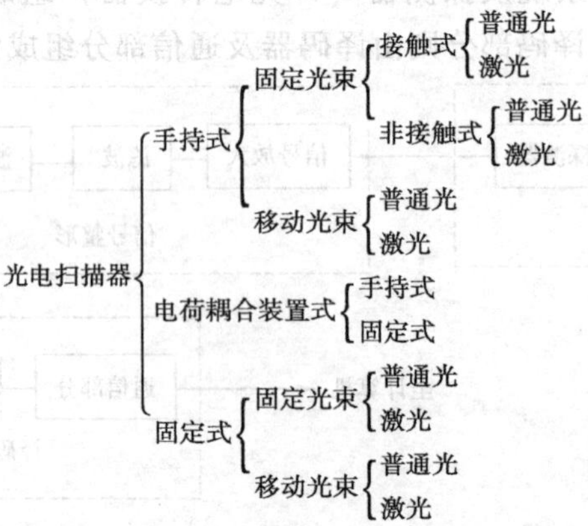

图7-3　光电扫描器分类

光电扫描器分为手持固定光束式、手持移动光束式、固定安装固定光束式、固定安装移动光束式等，一般移动光束均属非接触式。当强调扫描器的光源的光电转换物性时，也可以将其分为普通光式扫描器、激光式扫描器和电荷耦合装置式（Charge Coupled Device，CCD）扫描器等。

1. 手持固定光束接触式扫描器

这种扫描器的光束是相对固定的，靠手动接触条形码符号才能进行扫描动作。从外形上看，这种扫描器通常有两种形状：杆状和手枪状。图 7-4 所示为杆状扫描器的结构图，又称光笔。

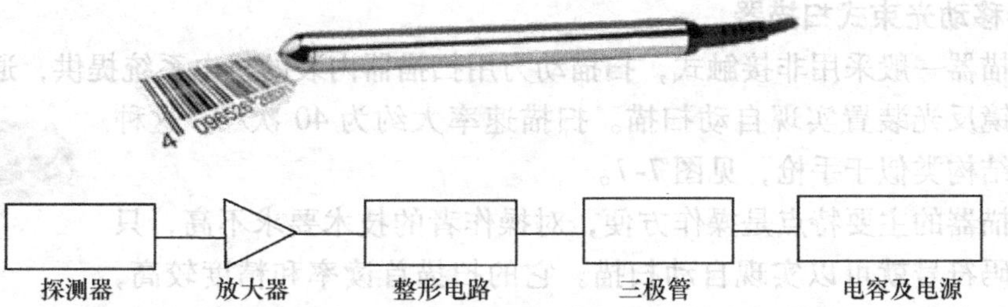

图 7-4 杆状扫描器的结构图

扫描器的形状主要考虑使用是否方便，杆状扫描器与普通的钢笔相似，其操作方法也类似于钢笔的使用方法，因此这种扫描器通常被称作光笔。其接触符号的头部是由坚固的材料制作的，如人造宝石球等，具有较好的耐磨性和透光性。

杆状扫描器的工作原理见图 7-5，发光二极管发出的光经成像聚焦到条形码符号表面，光点的反射光再经光学系统聚焦到探测器上，经光电转换形成电信号，电信号经信号整形后输入到译码器。

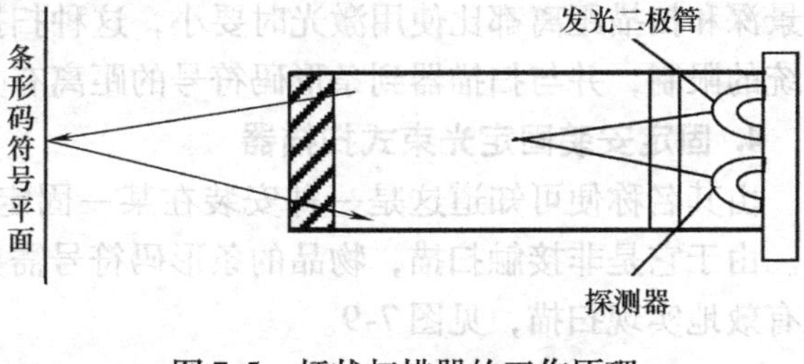

图 7-5 杆状扫描器的工作原理

手枪状扫描器与杆状扫描器的工作原理相同，只是外形不同。它是将各种元器件都安装在一个类似于手枪的装置中。这种扫描器由于其体积相对杆状扫描器大些，因而常将译码器的阅读成功指示器安装在上面，如发光二极管（Light Emitting Diode，LED）指示灯或微型蜂鸣器。每次扫描后，操作者都可以获取一个信息，扫描器的电路开关常设计成手枪的扳机，以便于操作。

2. 手持固定光束非接触式扫描器

这种扫描器也是靠手动实现扫描的，其扫描光束相对于它的物理基座是固定的。在扫描时，扫描器不直接与条形码符号接触，而是与条形码符号有一定距离，因而特别适合于软体物品或表面不平物品上的条形码符号的扫描，同时也能对具有较厚保护膜的条形码符号进行扫描。由于这种扫描器受扫描景深的限制，操作者在使用时必须使扫描器与被扫描的条形码符号保持在一定的距离范围内。操作者在使用该扫描器前都应进行培训，以便熟悉并掌握扫描操作的方法和测距经验。为便于操作，通常将这种扫描器设计成手枪状，见图 7-6。

这种扫描器可装有阅读成功指示器，如 LED 指示灯或微型蜂鸣器。每次扫描后，操作者都可以通过指示器是否发出提示信号来判断扫描是否成功。这种扫描器的电路开关被设计成手枪的扳机，便于操作，也有些扫描器与译码器合为一体，这样体积将大一些。

由于这种扫描器存在一定的工作距离范围，这就要求扫描的光源有较强的发光强度。它以光学系统严格控制光素的直径和方向，因而这种扫描器常用白炽灯做光源，也有用发光二极管做光源的。一般情况下，这种扫描器采用接受聚焦光路控制光电尺寸，如果需要较大的扫描景深或较大工作距离时，可利用激光做光源，因为激光发散角小，光强度较高。激光二极管是一种理想的激光光源。

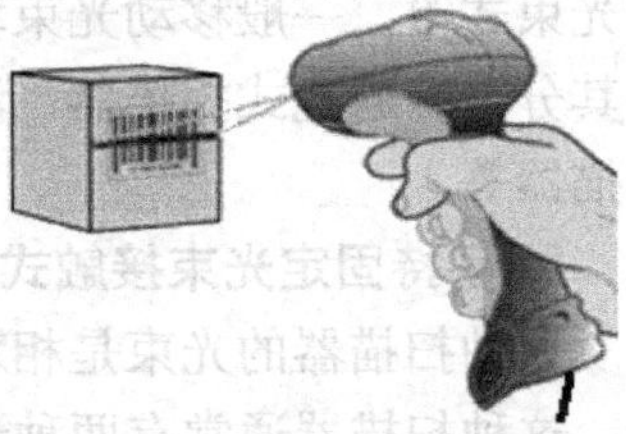

图 7-6　手持固定光束非接触式扫描器

3. 手持移动光束式扫描器

这种扫描器一般采用非接触式，扫描动力用扫描器内装的机电系统提供，通过转动或振动多边形棱镜反光装置实现自动扫描。扫描速率大约为 40 次/s。这种扫描器外形结构类似于手枪，见图 7-7。

这种扫描器的主要特点是操作方便，对操作者的技术要求不高，只要对准条形码符号就可以实现自动扫描。它的扫描首读率和精度较高，原因是自动扫描机构可在快速的多次扫描中选择一个正确的结果作为扫描的最终结果。

这种扫描器的电路开关设计成手枪的扳机，便于操作；光学系统采用聚焦照射和聚焦接受光路；光源通常使用氦氖激光器或导体激光器。

图 7-7　手持移动光束式扫描器

用泛光作为扫描器的光源时，一般使用可见发光二极管或白炽灯，其景深和扫描距离都比使用激光时要小，这种扫描器的不足之处是条形码符号的长度受光学系统的限制，并与扫描器到条形码符号的距离有关，见图 7-8。

4. 固定安装固定光束式扫描器

由其名称便可知道这是一种安装在某一固定位置的扫描器，一般采用非接触来实现扫描。由于它是非接触扫描，物品的条形码符号需要在景深和距离范围内从扫描口前移动，才能有效地实现扫描，见图 7-9。

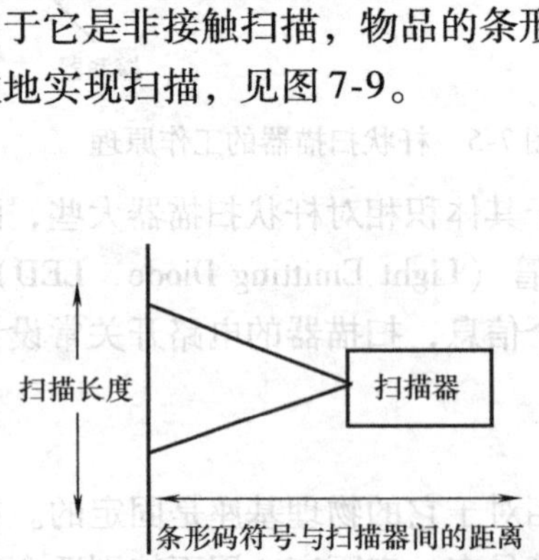

图 7-8　扫描长度与距离的相对关系

图 7-9　固定安装固定光束式扫描器

固定安装固定光束式扫描器常用于自动流水线上，用来扫描传送带上运动的物品。在这种工作条件下，由于扫描机会只有一次，因此要求首读率高，它们通常采用对称的光点，其中多为椭圆形光点，同时还要求物品上条形码符号的印刷质量要高，这样才能获得较高的首读率。虽然用椭圆形光点能很好地扫描有印刷缺陷的条形码符号，但必须注意的是，光点长轴必须与符号的条形码方向平行，否则也会降低首读率。

固定安装固定光束式扫描器通常使用的光源是发光二极管或白炽灯，也有的采用激光光源。所用的光源通常都是可见光。

使用这种扫描器应确定好扫描距离，并要求条形码符号印刷在物品的合适位置，这样才能进行有效的扫描，这种扫描有自动完成扫描的，也有手持条形码符号人工完成扫描的。卡槽式扫描就是人工来手持卡片（卡片上印有条形码符号），通过移动卡片来完成扫描，常用于考勤和保安系统。

5. 固定安装移动光束式扫描器

这种扫描器安装在固定位置上，其工作方式类似于移动非接触式扫描器，扫描动作由其内部的机电系统提供。它通常是用转动或振动多边棱镜而实现自动扫描。扫描率一般为40次/s左右。这种扫描常用于无人操作的环境中，用来对流水生产线和自动传送带上的物品、数据进行分类或对数据进行自动采集。它通过扫描器内扫描机构的高速运动，实现对条形码符号的扫描，见图7-10。

这种扫描器的扫描光束可以横向扫描，也可以纵向扫描，当条形码符号采用“栅栏式”印刷时横向扫描，见图7-11a。当条形码符号采用“阶梯式”印刷时纵向扫描，见图7-11b。

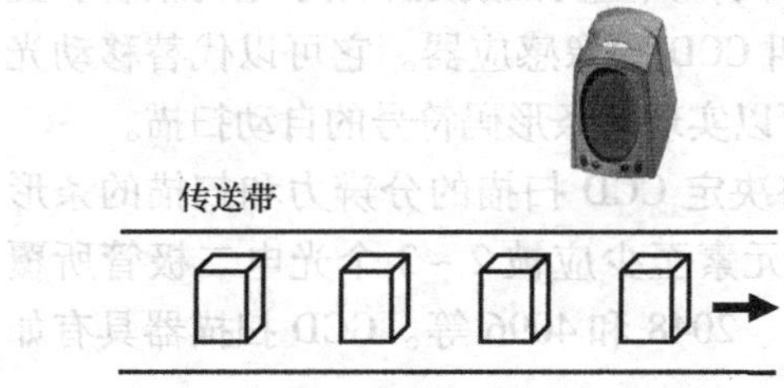

图7-10 固定安装移动光束式扫描

图7-11 “栅栏式”条形码和“阶梯式”条形码

这两种印刷方式都是经常采用的。为了有效地实现扫描，对于扫描宽度、扫描速率、条形码高度及传送带速度等参数都要考虑，应将这些参数设置成能使扫描器对被扫描条形码符号至少有4~5次扫描机会。通常这种扫描器都装有光栅适配器，是一种控制扫描光束沿着垂直于扫描运动的方向移动的装置，光栅适配器可以使扫描光束能至条形码符号的更大区域，增大了扫描的成功率。

还有一种被称为全角度的固定安装移动光束式扫描器，它利用了光的反射现象，对面向扫描光速的、不同角度的条形码符号都能扫描。但必须指出的是，任何这种辅助装置的使用，都降低了正常方向扫描的效率。

在使用固定安装移动光束式扫描器的系统中，条形码符号和扫描线的相对取向设置成能使扫描成功机会最大的形式，甚至对有局部印刷缺陷的符号也能进行扫描。纵向扫描线和阶梯取向的条形码符号是最理想的配合。条形码符号中条的高度含有冗余信息，通过改变此高度，就可以控制对于给定了传送速度的符号的扫描机会。

如果条形码符号取向为栅栏方向，则扫描线方向应设置成与水平方向成几度夹角的方向，见图7-12。这样做就可以使扫描器随着符号的移动，能扫描到符号的更大区域。但必

图7-12 扫描线的倾斜

须注意的是，可允许的扫描最大倾斜角是符号条高度的函数。

由于这种扫描器扫描速度高，以及存在着一定的扫描距离范围和景深，因此限制了条形码符号的长度，并且需要配合专用的解码电路。

在这种扫描器前边，通常安装有一个物品光电感应器，见图7-13。当光电感应器感应到有运动过来的物品时，便能触发扫描器工作，直到扫描成功或内部计时器关闭电路为止。

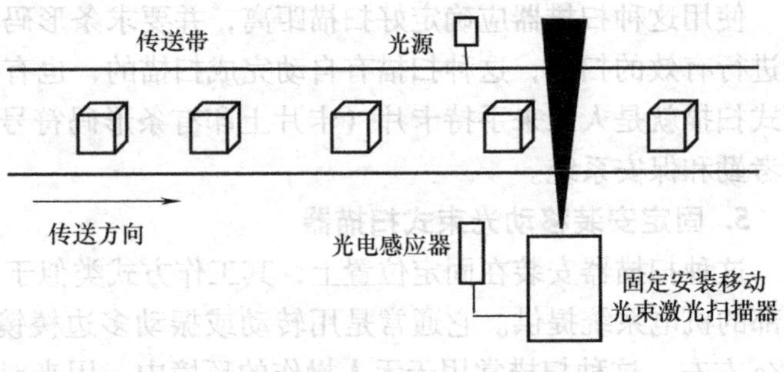

图7-13　在自动传送系统中物品感应器的设置

固定安装移动光束式扫描器一般采用氦氖激光或半导体激光作光源，所用光源一般为可见光。使用这种扫描器，应调整好扫描距离，并要求条形码符号印刷在物品的合适位置上，这样才能保证有效的扫描。

6. 电荷耦合装置式（CCD）扫描器

这种扫描器与前面介绍的几种扫描器的扫描机理不同，其主要区别是采用了电荷耦合装置（CCD）。CCD元件是一种电子自动扫描的探测器，也叫CCD图像感应器。它可以代替移动光速的扫描运动机构，不需要增加其他任何运动机构，可以实现对条形码符号的自动扫描。

在CCD元件中，光电二极管阵列的密度和长度将决定CCD扫描的分辨力和扫描的条形码符号的长度，其排列密度要保证条形码符号最窄的元素至少应被2~3个光电二极管所覆盖，以保证扫描的可靠性，光电二极管阵列数有1024、2048和4096等。CCD扫描器具有如下特点：

1）CCD扫描器操作非常方便，只要在有效景深的范围内，光源照射到条形码符号即可自动完成扫描。

2）对于不易接触的物品，如表面不平的物品、软体物品、贵重物品、易损伤的物品等，均能方便地进行扫描。

3）CCD扫描器无任何运动部件，因此性能可靠，使用寿命较长。

4）可内设译码电路，将扫描器和译码器制成一体。

5）与激光枪相比具有耗电省、可用电池供电、体积小、便于携带等优点。

CCD扫描器的不足之处是扫描条形码符号的长度受扫描器的CCD元件尺寸限制，扫描景深不如有形激光器作光源的扫描器景深长。

三、条形码打印机

条形码打印机是一种专用的条形码打印设备，一般为热敏型和热转印型。热敏型需要专用的热敏纸，热转印型使用碳带。打印机一般使用标签纸，标签检测装置可自动检测标签的大小和起始位置，可以以标签为单位进行高速打印，见图7-14。

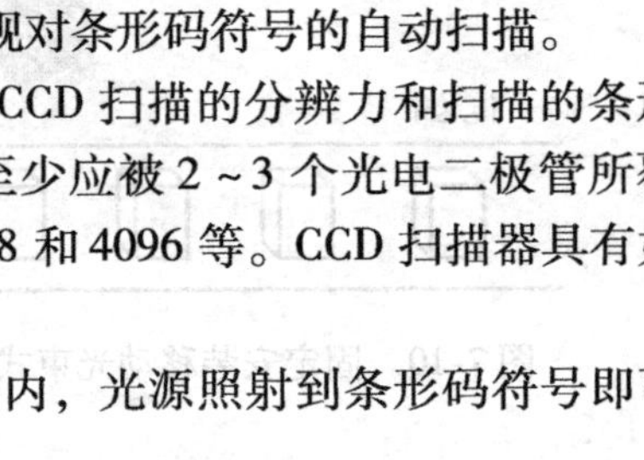

图7-14　条形码打印机

条形码打印机的打印精度一般为203点/in（1in =

0.0254m），宽度一般为104mm，打印速度可达101.6~245mm/s。其内置的条形码生成功能可高速地打印条形码标签，而普通的打印机则需要专门的条形码生成程序来生成条形码。

条形码打印机编程控制方法较特别，一般的条形码打印机都有自己的编程控制语言，如ZEBRA的ZPL语言、DATAMAX的ZDPL语言等，它们与过去DOS时代的针打控制语言相似，利用打印机的控制语言直接控制打印机的行为，并充分利用条形码打印机内置的条形码生成功能来提高打印效率。同时，目前大多数条形码打印机也提供标准的打印驱动程序，如果将条形码打印机当作普通打印机使用，就不能体现条形码打印机本身的优越性，如不能利用条形码生成功能等。

四、条形码扫描器的选择

在设计自己的条形码应用系统时，选择哪种识读设备应视具体情况而定。不同的应用场合对识读设备有着不同的要求，用户必须综合考虑，以达到最佳的应用效果。在选择识读设备时，应考虑以下几方面因素：

（1）与条形码符号相匹配 条形码扫描器的识读对象是条形码符号，所以在条形码符号的密度、尺寸等已确定的系统中，必须考虑扫描器与条形码符号的匹配问题。例如，对于高密度条形码符号，必须选择高分辨率的扫描器；当条形码符号的长度尺寸较大时，必须考虑扫描器的最大扫描尺寸，否则可能出现根本无法识读的现象；当条形码符号的高度与长度尺寸比值小时，最好不选用杆状扫描器，以避免人工扫描的困难；如果条形码符号是彩色的，一定得考虑扫描器的光源，最好选用波长633mm的红外光，否则可能出现对比度不足的问题。

（2）首读率 首读率是条形码符号系统的一个综合指标，要提高首读率，除了提高条形码符号的质量外，还要考虑扫描设备的扫描等因素。当手动操作时，首读率并非特别重要，因为重复扫描会补偿首读率低的缺点。但对于一些无人操作的应用环境，要求首读率为100%，否则会出现数据丢失现象，因此，这时最好是选择移动光束式扫描器，以便在短时间内有几次扫描机会。

（3）工作空间 不同的应用系统都有特定的扫描操作空间，所以对扫描器的工作距离及扫描景深有不同的要求。对于一些日常办公条形码应用系统，因对其工作距离及扫描景深的要求不高，选用杆状扫描器、CCD扫描器即可满足要求，对于一些仓库、储运系统，大都要求离开一段距离进行条形码符号扫描，所以要求适合于有一定工作距离的扫描器，如激光扫描器等。对于某些扫描距离变化的场合，则需要大扫描景深的扫描设备。

当然，扫描设备的选择不能只考虑单一指标，而应根据实际情况进行综合考虑。

五、条形码技术在供应链管理中的应用

一次完整物流流程包括由生产厂家将产品生产出来，通过运输、仓储、加工、配送到用户（消费者）的物流全过程。其中分以下几个方面：生产厂家将生产的单个产品进行包装，并将多个产品集中在大的包装箱内；然后经过运输、批发等环节，在这一环节中通常需要更大的包装；最后，产品通过零售环节流通到消费者手中，产品通常在这一环节中再还原为单个产品。将上述过程的管理称为供应链物流管理。

商品从厂家到最终用户的物流过程是客观存在的，长期以来人们从未主动地、系统地、

整体地去考虑，因而未能发挥其系统的总体优势。在供应链物流系统中，生产、分配、销售都不是孤立的行为，而是一环扣一环的，相互制约、相辅相成。因此，必须要协调一致，才能发挥其最大效益。

条形码技术是在计算机和应用实践中产生和发展起来的一种自动识别技术。它是为实现对信息的自动扫描而设计的，也是实现快速、准确、可靠地采集数据的有效手段。条形码技术的应用，解决了数据录入和数据采集的“瓶颈”问题，为供应链物流管理提供了有力的技术支持。

为了满足市场需求多元化的要求，生产制造从过去的大批量、单品种的模式向小批量、多品种的模式转移，给传统的手工方式带来更大的压力。手工方式效率低，由于各个环节统计数据的时间滞后性，造成统计数据在时序上的混乱，无法进行整体的数据分析，从而给管理决策提供不真实、不可靠的依据。

利用条形码技术，对物流信息进行采集跟踪，通过对生产制造业的物流跟踪，满足针对物料准备、生产制造、仓储运输、市场销售、售后服务、质量控制等方面的管理信息需求。

1. 物料管理

1）通过进行物料编码和打印条形码标签，不仅便于物料跟踪管理，而且也有助于做到合理的物料库存准备。提高生产效率，便于企业资金的合理运用。对采购的生产物料，按照行业及企业规则建立统一的物料编码，从而杜绝因物料无序而导致的损失和混乱。对需要进行标识的物料打印其条形码标签，以便于在生产管理中对物料的单件进行跟踪，从而建立完整的产品档案。

2）利用条形码技术对仓库进行基本的进、销、存管理，有效降低库存成本。

3）通过产品编码，建立物料质量检验档案，产生质量检验报告，与采购订单挂钩，建立对供应商的评价档案。

2. 生产管理

条形码生产管理是产品条形码应用的基础，它建立了产品识别码，在生产中应用产品识别码，可以监控生产，采集生产测试数据和生产质量检查数据，进行产品完工检查，建立产品识别码和产品档案，从而有序安排生产计划，监控生产及流向，提高产品下线合格率。

1）制订产品识别码格式。根据企业规则和行业规则确定产品识别码的编码规则，保证产品规范化、唯一标识。

2）建立产品档案：通过产品标识条形码在生产线上对产品生产进行跟踪，并采集产品的部件数据、检验数据等作为产品信息，当生产批次计划通过审核后建立产品档案。

3）通过生产线上的信息采集点来控制生产的信息。

4）通过产品标识码条形码在生产线采集质量检测数据，以产品质量标准为准绳判定产品是否合格，从而控制产品在生产线上的流向及是否建立产品档案，以及打印合格证。

3. 仓库管理

1）货物库存管理。仓库管理系统根据货物的品名、型号、规格、产地、牌名、包装等划分货物品种，并且分配唯一的编码。

2）仓库库位管理，即对存货空间的管理。仓库分为若干个库房，每一库房分若干个库位。库房是仓库中独立和封闭存货空间，库房内空间细划为库位，在产品入库时将库位条形码号与产品条形码号一一对应，在出库时按照库位货物的库存时间可以实现先进先出或批次管理。

3）单件货物管理。通过应用条形码，不仅可管理货物品种的库存，而且还可具体到每一单件，并能实现对单件货物的全程跟踪。

4）精确实现出入库操作。通过应用条形码、仓库管理可采集货物单件信息，处理采集数据，建立仓库的入库、出库、移库、盘库数据，使仓库操作更加准确。

5）运输差错处理。应用条形码的仓库管理，根据采集信息，建立仓库运输信息，直接处理实际运输差错，同时能够根据采集单件信息及时发现出入库的货物单件差错（入库重号，出库无货），并且提供差错处理。

4. 市场销售链管理

根据各地的消费水准不同，企业制订了各地不同的产品批发价格，并规定只能在此地销售。但是有些违规的批发商以较低的地域价格名义取得产品后，将产品在地域价格的地方低价倾销，扰乱了市场，使企业的整体利益受到了极大的损害。由于缺乏真实、全面、可靠、快速的事实数据，企业虽然知道这种现象存在，但对违规的批发商也无能为力。为保证政策有效实施，必须能够跟踪向批发商销售的产品品种或产品单件信息。通过在销售、配送过程中采集产品的单品条形码信息，根据产品单件标识条形码记录产品销售过程，完成产品销售链跟踪。

5. 产品售后跟踪服务

1）根据产品条形码建立产品销售档案，记录产品信息、重要零部件信息。

2）通过产品上的条形码进行售后维修产品检查，检查产品是否符合维修条件和维修范围，同时分析其零部件的情况。

3）通过产品条形码反馈产品售后维修记录，监督产品维修点信息，记录统计维修原因及建立产品售后维修档案。

4）对产品维修部件实行基本的进出口、销、存管理，与维修的产品一一对应，建立维修零部件档案。

通过产品售后服务信息的采集与跟踪，为企业产品售后保修服务提供了依据，同时能够有效地控制售后服务带来的困难，例如，销售产品重要部件被更换而造成的保修损失，销售商虚假的修理报表等。

通过上述各个环节的产品物料信息、产品信息的采集，可以为企业进行产品质量管理控制及分析提供强有力的依据。

知识检验

一、填空题

1. 条形码是________________________。

2. 条形码识别系统由____________、____________、____________组成。

3. 条形码扫描器在选择时应重点考虑______、______、______因素。

二、简答题

1. 条形码识别系统的组成包括哪些内容？

2. 光电扫描器有哪些类型？

课题二　条形码数据采集设备

一、便携式数据采集终端

便携式数据采集终端（Portable Data Terminal，PDT），也称为便携式数据采集器或手持终端（Hand-hold Terminal，HT），又因其用于自动识别条形码，故又称为便携式条形码扫描终端（以下统称为便携式数据采集器）。便携式数据采集器是集激光扫描、汉字显示、数据采集、数据处理、数据通信等功能于一体的高科技产品，见图7-15。它相当于一台小型的计算机，将计算机技术与条形码技术完美地结合，利用物品上的条形码作为信息快速采集手段。简单地说，它兼具了掌上计算机、条形码扫描器的功能。

图7-15　便携式数据采集器

便携式数据采集器硬件上具有计算机设备的基本配置：中央微处理器（Central Processing Unit，CPU）、内存、依靠电池供电、各种内设接口。软件上具有计算机运行的基本要求：操作系统、可以编程的开发平台、独立的应用程序。它可以将计算机网络的部分程序和数据下传至手持终端，并可以脱离计算机网络系统独立进行某项工作。其基本工作原理是，首先按照用户的应用要求，将应用程序在经过计算机编制后下载到便携式数据采集器中；便携式数据采集器中的基本数据信息必须通过计算机的数据库获得，而存储的操作结果也必须及时导入到数据库中，便携式数据采集器为计算机网络系统的功能延伸，满足了日常工作中人们各种信息移动采集、处理的任务要求。

严格意义上讲，便携式数据采集器不是传统意义上的条形码产品，它的性能在更多层面上取决于其本身的数据计算、处理能力，这恰恰是计算机产品的基本要求。

以下是便携式数据采集器的产品硬件特点。

（1）CPU处理器　随着数字电路技术的发展，便携式数据采集器大多采用16位或更好的32位CPU。CPU的位数、主频等指标的提高，使得便携式数据采集器的数据处理能力、处理速度要求越来越高，使用户的现场工作效率得到改善。

（2）便携式数据采集器内存　便携式数据采集器采集的数据存储在随机存储器（Random Access Memory，RAM）里面，依靠电池、后备电池保持数据。由于RAM的读写速度较快，使得操作的速度能够得到保证。便携式数据采集器内存容量的大小，决定了一次能处理的数据容量。用户往往比较关心这个指标，认为内存容量越大，一次能同时处理的数据就越多。但是用户通常忽略了这样一个事实，即便携式数据采集器的内存容量要与其CPU处理速度相对应。在一定的处理器速度下，盲目提高其内存容量，只能是增加用户使用时的处理、等待时间。

（3）功耗　功耗包括条形码扫描设备的功耗、显示屏的功耗、CPU的功耗等各部分，由电池支持工作。

CPU的功耗，对便携式数据采集器的运行稳定性有很大影响。大家知道，CPU在高速处理数据时会产生热量。台式计算机大都装有散热风扇，同时有较大空间散发热量。笔记本计算机虽然其 CPU 的功耗要远远低于台式计算机，但因其结构紧凑，不易散热，因此运行时会出现“死机”等不稳定现象。便携式数据采集器具有体积小巧、密封性好等制造特点，决定了其内部热量不易散发，因而要求其 CPU 的功耗要比较低。普通的 X86 型 CPU 在功耗上不能满足便携式数据采集器的性能需要，高档的便携式数据采集器一般采用专业厂家生产的 CPU 产品。

对于整机的功耗，目前便携式数据采集器在使用中采用普通电池、充电电池两种方式，但是如果是在户外工作，无法回到单位进行充电，充电电池就明显受到限制。对于低档的便携式数据采集器，若采用一般 AA 碱性电池只能使用十几小时；而一些高档便携式数据采集器，由于其整机功耗非常低，采用两节普通的 AA 碱性电池可以连续工作 100h 以上，且由于其低耗电量、电池特性好等特点，当电池电量不足时机器仍可工作一段时间，不需要马上更换电池，这个特性为用户在使用便携式数据采集器时提供了非常好的操作性能。

（4）输入设备　输入设备包括条形码扫描输入、键盘输入两种方式。条形码扫描输入又分为 CCD、Laser（激光）、互补金属氧化物半导体（Complementary Metal - Oxide Semiconductor，CMOS）三种扫描方式。目前常用的是激光条形码扫描设备，具有扫描速度快、操作方便等优点。但是第三代的 CMOS 扫描输入产品具有成像功能，不仅能够识读一维、二维条形码，还能够识读各种图像信息，其优势已经被部分厂家所认识，并且应用在各领域中。键盘输入包括标准的字母、英文、符号输入等方法，同时具有功能快捷键；有些便携式数据采集器产品还具有触摸屏，可使用手写识别输入功能。对于输入方式的选择应该充分考虑到不同应用领域具有不同的要求。便携式数据采集器如何满足人体工程学的要求，实现快速采集数据的应用要求，是用户应该考虑的主要问题。

（5）显示输出　目前的便携式数据采集器大都具备大屏液晶显示屏，能够显示中英文、图形等各种用户信息。同时在显示精度、屏幕的工业性能上都有较严格的要求。

（6）与计算机系统的通信能力　作为计算机网络系统的延伸，便携式数据采集器采集的数据及处理结果要与计算机系统交换信息。因此要求便携式数据采集器有很强的通信能力。目前高档的便携式数据采集器都具有串口、红外线通信口等几种通信方式。由于便携式数据采集器每天都要将采集的数据传送给计算机，如果采用串口线连接，反复插拔会造成设备的损坏。所以目前大多采用红外通信的方式传输数据，无须任何插拔部件，以降低出现故障的可能性，提高产品的使用寿命。

（7）外围设备驱动能力　外围设备驱动能力是指利用便携式数据采集器的串口、红外口，可以连接各种标准串口设备，或者通过串并转换可以连接各种并口设备，包括串并口打印机、调制解调器等，以实现计算机的各种功能。

二、无线数据采集器

便携式数据采集器对于传统手工操作的优势是不言而喻的，然而一种更先进的设备——无线数据采集器则将普通便携式数据采集器的性能进一步扩展。无线数据采集器大都是便携式的，除了具有一般便携式数据采集器的优点外，还有线式数据采集器的优点，它与计算机的通信是通过无线电波来实现的，可以把现场采集到的数据实时地传输给计算机。相比普通便携式数据采集器，无线数据采集器更进一步地提高了操作员的工作效率，使数据从原来的本机校验、保存转变为远程控制、实时传输。

无线数据采集器之所以称为“无线”，就是因为它不需要像普通便携式数据采集器那样依靠通信座和计算机进行数据交换，而可以直接通过无线网络和计算机、服务器进行实时数据通信。要使用无线数据采集器就必须先建立无线网络。无线网络设备——登陆点（Access Point，AP）相当于一个连接有线局域网和无线网的网桥，它通过双绞线或同轴电缆接入有线网络（以太网或令牌网），无线数据采集器则通过与AP的无线通信和局域网的服务器进行数据交换。

无线数据采集器通信数据实时性强、效率高。无线数据采集器直接和服务器进行数据交换，数据都是以实时方式传输。在无线数据采集器上进行操作而得到的数据，都会在第一时间进入后台数据库，也就是说，无线数据采集器将数据信息系统延伸到每一个操作员的手上。无线数据采集器的硬件技术特点与便携式数据采集器的一样，包括CPU、内存、屏幕显示、输入设备、输出设备等。每个无线数据采集器都是一个自带IP地址的网络节点，通过AP实现与网络系统进行实时的数据交换。

无线数据采集器与计算机系统的连接，基本上采用三种方式。

（1）Telnet终端仿真连接　在这种方式下，无线数据采集本身不需要开发应用程序，只是通过Telnet服务登录到应用服务器上，远程运行服务器上的程序。在这种方式下工作，由于大量的终端仿真控制数据流在无线数据采集器和服务器之间交换，通信的效率相对会低一些。但是由于在无线数据采集器上无需开发应用程序，在系统更新升级方面会相对简单、容易。

（2）传统的客户/服务器（Client/Server，C/S）结构　将无线数据采集器作为系统的客户（Client）端，采集器从而根据用户的应用流程要求进行程序的开发。开发平台与便携式一样，根据产品的不同而有所不同。在这种方式下工作，无线数据采集器与通信服务器之间只需要交换所采集的数据信息，数据量小，通信效率相应较高。但是像便携式数据采集器一样，每台无线数据采集器都要安装应用程序，后期的应用升级较麻烦。

（3）浏览器/服务器（Browser/Server，B/S）结构　在无线数据采集器上内嵌浏览器，通过HTTP协议与应用服务器进行数据交换。这种方式对无线数据采集器的系统要求较高，而基于Windows CE平台下的产品相对来讲比较容易实现，如日本CASLO公司生产的几款设备。

从以上内容可以看出，在应用无线数据采集器时，具体采用何种方式，应该根据实际情况而定。

三、数据采集器的性能指标

由于数据采集器大都是在室外使用，周围的湿度、温度等环境因素对作业的影响比较大，尤其是液晶屏幕、RAM芯片等关键部件工作时，在低温、高温条件下都要受到限制，因此用户要根据自身的使用环境选择数据采集器。

在寒冷的冬天，作业人员使用数据采集器在户外进行数据采集时，工作完毕返回到室内，室内外的温度差通常会造成电路板积水。此时如果马上开机工作，电流流过潮湿的电路板会造成机器电路短路。与中低档数据采集器不同，高档数据采集器针对这项指标进行过严格的测试，给用户以可靠的操作性能。不过用户在使用数据采集器时，还是要特别注意避免以上现象的发生。

同时，因为作业环境比较恶劣，数据采集器要经过严格的防水测试。对饮料泼溅、雨水浇淋等常见情况的测试结果，都应该是用户选择数据采集器时要考虑的因素。针对便携式数据采集器防水性的考核，国际上有IP标准认证，对通过测试的便携式采集器，会发给证书。

抗震、抗摔性能也是数据采集器的一项操作性能指标，作为便携使用的数据采集器，操作者无意间的失手跌落是难免的。因而数据采集器要具备一定的抗震、抗摔性。目前大多数产品能够满足1m以上的跌落高度。

四、数据采集器的软件功能

数据采集器的软件功能一般分为操作系统（Operating System，OS）、应用软件两部分。操作系统目前没有统一的标准。由于数据采集器采用各个厂家独立开发生产的CPU、主板等关键零部件，所以操作系统大多采用不同标准。也有部分厂家推出了基于PALM/Windows CE平台的操作系统，但是，目前此类产品还是针对数据管理型的应用领域，对于传统供应链物流领域的数据采集还不是非常适用。同时，由于此类产品目前的功耗还比较高，而且对普通的操作人员来讲，上面两种平台过于复杂，使用起来维护量较大，所以，在物流供应链领域较少采用，多是应用在办公自动化领域。

应用软件通常要根据用户的应用流程进行开发。软件开发工具一般采用C语言或其他语言，对于数据采集器的应用而言，随着条形码技术与IT技术更加广泛的结合，便携式数据采集器将得到更为广泛的应用，与行业应用结合也会更加紧密，成为行业解决方案的一部分。

以目前条形码技术应用比较集中的物流供应链管理为例，从产品的生产到成品下线，销售、运输、仓储、零售等各个环节，都可以应用条形码技术，使用数据采集器进行方便、快捷的管理。

数据采集器与用户的应用系统相结合，在用户供应链的各个应用环节都发挥着巨大的作用。随着信息科技的快速发展及企业信息化的日益普及，在物流仓储、物流配送、制造业、邮政、图书馆等行业的人工单品管理，已经不能适应市场经济的发展，从而出现对移动数据采集系统的迫切需求，便携式数据采集器也就成为了不可或缺的必备设备。条形码扫描型掌上计算机作为一种快速、高效的移动信息采集、处理终端，在国防、公共安全、医疗、工业、金融、商业、邮政、货物运输等领域均有极为广泛的应用前景。

五、数据采集器的选择

根据用途不同，数据采集器大体上可分为两类：在线式数据采集器和便携式数据采集器。在线式数据采集器又可分为台式和连线式两种，它们大部分直接由交流电源供电，一般非独立使用的，在采集器与计算机之间由电缆连接以传输数据，不能脱机使用。这种扫描器向计算机传输数据的方式一般有两种：一种是键盘仿真；另一种是通过通信口向计算机传输数据。对于前者无需单独供电，其动力由计算机内部通过通信口向计算机传输。目前，一些物流企业在出入库管理中已开始使用。并能应用于库存盘点、大件物品的扫描等，为了弥补在线式数据采集器的不足，便携式数据采集器应运而生。

选择便携式数据采集器应从以下几个方面进行考虑。

（1）适用范围 用户应根据自身的情况，选择合适的便携式数据采集器。如果是在大型、立体式的仓库使用，由于物品的存放位置较高，离操作人员较远，就应当选择扫描景深大、读取距离远且首读率较高的便携式数据采集器。而对于中小型仓库，可以选择一些功能齐备、便于操作的便携式数据采集器。对于用户选购便携式数据采集器来说，最重要的一点就是“够用”，即购买适用于本身需要的，而不是盲目购买价格贵、功能强的便携式数据采集器。

（2）译码范围　译码范围是选择便携式数据采集器的一个主要指标。每一个用户都有自己的条形码码制范围，大多数便携式数据采集器都可以识别EAN码、UPC码等几种甚至几十种不同的码制。在物流企业应用中，还要考虑EAN128码、三九码、库德巴特码等。因此，用户在购买便携式数据采集器时要充分考虑自己实际应用中的编码范围，选取合适的便携式数据采集器。

（3）接口要求　便携式数据采集器的接口能力是评价其功能的又一个重要指标，也是选择便携式数据采集器时要重点考虑的内容。用户在购买便携式数据采集器时，要首先明确自己原系统的操作环境、接口方式等情况，再选择适应该操作环境和接口方式的便携式数据采集器。

（4）首读率要求　首读率是便携式数据采集器的一个综合性指标，它与条形码符号的印刷质量、译码器的设计和扫描的性能等均有一定的关系。首读率越高，越节省工作时间，但相应地，其价格也必然会高。在物品的库存（盘点）过程中，可以人工控制便携式数据采集器对条形码符号的重复扫描，因此，对首读率的要求并不严格，只把它作为工作效率的量度而已。但在自动分拣系统中，对首读率的要求则很高。

（5）价格　选择便携式数据采集器时，价格也是一个重要问题。各种便携式数据采集器由于配置不同、功能不同，其价格也会有很大的差异。因此，在购买时，要注意产品的性价比，以满足应用系统要求且价格较低者为选购对象，真正做到“物美价廉”。

知识检验

一、填空题

1. 便携式数据采集器具备______、______、______、______、______功能。
2. 条形码扫描输入有______、______、______三种扫描方式。
3. 无线数据采集器与计算机系统的连接，采用______、______、______三种方式。

二、简答题

便携式数据采集器的选择应考虑哪些因素？

课题三　POS及POS系统的应用

一、POS结构和功能

POS（Point of Sale）指的是销售终端。它是由银行设置在商业网点或特约商户处的信用卡授权终端机。无论从外形或内部结构上看，POS很像一台小的计算机，但与计算机相比，在组成部件上又略有不同。POS终端设备一般由主控机、凭证打印机和客户密码键盘三部分构成，见图7-16（图中所示POS终端设备没有客户密码键盘）。

POS终端设备的主控机就是一台微型计算机，包括有显示器、键盘、卡读写设备、网络接口等。卡读写设备接受用户的信用卡，读取用户信息，网络接口用于和银行的主机或网络相连，传输信息。打印机将交易的内容，如购物名称、消费金额，账号等打印出一个凭证，交与用户作为收费完成的依据。

多数POS终端为保护储蓄卡或信用卡持有者的利益，一般都设置PIN（Personal Identification Number）识别方式来鉴别卡持有人是否为原合法所有者，以防止窃取盗用。银行发卡时会让用户输入并记录一个号码作为用户密码，这个密码就是PIN。持卡人在POS消费时必须先敲入这个PIN，POS通过银行网络将PIN和信用卡账号核对无误后才允许用户进行消费。这个输入PIN的主设备就是客户密码键盘。

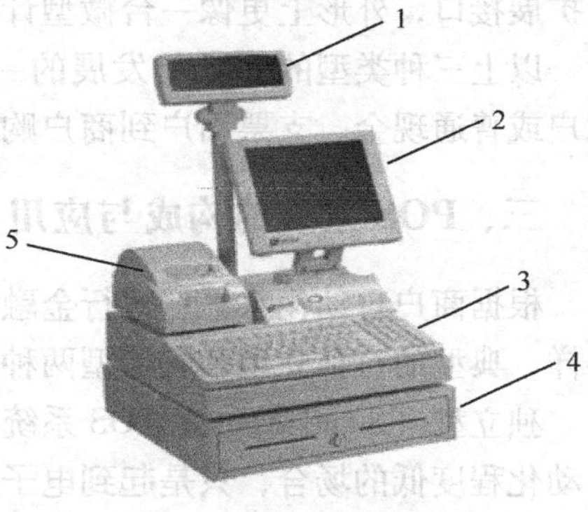

图7-16 POS终端设备
1—顾客显示器 2—显示器
3—键盘 4—钱箱 5—凭证打印机

除了以上几部分外，许多POS终端还配有条形码阅读器、钱箱等部件。现在许多商店靠条形码来识别、分辨商品，既准确又可靠，这样条形码阅读器就必不可少。有的POS除接受储蓄卡或信用卡外，还可以让普通用户直接用现金付款，因而这种POS配备有钱箱。另外，有的POS还配有顾客显示器，供顾客观看交易结果。总之，虽然POS的厂家不同，外形和组成的差别也较大，但其核心是一致的，即都是用来收款的。

先进的POS融入了商店自动化的内容，在POS软件中加入了库存管理、进货管理和销售管理等功能，POS终端从单一的收款机变成融收款和管理于一体的高性能系统。POS终端软件一般建立在当前流行的操作系统（如DOS或OS/2）上。

POS终端根据装入软件的不同，可提供多种功能，如读卡、显示、接受交易金额和密码、与银行计算机联网、存储交易信息、打印及商店自动化管理等。就用户而言，持卡人可以购物消费、查询和转账。对特约商户而言，POS可以简化商户与银行之间资金清算的手续，加快资金周转速度，提高效率。

二、POS终端的类型

POS终端分为三种类型：简易授权型专用终端、转账终端和收银式POS。

简易授权型专用终端包括读卡器、键盘、显示器和内置Modem（调制解调器），起沟通银行主机和持卡人的作用。这种终端操作简单，能有效防止人工输入，自动查找黑名单，通过自动拨号即可将磁卡的资料及键盘输入的金额送往银行主机，银行主机处理后，授权POS进行交易，通过联机方式提高系统的可靠性和保密性。实际上，用户（持卡人和特约商户）通过这种类型的终端直接跟银行主机进行交易。POS主要起到信息传输作用，所以这种终端重点在其网络部分。

转账终端除用作信用卡授权以外，还具有查询余额、转账、冲正、清算等多种功能。转账终端一般带有密码键盘和收据打印机，比起授权终端，保密性和灵活性提高了许多，目前转账终端正逐渐代替授权终端。

收银式POS是最高档的POS，它本身是一台微型计算机，带钱箱、读卡器、收据打印机及流水账打印机。它可以将现金账和信用卡同时汇总，在完成每一笔交易的同时，将库存、销售会计等项目同时更新，给商户带来更大的方便。目前这种收银式POS正逐渐占领市场，性能也越来越好。例如，计算机、POS采用386SX33处理器、16MB内存及9inVGA

显示器，带有软件驱动、磁卡阅读器、条形码阅读器、顾客显示器、钱箱等部件，还有一系列扩展接口，外形上更像一台微型计算机。

以上三种类型的POS是发展的一个趋势。同时，随着POS终端提供功能的增多，持卡用户或普通现金、支票用户到商户购物消费也更加方便。

三、POS系统的构成与应用

根据商户自动化水平、银行金融网的发展状况及用途的不同，POS系统的构成方式多种多样，典型的有独立型和联机型两种方式。

独立型（Stand Alone）POS系统由POS终端和外围设备构成。这种POS系统用在商户自动化程度低的场合，只是起到电子收款机的作用。用户将现金或支票交给收款人，收款人通过POS打印一个收款凭据交给用户作为收费完成的标志。用户也可以持信用卡进行小额（一定限额内）消费。每台POS系统的功能非常有限，不能充分发挥POS的作用，严格地说，这种构成方式甚至不能称为系统。

联机型（On-Line）POS系统是一种销售点电子资金转账服务系统，它是利用银行、商业网点或特约商户的信用卡授权机，由银行计算机通过公司数据交换网构成的电子转账服务系统，功能是使持卡人在指定销售点购物或消费后，通过电子扣款或信用记账。

电子支付（Electronic Funds Transfer，EFT）系统一般包括三部分：银行主机、通信网络和金融终端。典型的POS系统的结构是多台主机利用网络相互连接，众多的POS终端直接或通过网络连到主机上（图7-17），主机放在银行内，存放用户和商户的账目。用户通过设在商户中的POS终端进行交易。主机接到POS传来的信息后，检查磁卡（或IC卡）账号的合法性，是否超过有效期，要求的授权额是否超过可授权限额等。如发现问题，主机发送相应错误信息到POS终端；如检查通过，主机修改顾客账户文件的授权限额（或顾客账户余额），将回答码回送至POS终端。这个过程不论授权成功与否，主机自动记录授权交易情况，以备查询。

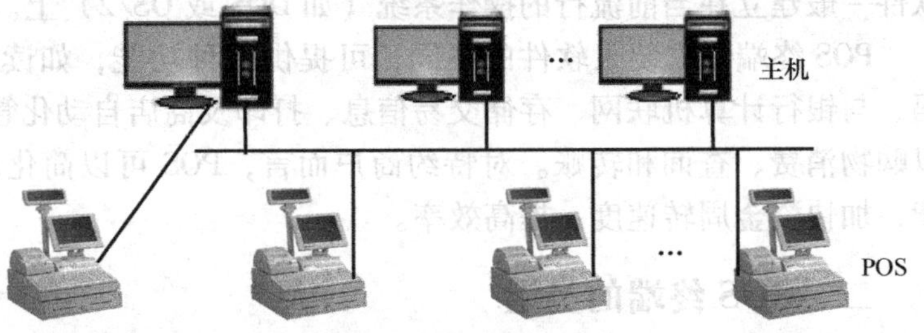

图7-17 联机POS系统示意图

从计算机应用的角度来看，这种POS授权系统是一种实时信息交换系统；而从银行业务的角度看，POS授权系统是电子化的支付系统。

有的大型商户构建系统时，POS终端并不直接与银行主机或金融网相连，而是先在商户内部自成一网络系统，再与银行金融网相接，见图7-18。

这样构成的系统，融电子资金转账与商店管理于一体，既可通过金融网对持卡用户授权，又可收集用户信息，进行进货、销售、库存、财务等方面的管理，供决策者使用，可以大大提高商户自动化水平，从而提高效率，增强商户的竞争力。同时，商户可以通过自己的网络对交易作预处理，等金融网空闲时再成批地与银行主机进行资金清算（批处理），这样既提高了交易效率，又缓解了金融网因拥挤而造成的压力。在这种系统中，POS终端不仅仅充当信用授权的角色，还具有了数据处理能力，真正发挥了POS的潜力。

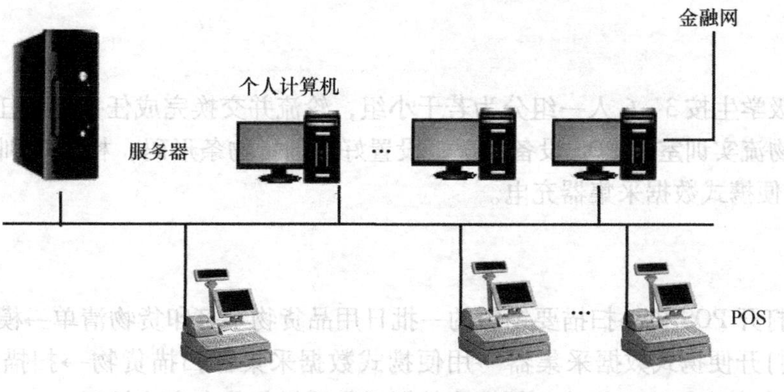

图 7-18 大型商户网络系统构成

联机型 POS 系统是建立在计算机网络基础上的：如某用户持信用卡支付，POS 系统会通过网络与银行联系，完成授权，实现持卡消费，其过程见图 7-19。发卡银行将信用卡发给持卡人后，持卡人就可在商户的 POS 上付款消费。当用户将信用卡插入 POS 的读卡设备，信用卡的信息就经过 POS 送至交换中心（过程③），经判别后信息转发至发卡行（过程④）。发卡行将处理结果经交换中心转回 POS，对商户和持卡人授权（过程⑤与⑥），实现交易（或拒绝交易），完成联机授权过程。

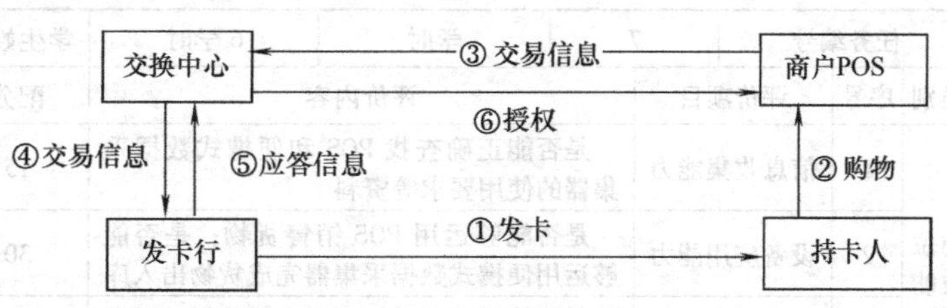

图 7-19 在 POS 上使用信用卡的流程

商户每天将所有 POS 上交易的信息交给银行（收单行与发卡行可以不是一家银行）。收单行将收单信息发至交换中心，以汇总后向发卡行发出清算信息，由发卡行向收单行划出清算资金，完成结算。

知识检验

一、填空题

1. POS 终端一般由__________、__________、__________组成。
2. POS 终端的类型有________________、__________和__________。
3. POS 系统的构成方式有__________、__________两种。

二、简答题

简述独立型和联机型 POS 系统的区别。

课题四 技 能 训 练

任务描述

任务 1：使用 POS 完成一批日用品的出售并刷卡收银。

任务 2：使用便携式数据采集器完成 12 箱金龙鱼食用油的入库。

任务准备

1）将班级学生按3~6人一组分为若干小组，轮流并交换完成任务1和任务2。

2）检查物流实训室的POS设备情况；设置好实训货物条形码；检查实训软件使用是否顺畅；提前给便携式数据采集器充电。

任务实施

任务1：打开POS机→扫描要销售的一批日用品货物→打印货物清单→模拟刷卡收银。

任务2：打开便携式数据采集器→用便携式数据采集器扫描货物→扫描托盘→扫描储位→操作完成入库流程，互相检查便携式数据采集器操作信息完成情况。

任务评价

任务编号		7	学时	6学时	学生姓名		总分		
类别	序号	评价项目	评价内容	配分	学生自评	学生互评	教师评价	得分	
岗位技能评价	1	信息收集能力	是否能正确查找POS和便携式数据采集器的使用要求等资料	15					
	2	设备应用能力	是否能够运用POS销售货物；是否能够运用便携式数据采集器完成货物出入库	30					
	3	运用知识能力	是否能运用所学知识和方法分析处理设备使用中的突发问题完成任务	15					
	4	完成时间	是否按时完成各项任务	5					
职业素养评价	5	文明和安全意识	是否遵守设备安全操作规程，遵守实训室规则	10					
	6	个人礼仪	衣帽、发饰、仪态；合作操作中的语言及行为规范情况	10					
	7	团队合作	沟通交流、合作参与意识。包括小组活动的组织、展示、内容等，以及角色扮演完成任务情况	10					
	8	任务执行	协作性、积极主动性和任务完成情况	5					

注：按学生自评占20%、学生互评占30%、教师评价占50%计算总分。

任务小结

授课班级		授课时间		授课地点	
授课教师		任务名称			
学生表现					
存在问题及改进方法和措施					

任务拓展

物流动态信息采集技术的应用

企业竞争的全球化发展、产品生命周期的缩短和用户交货期的缩短等都对物流服务的可得性与可控性提出了更高的要求，实时物流理念也由此诞生。如何保证对物流过程的完全掌控，物流动态信息采集应用技术是必须采用的技术。动态的货物或移动载体本身具有很多有用的信息，例如货物的名称、数量、重量、品质、出产地，或者移动载体（如车辆、轮船等）的名称、牌号、位置、状态等一系列信息。这些信息可能在物流中反复的使用，因此，正确、快速读取动态货物或载体的信息并加以利用可以明显地提高物流的效率。在目前流行的物流动态信息采集技术应用中，一、二维条形码技术应用范围最广，其次还有磁条（卡）、声音识别、视觉识别、接触式智能卡、便携式数据采集器、射频识别（RFID）等技术。

（1）一维条形码技术　一维条形码是由一组规则排列的条和空、相应的数字组成，这种用条、空组成的数据编码可以供机器识读，而且很容易译成二进制数和十进制数。因此此技术广泛地应用于物品信息标注中。因为符合条形码规范且无污损的条形码的识读率很高，所以一维条形码结合相应的扫描器可以明显地提高物品信息的采集速度。加之条形码系统的成本较低、操作简便，又是国内应用最早的识读技术，所以在国内有很大的市场，国内大部分超市都在使用一维条形码技术。但一维条形码表示的数据有限，条形码扫描器读取条形码信息的距离也要求很近，而且条形码上损污后可读性极差，所以限制了它的进一步推广应用，同时一些其他信息存储容量更大、识读可靠性更好的识读技术开始出现。

（2）二维码技术　由于一维条形码的信息容量很小，如商品上的条形码仅能容纳几位或者十几位阿拉伯数字或字母，商品的详细描述只能依赖数据库提供，离开了预先建立的数据库，一维条形码的使用就受到了局限。基于这个原因，人们发明了一种新的码制，除具备一维条形码的优点外，同时还有信息容量大（根据不同的编码技术，容量是一维条形码的几倍到几十倍，从而可以存放个人的自然情况及指纹、照片等信息）、可靠性高（在损污50%后仍可读取完整信息）、保密防伪性强等优点，这就是在水平和垂直方向的二维空间存储信息的二维码技术（图7-20）。二维码继承了一维条形码的特点，二维码系统价格便宜、识读率强且使用方便，所以在国内银行、车辆等管理信息系统上开始应用。

图 7-20　二维码

（3）磁条（卡）技术　磁条（卡）技术是以涂料形式把一层薄薄的由定向排列的铁性氧化粒子用树脂粘合在一起并粘在诸如纸或塑料这样的非磁性基片上（图7-21）。磁条从本质上讲和计算机用的磁带或磁盘是一样的，它可以用来记载字母、字符及数字信息。优点是数据可多次读写，数据存储量能满足大多数需求，由于其黏附力强的特点，使之在很多领域得到广泛应用，如信用卡、银行ATM卡、机票、公共汽车票、自动售货卡、会员卡等。但磁条（卡）的防盗性能、存储量等性能比起一些新技术如芯片类卡技术还是有差距的。

（4）声音识别技术　是一种通过识别声音达到转换成文字信息的技术，其最大特点就是不用手工录入信息，这对那些采集数据同时还要完成手脚并用的工作场合或键盘上打字能力低的人尤为适用。但声音识别的最大问题是识别率，要想连续地高效应用有难度。目前更适合语音句子大量集中且反复应用的场合。

（5）视觉识别技术　视觉识别系统是一种通过对一些有特征的图像分析和识别的系统，能够对限定的标志、字符、数字等图像内容进行信息的采集。视觉识别技术的应用障碍也是对于一些不规则或不够清晰图像的识别率问题，而且数据格式有限，通常要用接触式扫描器扫描，随着自动化的发展，视觉技术会朝着更细致、更专业的方向发展，并且还会与其他自动识别技术结合起来应用。

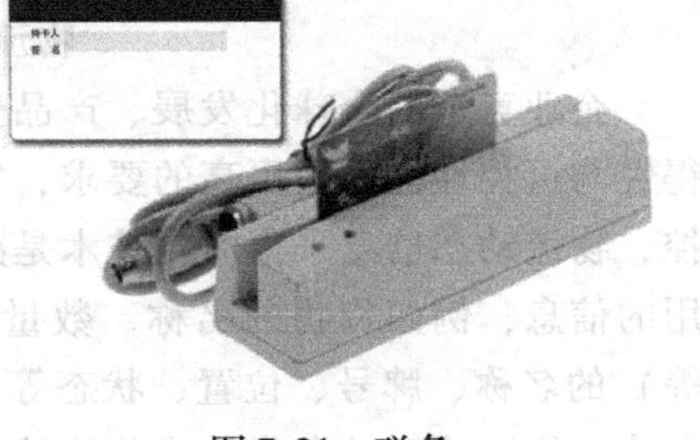

图7-21　磁条

（6）接触式智能卡技术　智能卡技术是一种将具有处理能力、加密存储功能的集成电路芯片嵌装在一个与信用卡一样大小的基片中的信息存储技术，通过识读器接触芯片可以读取芯片中的信息。接触式智能卡的特点是具有独立的运算和存储功能，在无源情况下，数据也不会丢失，数据安全性和保密性都非常好，成本适中。智能卡与计算机系统相结合，可以满足对各种各样信息的采集传送、加密和管理的需要，它在国内外的许多领域（如：银行、公路收费、水表煤气收费等）得到了广泛应用。

（7）便携式数据采集器　便携式数据采集器一般包括一个扫描器、一个体积小但功能很强并有存储器的计算机、一个显示器和供人工输入的键盘。所以是一种多功能的数据采集设备，便携式数据采集器是可编程的，允许编入一些应用软件。便携式数据采集器存储器中的数据可随时通过射频通信技术传送到主计算机。

（8）射频识别（RFID）　射频识别技术是一种利用射频通信实现的非接触式自动识别技术。RFID标签具有体积小、容量大、寿命长、可重复使用等特点，可支持快速读写、非可视识别、移动识别、多目标识别、定位及长期跟踪管理。RFID技术与互联网、通信等技术相结合，可实现全球范围内物品跟踪与信息共享。

从上述物流信息应用技术的应用情况及全球物流信息化发展趋势来看，物流动态信息采集技术应用正成为全球范围内重点研究的领域。我国作为物流发展中国家，已在物流动态信息采集技术应用方面积累了一定的经验，例如条形码技术、接触式磁条（卡）技术的应用已经十分普遍，但在一些新型的前沿技术（例如RFID技术等）领域的研究和应用方面还比较落后。（资料来源：转载IT168［http://www.it168.com/］）

任务：

收集日常生活中常见的信息采集技术的特点和用途。

单元八 物流设备管理与安全使用规范认知

知识目标

1. 掌握物流设备的管理理论。
2. 了解物流设备维修、更新制度。
3. 掌握物流设备的安全使用规程。

技能目标

1. 能够运用设备管理理论进行企业设备管理。
2. 能够掌握物流设备的维修、更新的评估。
3. 能够运用所学知识对企业设备进行安全管理。

课题一 设备管理概述

物流设备是指人们在物流活动过程中所需要的各种机械和装置的总称。因为物流过程贯穿于整个物料的流通环节，所以物流企业的设备基本上都和物流活动有关。这些设备主要包括动力设备（用于产生电力、风力、热力或其他动力的各种设备，如发电机、变压器等）、传导设备（用于传送电力、热力、风力等动力和传送固体、液体、气体的各种设备，如电力网、传送带、蒸汽、煤气、石油的传导管等）、生产设备（直接改变原材料属性、形态或功能的各种工作机器和设备，如各种机床、平炉、纺织机、印染机、各种工作炉窑等）。科学研究设备（实验室用的各种测试设备、计量设备、仪器、仪表等）、物流设备（用于开展物流活动的基本设备，如包装机械设备、装卸搬运设备、集装单元化技术与设备、仓储设施与设备、流通加工设备、物流信息技术设备、自动分拣设备和运输设施与设备等）、管理设备（生产管理用的各种计算机和其他装置等公用设备，主要指医疗卫生设备、炊事设备等）。

设备管理，就是对设备运动全过程进行计划、组织和控制。设备管理应该满足设备管理工作的技术要求，使机器设备经常保持良好的技术状态，保证生产正常进行的同时，还应该使设备管理工作符合经济性要求，做到效率高、费用低。

现代物流设备展现了现代物流技术的发展。我国近几年来的物流设备现代化水平逐渐提高，在一些大型物流和生产企业，设备的先进性已经与国外先进水平相差不大，这些设备的自动化程度较高，体现出集成化、大型化和生产连续化的趋势。这些设备往往具有一些共同的特点，主要表现在：

1）设备的社会化程度越来越高，具体表现在两个方面：设备结构越来越复杂，零部件种类、数量越来越多，配件的管理工作涉及市内外、省内外甚至国外；设备从研究、设计、制造、选型、购置、安装调试使用、维修一直到报废，环节多，各环节之间互相影响，互相制约。

2）设备中体现的科学技术知识门类越来越多，如液压、机械、电子、电器等。

3）设备大型化（功率、容量、参数）、高速化、连续化、电子化，生产率都很高，因而在使用中若管理不慎，则会导致直接故障损失大、污染严重、磨损快等严重后果。

4）现代设备多为能源密集型的装备，能源消耗大。

5）现代设备多是资金密集的装备，投资和使用费用十分昂贵。

一、设备管理的任务

物流设备管理的任务就是要保证物流设备在使用的整个过程，由始至终保持良好的技术状态，使企业的物流活动建立在最佳的物质技术基础上。概括地说，这个任务包括以下几个方面：

1. 合理选用设备

要根据经济上合理、技术上先进的原则，通过全面规划、合理配置，对设备进行全面的技术经济评价，应根据技术和经济两个方面的资料合理选用设备。技术方面资料，包括设备的规格、用途、性能、效率、动力、材料及对环境的污染、维修性、可靠性、运输安全条件、设备配件的供应等；经济方面的资料，包括该设备的市场状况、运费、价格及相应的配套工程投资、安装费用、维修人员和操作人员的培训费用、购买该设备的资金来源、设备的投资效果估算等。

2. 保持设备完好

通过精确安装、精心维修、正确使用、适时检修、安全作业等环节，使设备始终处于较好的技术状态，使其工作性能能够满足生产工艺或物流作业的要求，随时可以适应企业生产经营的需要投入正常运行。物流设备完好一般包括：设备零部件附件齐全，运转正常；设备性能良好，动力输出符合标准；燃料、能源、润滑油消耗正常三个方面的内容。行业、企业应当制订关于完好设备的具体标准，使操作人员与维修人员有章可依。

3. 改善和提高技术装备素质

技术装备素质是指在技术进步的条件下，技术装备适合企业生产和技术发展的内在品质。通常可以用以下几项标准来衡量：工艺适用性；运行可靠性；质量稳定性；技术先进性（包括生产效率、物料与能源消耗、环境保护等）及机械化、自动化程度。要通过适时改造与更新，改善和提高企业的技术装备素质，使物流现代化水平不断提高。

改善和提高技术装备素质的主要途径，一是应用新技术改造现有设备；二是采用技术先进的新设备替换技术陈旧的设备。前者通常具有投资少、时间短、见效快的优点，应该成为企业优先考虑的方式。

4. 充分发挥设备效能

设备效能是指设备的生产功能和效率。设备效能的含义不仅包括单位时间内生产能力的大小，也包含适应多品种生产的能力。充分发挥设备效能的主要途径有：

1）合理选用工艺规范和技术装备，在保证产品质量的前提下，缩短生产时间，提高生产率。

2）通过技术改造，提高设备的维修性与可靠性，减少故障停机和修理停歇时间，提高设备的利用率。

3）加强生产计划、维修计划的综合平衡，合理组织生产与维修，提高设备利用率。

5. 取得良好的投资效益

设备投资效益是指设备整个寿命周期的产出与其投入之比。取得良好的设备投资效益，是提高经济效益为中心的方针在设备管理工作上的体现，也是设备管理的出发点和落脚点。因此，应追求设备寿命周期费用最佳经济和设备的综合效益，而不是只考虑设备购买或使用某一阶段时的经济性。在寿命周期的各个阶段，一方面加强技术管理，保证设备在使用阶段充分发挥效能，创造最佳的产出；另一方面加强经济管理，实现最佳经济的寿命周期费用。在设备规划阶段，要求设备的经济性；在设备维修阶段，要谋求停机损失和维修费用两者之间的最佳平衡，以求得设备维修的最佳经济效果。

二、设备维护

1. 设备的合理使用

设备寿命的长短、效益的大小、精度的高低，固然取决于设备本身的结构设计和各种参数，但在很大程度上也取决于人们对设备的合理使用。正确、合理地使用设备，可以减轻磨损，保持较好的性能和应有的精度，从而充分发挥设备应有的生产率。怎样才能正确合理地使用设备呢？

（1）合理选择和正确配置设备　各种设备都有一定的结构特性和工艺特性，在配备设备时，要充分考虑这些特性，结合各个车间不同的生产组织形式，合理地、经济地配备好各种类型的设备。

（2）恰当地安排加工任务和设备的工作负荷　不同设备是依据不同的科学技术和工作对象设计制造的，它们的性能、结构、制造精度、使用范围、工作条件和动力及其技术条件各不相同。恰当地安排加工任务，就是要使各种设备物尽其用，避免“大机小用”、“精机粗用”和超负荷、超性能、超范围工作。

> **小资料**
>
> “三好”、“四会”即管好设备、用好设备、修好设备和会使用、会保养、会检查、会排除故障。

（3）为设备配备具有一定熟练程度的操作者　为了充分发挥设备的性能，使机器设备在最佳状态下使用，必须配备与设备相适应的工人。要求操作者熟悉并掌握设备的性能、结构、工艺加工范围和维护保养技术。新工人在独立使用设备前，必须经过技术教育，其中应包括对设备的结构、性能、安全操作规程、维护保养等方面的技术知识教育和实际操作训练，使操作者具备“三好”、“四会”的基本功要求，操作工人在经过一定程序的技术训练以后，要进行考试，考试合格者发给操作证，方可独立使用设备。

（4）要为设备创造良好的工作条件　良好的工作条件，是保持设备正常运转、延长使用期限、保证安全生产的重要条件。企业中使用类别繁多的设备，要求有不同的工作条件。一般来说，所有的设备都要求有一个整洁的工作环境和正常的生产秩序。

（5）要经常对职工进行正确使用和爱护设备的宣传教育　车间要对职工进行经常性的思想教育和技术教育，使操作人员养成自觉爱护设备的风气和习惯，教育职工要像战士爱护武器一样爱护设备，使设备经常保持“整洁、清洁、润滑、安全”，处于最佳的技术状态。

（6）制定有关设备使用和维修方面的规章和制度　建立健全设备使用的责任制度。有关设备使用和维修方面的规章制度，是指导工人操作中维护和检修设备的技术法规，它是根据设备说明书中注明的各项技术条件制订的。正确地制订和贯彻执行这些规章制度，是合理使用设备的重要保证。

2. 设备的维护保养

设备在使用过程中，经常会发生状态的变化、腐蚀和磨损，这就要进行维护保养和修理。设备的维护保养是设备自身运动的客观要求。如果车间对设备不及时进行维护保养，就会造成设备的过早磨损，甚至酿成严重事故。因此，只有做好设备的维护保养工作，及时地处理技术状态变化而引起的干摩擦、零件松动、声响异常等问题，才能防患于未然，把事故消灭在发生之前，保证设备的正常运转，延长设备的使用寿命。

设备维护保养的内容，是根据不同设备的生产工艺、结构复杂程度等具体情况和特点等确定的。一般有以下几点：

（1）设备的三级保养制　我国部分机械制造企业自20世纪60年代起就建立了设备计划保修制，这是一种有计划地进行设备三级保养和修理的体制和方法。所谓三级保养指日常保养，一级保养和二级保养。其中二级保养相当于小修理。

1）日常保养。它的主要内容是：进行清洁、润滑、紧固松动的螺钉、检查零部件的完整状况。日常保养的项目和部位较少，大多数在设备的外部，由操作工人承担，在交接班中作为检查的内容。

2）一级保养。它的主要内容是：根据设备使用情况，对部分零部件进行拆卸，清洗；对设备某些配合间隙进行调整；清除设备表面“黄袍”、油污；检查润滑油路，保证畅通不泄漏；清扫电器箱、电动机、电器装置，做到固定整齐，安全防护装置牢靠；清洗附件和冷却装置。一级保养须在专职检修工人指导下，由操作工人承担。

3）二级保养。它的主要内容是：根据设备使用情况对设备进行部分解体检查和清洗；对各传动箱、冷却箱清洗换油，油质油量要符合要求，保证正常润滑；修复或更换易损件；检修电器箱、电动机、整修线路；检查、调整、修复精度，核正水平。二级保养必须由专职检修工人承担，操作工人协助。

（2）物流设备定期保养

1）定期保养的定义。物流机械的定期保养是指物流机械运行一定时间后，由操作人员和保养人员按规范有计划地强制性保养，是对物流机械的全面性维护工作，定期保养是使物流机械能经常保持良好技术状态的预防性措施。

该定义主要突出以下四项要求：

① 定期保养是由操作人员和专业保养人员按各自的职责分工，相互合作共同完成的。

② 定期保养是按一定的运行间隔期制订出保养作业计划，这个计划是状态维修管理计划的组成部分。保养必须按计划顺序进行，执行计划必须具有严肃性。

③ 定期保养是一项强制性的管理措施。

④ 定期保养是对物流机械进行全面性维护，使其保持应有的技术状态。

2）定期保养的三大特点

① 强调定期保养是状态维修的基础。装卸机械在使用过程中，由于存在运动、摩擦、

内应力等物理、化学变化过程，必然会导致技术状态的不断劣化，一般会通过机械零部件松动、温升异常、异响等现象表现出来。通过点检、保养、检测等手段把上述信息及时采集起来，通过分析后作出维修决策，实施有针对性的维修，这就是以状态为基础的维修管理模式，所采用的就是状态维修方式。

② 定期地对机械进行保养，使机械运转情况得到及时改善。消除可以避免的磨损和损坏，减缓机械的劣化趋势，就等于延长了机械的修理周期，减少了修理的工作量。所以说执行定期保养是推行状态维修的基础，没有保养的基础保证，也就无法推行状态维修。

③ 定期保养具有强制性。定期保养贯穿于机械运行的全过程中，可使机械运转状态得到及时的改善，消除可以避免的磨损和损坏，所以说保养不是可有可无的作业行为，而是对机械必须进行的强制性行为。

三、设备的润滑管理

设备润滑是设备使用维修工作中的重要组成部分之一。认真搞好润滑工作是保证设备正常运转、防止事故发生、减少机件磨损、延长使用寿命、减少摩擦阻力、降低功能消耗、提高设备的生产效率和工作精度的有力措施。

润滑管理工作的基本任务是：

1）建立健全润滑工作的各项制度。

2）编制各类设备的润滑、清洗、换油操作规程。

3）认真贯彻执行润滑管理的“五定”，切实保证设备经常处于良好的润滑状态。

> **议一议**
>
> 润滑“五定”为定点、定质、定量、定期和定人。

定点：就是定润滑点。每个润滑工和操作者，都要熟悉这些注油部位。

定质：就是按规定的品种、牌号使用油料，不得随便交换改用。如需代用，油质需经理化室化验，并经设备动力科批准。

定量：就是规定润滑油的消耗定额。

定期：就是定期添油和换油。

定人：就是专人负责。

4）保证及时、合理、正确地润滑各类机械动力设备，减少机件磨损，防止事故的发生。

5）指定专人切实做好精、大、稀设备的润滑工作。

6）编制设备润滑、切削冷却、清洗擦拭、特种油品配制的添加剂等材料申请计划、设备清洗换油和检查计划，组织切削油、切削液、乳化油和特种油品的生产配制以及废油的回收、再生、利用。

7）对设备润滑状况、润滑材料使用、消耗与清洗换油情况，做好记录，经常调查、统计、分析。

8）认真搞好设备“治漏”工作。

9）学习、试验、总结、推广有关设备摩擦、磨损与润滑的新技术、新材料、新工艺的应用，推广润滑管理工作的先进经验。

为了完成上述任务，车间必须健全设备润滑管理的组织工作，配备适当的专业润滑工作人员。

四、物流（专用）设备的管理

1. 物流设备管理的方式

物流设备的管理方式，根据仓库规模的大小、设备数量的多少以及设备的集中与分散、固定与流动等使用情况而定。除少数固定的设备统一使用外，其余的都分散使用。因此设备的管理通常在统一管理的基础上，实行分级负责、专人负责或专门管理部门负责三种方式。

（1）分级负责　在规模大、设备较多的仓库里，仓储设备一般由财会部门、财产管理部门和使用班组管理，责任到人。这种方式的好处是职责明确，也便于掌握情况和检查核对。

（2）专人负责　在小型仓库里，由于设备较少，为管理方便，使用灵活起见，一般由仓库负责人指定专门负责人负责设备的管理和配置，将设备直接交给使用人负责保管。采用这种方式，使用人与管理人密切联系，互相配合可以收到良好的效果。

（3）专门管理部门负责　在一些大型仓库里，由于机械设备较多，为了加强对装卸搬运设备的管理，专门成立设备组负责管理。它的优点是：专门负责机械设备管理，对设备使用、维修工作比较重视，因而可以提高设备完好率，保证仓储业务的正常进行。

2. 物流设备管理的方法

由于管理与使用的要求不同，在不同的类型、规模的仓库里，分类、编号、命名的方法也不一样，但都要按照既便于管理，又便于使用，并结合有关制度的规定办理。

（1）对设备分类　仓储设备种类很多，为了便于管理，可按以下两种方法分类：一是为了便于财会部门对财产的统一监督和管理，可按各项设备的价值大小、使用时间的长短划分为固定资产、家具用具、无价财产和材料物料四类；二是为了便于对仓储设备的具体管理和使用，可按各项设备的用途划分为装卸搬运设备、保管设备、计量计算设备、养护检验设备、通风照明取暖设备、消防设备、劳动防护设备和其他用品工具八类。

（2）对每一设备、工具或用品进行编号　一般有两种方法：一种是根据设备分类，在各项设备的号码前面冠以分类的文字或以数字符号代替文字；另一种是将各种设备需要的数量事先粗算一下，然后将各种设备的编号固定在一块。此外对数量较多，使用范围较广、单价较小、使用时间较短的设备可固定出统一的编号，但不一一编号。

（3）登记账卡　设备用品增减变化的全面情况是通过账卡记载来反映的，因此，凡有增减变动，均须根据原始凭证办理手续。财会部门设总账及数量、金额明细账；设备管理部门设实物数量、金额明细账；基础班组设设备用品卡片，由兼职财产管理员负责管理。属于个人使用的按人立卡；属于库房使用的按库建卡；小组用的设备由兼职财产管理员统一管理。

知识检验

一、填空题

1. 设备管理，就是对设备运动全过程进行__________、__________和__________。

2. 物流设备管理的方式有__________、__________、__________。

二、选择题

1. 设备维护保养的内容主要有（　）。

A. 设备的三级保养 B. 设备的定期保养

2. 设备的三级保养包括（ ）。

A. 三级保养 B. 一级保养 C. 二级保养 D. 日常保养

3. 物流设备管理的方法有（ ）。

A. 对设备分类 B. 对每一设备工具或用品进行编号 C. 登记账卡

三、简答题

1. 在设备使用过程中，应注意什么问题？
2. 设备润滑管理中“五定”的具体内容是什么？

课题二 设备的维修

一、设备的计划修理

1. 设备维修工作的原则

（1）以预防为主，经常维护保养与定期计划检修并重 贯彻预防为主，就是掌握设备运转和零部件磨损的规律，加强日常维护检查，及时消除设备的缺陷和隐患，防止发生设备事故。设备的维护和修理是防与治的关系。维护不好就会使零部件加速磨损，遭受意外损坏，增加修理次数。只有搞好经常性的维护工作才能防患于未然。但维护工作并不能完全消除正常磨损，还必须有计划地检修，当设备磨损达到一定限度时，就要按计划进行检修。

（2）先维修，后生产 做好设备维修工作，必须正确处理好维修与生产的关系。维修要占用时间，影响生产，从这一点上说，维修与生产是一对矛盾。但是，维修的目的是为了保证生产的顺利进行，提高生产效率，因而它们又是统一的。要处理好维修和生产的关系，必须看到它们之间的统一，克服重生产、轻维修的思想。

（3）以专业维修为主，实行群众维修与专业维修相结合 专业维修人员最熟悉设备构造，修理技术水平较高；生产工人是设备的操作者，最了解设备的“脾气”，熟悉设备在哪些部位容易出毛病。把两者结合起来就容易把设备修好。维修工人和操作工人要互相学习，密切合作。

2. 设备的修理类别

由于设备维修方式和修理对象、部位、程度以及企业生产性质等的不同，设备的修理类别也不完全一样。机械工业企业的设备修理类别一般分为以下几种：

（1）大修 是指以全面恢复设备工作精度、性能为目标，修理工作量最大的一种计划修理。进行大修时要将设备全部解体，修理基准件，更换和修复磨损件及丧失性能的零部件，刮研或磨削全部导轨面，全面清除缺陷，恢复设备原有的精度、性能和效率，使之达到出厂标准或规定的检验标准。

（2）中修 或者称为项目修理，是指为了使设备处于良好状态，针对设备的精度、性能和劣化程度所进行的有计划的局部修理。进行中修理时，只针对需检修部分进行拆卸分解、修复、更换主要零件、研制或磨削部分的滑动面，使修理部位及相关部位的精度达到规定标准，以满足生产工艺的要求。

（3）小修 或称日常维修，是指根据设备日常检查或其他状态检查中所发现的设备缺陷或劣化征兆，在故障发生之前及时进行排除的修理，属于预防修理范围，但工作量不大。

日常维修是车间维修组除项目修理和故障修理任务之外的一项极其重要的控制故障发生的日常性维修工作。

（4）故障修理　是指在无法控制的故障发生之后，根据故障维修清单的申请所进行的紧急修理。

3. 设备计划修理的方法

（1）标准修理法　标准修理法是根据设备磨损规律和零件使用寿命，对机器设备的修理日期、类别、内容和工作量等事先制订计划，严格按计划规定进行强制性修理的方法。这种方法最便于做好修前准备工作，有效地保证设备正常运转。一般用于那些必须严格保证安全运转和特别重要、复杂的机器设备，如重要的动力设备，自动线上的专用设备等。

（2）定期修理法　这种修理方法修理的内容不能过早确定，事先只能安排出何时进行某种修理类别。具体修理内容和日期，要在每次修理前的检查中才能确定。对那些负荷不大均衡，难以掌握零部件的磨损情况，或零部件使用期资料不全的机器设备，可以采用这种修理方法。

（3）检查后修理法　这种方法事先只规定检查次数和时间，根据检查结果和有关资料，再安排修理类别、时间和内容，以及修理工作量。这种方法简单易行，但不便于做好修理前的准备工作，计划性差，修理周期较长，多数是在技术资料掌握不全的情况下采用。因此，采用此法进行修理工作的企业，要积极创造条件，逐步采用定期修理法和标准修理法。

选择计划修理的方法，应根据设备的具体工作特点和设备类型，结合企业的生产方式，对不同类型设备采用不同的修理方法。

4. 修理工作定额

设备的修理工作定额，是编制设备修理计划，组织修理业务的依据。正确制订修理定额，能加强修理计划的科学性和预见性，便于做好修理前的准备，使修理工作更加经济合理。

（1）设备修理复杂系数　修理复杂系数是表示不同机器设备修理工作的难易程度，是计算修理工作量的假定单位。这种假定单位的修理工作量，是以同一类的某种机器设备的修理工作量为其代表的。如在金属切削机床中，通常是以能车削工件最大直径400mm的CA6140车床为标准设备，规定其修理复杂系数为10；电气设备是以额定功率为0.6kW的保护式同步笼型电动机为标准设备，规定其修理复杂系数为1。其他同类设备的修理复杂系数都可与标准设备进行比较来确定。

（2）修理劳动量定额　修理劳动量定额指企业为完成机器设备的各种修理工作所需要的劳动时间，通常用一个修理复杂系数所需工时来表示。例如，修理复杂系数为1的机床大修劳动量定额包括：钳工40h，机械加工20h，其他工种4h，总计为64h。

（3）设备修理停歇时间定额　设备修理停歇时间定额是指设备交付修理开始至修理完工验收为止所经过的时间，它是根据修理复杂系数来规定的。一般来讲，修理复杂系数越大，表示设备越复杂，而这些设备大多是生产中的重要关键设备，对生产有较大的影响。因此，要求修理停歇时间尽可能短些，以利生产。

> **动脑筋**
>
> 修理劳动量定额所包括的内容？

（4）修理周期、修理周期结构和修理间隔期　修理周期是相邻两次大修之间机器设备的工作时间。对新设备来说，是从投产到第一次大修理之间的工作时间。修理周期是根据设备的结构及工艺特性、设备的生产类型和工作性质、维护保养与修理的水平、加工的材料、设备零件的允许磨损量等因素综合确定的。修理间隔期是相邻两次修理之间设备的工作时间。检查间隔期是相邻两次检查之间，或相邻的检查与修理之间设备的工作时间。修理周期结构是指在一个修理周期内，大修、中修、小修和定期检查的次数与排列顺序。

（5）修理费用定额　修理费用定额是指为完成设备修理所规定的费用标准，是考核修理工作的费用指标。企业应讲究修理的经济效果，不断降低修理费用。

5. 设备修理的计划工作

设备修理计划是生产计划和财务计划的重要组成部分。它与生产计划同时下达，并定期进行检查和考核。考核办法一般是以年度计划为基础，以季度计划为依据，实行每月检查、每季考核。正确地编制设备修理计划，可以统筹安排设备的修理及修理所需的人力、物力与财力。有利于做好修理前准备工作，缩短修理停歇时间；计算修理用材和配件数量；编制修理费用预算等。

（1）年度修理计划　年度修理计划是企业维修工作的大纲，安排着全年、各季和各月的修理任务。在安排修理任务时，要先关键，后一般，确保重点。先把精密、大型、稀有、关键设备安排好；对一般设备的安排，要先把历年来失修的设备安排好；对跨年、跨季、跨月的计划修理任务，应安排在要求完成的期限之内。要把年度计划与季度、月度计划很好地结合起来。在年度计划中，一般只对设备的修理数量、修理类别和修理时间作大致安排，具体的内容，在季度、月度计划中再作详细安排。

在编制计划、安排进度时，要把维修所需的劳动量与机修车间和生产车间维修组的能力进行平衡，并使年度修理计划和生产计划相互衔接。

（2）季度和月度修理计划　季度修理计划是年度修理计划的继续和具体化，是贯彻年度计划的保证，也是检查和考核维修任务完成情况的依据。

年度修理计划编出后，除首季计划不变外，其他各季的计划，都要根据设备状况和生产任务的变化，对年度计划中规定的任务作进一步的调整和落实。季度修理计划一经正式下达，就要从各方面采取措施保证计划的执行。要做好技术文件与配件的供应，搞好修前的准备工作。

月度修理计划是季度计划的具体化，是设备修理的作业计划。正确编制和认真执行月度修理计划，是保证设备处于良好状态及生产正常进行的重要条件。

月度修理计划要对季度计划中规定的下月任务提出具体安排和调整意见，再由计划员汇总，并在安排好修前准备、落实好修理停歇时间的基础上编出下月修理计划。

6. 设备修理的准备工作

设备修理的准备，包括生产技术准备和材料备件准备。做好这些准备工作，对修理质量、成本和进度都有直接的影响。

（1）设备修理的技术准备工作　设备修理的技术准备，包括设备修理的预检和预检的准备、修理图样资料的准备、各种修理工艺的制订及修理工检具的制造和供应。

对设备进行预检的目的，是要了解设备的技术状态，以便制订经济合理的修理措施计划和做好修前的各项准备工作。设备预检前的准备，主要是编制预检工艺过程卡，它是按设备特点分设备编制。

（2）配件、备件的准备工作　做好配件、备件的准备工作，是搞好维修工作的物质条件。企业应及时供应修理所需配件，并储备必要的备件，主要有：

1）复杂的铸锻件。

2）加工工序多，需专用工装的零件，如蜗轮蜗杆、花键等。

3）使用寿命达不到修理间隔期，或虽达到、但同类设备多，消耗量大的零件。

4）外协件、外购件。

5）精密、稀有和关键设备的大部或全部配件。

二、设备的更新

1. 设备的改造

设备的改造，是指在原有设备基础上，对其结构作局部改革，以改善其性能，提高其精度和生产率。设备的改造，主要是对设备进行技术改革，以改善设备的性能和提高它的生产率。对设备进行革新改造，实质上是设备的局部更新，同样可以提高企业生产的现代化水平，这是一种最快、最经济、最有实效的方法。

企业在进行设备的技术改造时，必须注意以下问题：要采用慎重的态度，通过反复的试验；从生产的需要出发，从影响产品质量和数量以及对工人的健康有损害的薄弱环节入手，边生产边改造；要在原有设备基础上，进行设备改造。

2. 设备的更新

设备的更新，主要是指企业用新的、效率更高的设备去更换已经陈旧的、不能继续使用或者可继续使用、但在技术上不能保证产品质量、在经济上极不合理的设备。在确定设备更新时，要考虑设备的寿命，即设备的服役年限。

设备的寿命有三种：自然寿命、技术寿命和经济寿命。

自然寿命是指设备从投入使用到报废为止所经历的时间。

技术寿命是指设备从诞生起到由于技术性无形磨损而丧失技术价值量为止的全部时间。

经济寿命就是设备从诞生起到综合磨损使其维修费用过高而丧失使用价值时为止的全部时间。

设备更新一般有两种方式：一种方式是以同型号的新设备来替代旧设备，这实际上是简单的换新，只有在设备技术寿命尚未结束而经济寿命已经结束的情况下才能使用；另一种方式是用性能更好、技术更先进的新型设备替换原有设备，在当今科学技术迅速发展的情况下，这才是真正的更新。

知识检验

一、填空题

1. 大修是指以全面恢复设备__________、__________为目标，__________最大的一种计划修理。

2. 设备的寿命有三种：__________、__________和__________。

3. 修理周期是______________________________。

4. 修理劳动量定额是指企业为完成_______________工作所需要的__________。

二、选择题

1. 设备维修工作的原则有（　　）。

A. 以预防为主　B. 先维修后生产　C. 以专业维修为主　D. 以大众维修为主

2. 设备的修理类别有（　　）。

A. 大修　B. 中修　C. 小修　D. 局部维修保养　E. 故障修理

3. 设备的寿命有（　　）。

A. 自然寿命　　B. 技术寿命　　C. 经济寿命　　D. 材料寿命

4. 设备计划修理的方法有（　　）。

A. 标准修理法　　B. 定期修理法　　C. 检查后修理法　　D. 不定期修理法

三、简答题

设备修理的准备工作有哪些？

课题三　设备的安全使用

一、安全管理

安全就是效益，安全管理是企业管理的一个重要组成部分，安全管理工作的好坏，直接影响到企业的经济效益和社会效益。然而，怎样搞好企业设备的安全管理工作呢？具体措施如下：

1）各岗位设立机器设备操作规程，对违反操作规程的有切实可行的处理办法。

2）定期（周、月，季）检查设备运行状态是否良好。

3）在生产现场布置消防装置。

4）对员工定期进行安全教育。

5）每月定期召开安全生产会议，总结生产过程出现的安全事故，对存在的安全隐患实施整改。

6）开展安全无事故活动。如百日安全无事故活动等，对先进班组，个人实施奖励。

7）成立安全无事故调查小组，进行安全监控。

8）设立安全责任点，责任到人（对有安全隐患的工段与工位作统计）。

上述几点只是制订安全生产管理办法的一个提纲，具体的安全生产办法则要根据生产现场与工段的要求来制订。

在具体生产过程中，一定要杜绝“三违现象”：违章作业、违章指挥、违反劳动纪律。

二、企业安全生产

1. 安全生产的意义

1）安全生产是宪法及国家性质本质的要求，安全生产关系到社会稳定的大局。

2）安全生产是国家安全和社会稳定的基石，安全生产关系到社会经济快速健康持续发展。

3）安全生产是生产力发展的基础和条件，安全生产关系到全面建设小康社会的宏伟目标。

4）安全生产的投入能带来丰厚回报的战略投资，安全生产的投入不是一种负担，而是会转化成效率、效益的，安全生产的投入应该是企业自发的、主动的行为。安全生产投入的效益具有滞后性，两三年后方可见到成效。安全生产的投入与效益之比约为1∶5。

2. 安全生产的重要性

对作业场所进行安全生产管理有助于预防事故发生和疾病出现，通过安全生产管理，可以识别和记录危害，以便采取纠正措施。健康安全环境小组负责对安全生产管理进行计划、指导、报告和监控。对作业场所进行定期安全生产管理是健康安全管理程序中一个很重要的组成部分。

3. 安全生产管理的内容

要对作业场所进行有效地安全生产管理，安全检查尤其重要。

（1）安全检查内容　每次安全检查都要明确谁去检查，去哪里检查，检查什么，什么时候进行检查及如何进行检查，特别要注意那些引起不安全或不健康的因素（如压力、穿戴、碰撞、振动、热、腐蚀、化学反应及误操作等）。每次检查要完全覆盖整个作业区，包括没有进行作业的场所如停车场、休息场所、办公区及上锁的房间等，检查组可以通过下列两种方式进行检查。

1）每个组检查一个单独的区域如食堂、仓库、维修室、施工区等。

2）每个组也可以单独检查一个项目如用电、高处作业、生活设施、设备等。

检查既可以按照作业区块，也可以按照危害的种类。每个月检查重点可以变更。

（2）工作场所的基本组成部分　由作业环境、设备和作业程序组成。环境包括噪声、振动、照明、温度和通风等；设备包括在作业过程中使用的材料、工具和器具等；作业程序包括工人之间的互相影响及工人的一系列作业过程。

（3）安全检查遵循的原则　进行检查时，要遵循以下检查原则。

1）特别注意直接危险的存在。

2）关闭任何不满足安全运行标准、具有操作危险的机器，直到修好后，方可再用。

3）检查人员不能操作设备，需要时让操作者做个示范，如果某些设备的操作者不知道存在什么危险，这就应该引起注意。不要忽略任何一台机器，因为任何人均无能力对任意一台机器作出准确的危害判断。

4）检查时应向作业场所上方、下方、周围、里边观察，要系统、彻底地进行检查，不能一瞥而过。

5）要在笔记本上清楚地记录每一危害及存在位置，所有的发现应该现场记录以免忘记，应记录下检查过的项目、没有进行检查的项目及被妨碍检查的项目。

6）可以进行提问，但不要干扰作业人员正常的工作，否则会给作业人员带来潜在的危害。

7）考虑检查项目的静态和动态条件，如果机器停止了，要进行延期检查，直到机器重新运行起来。

8）以组的形式进行讨论，存在的问题、危害是来源于设备、环境还是工作过程中，并确定采取的纠正措施。

9）不要试图通过主观判断发现所有的危害，有时不得不通过监测的手段对化学品、噪声、辐射及生物危害的暴露水平进行监测。

10）检查中可以通过拍照及绘制图表的方式更清楚地描述此次检查，拍照是一种特别有效的检查方式。

4. 企业安全管理的十大原则

（1）安全第一原则　追求经济效益最大化是企业的本质，由于安全生产关系到企业的生存兴亡，企业必然应当坚持安全第一的原则，但是这一点往往最容易流于形式。《中华人民共和国安全生产法》第5条规定：生产经营单位的主要负责人对本单位的安全生产工作全面负责。为此，就要推行首长负责制，实行谁主管谁负责。

（2）以防为主原则　要变被动为主动，变亡羊补牢的事后处理型为超前预防型，要利用科学的分析方法进行事故预测与安全评估，提前做好各项计划与准备工作，实行“全员教育、全线预防、全面管理”，做到万无一失。

（3）以人为本原则　安全管理应以人为中心，要以高度的热情和饱满的精神投入到自己的工作中去，把安全管理工作看成一项光荣的职责，尽心尽力地保护企业财产和员工的生命安全。

（4）权责一致原则　有权有责是指安全管理者的责任与权力要相当，为了完成工作必须赋予必要的权力，并承担相应的责任。在实际工作中，有权无责易产生官僚主义；有责无权则束缚手脚，无法正常开展工作。因此为创造安全卫生的劳动条件，搞好安全管理工作，必须在权力和责任对等的前提下，制订各级各类人员的安全责任制，并将责任落到实处。

（5）严字当头原则　安全管理的一个基本特征是，明确地规定人们必须怎么做，不能怎么做。因此安全管理的诀窍就在于严，并且是严字当头。不仅要有严格的安全管理制度，还要严格地执行这些管理制度，做到有“法”可依，执“法”必严，违“法”必究，才能保证安全管理制度得到有效的执行与贯彻。

（6）软硬兼施原则　“软”指较为柔和的管理方法，如安全教育、安全宣传、安全奖励等，“硬”指一些强制性的安全管理方法，如罚款、处分等。企业的安全管理要做到有软有硬，软硬兼备。

（7）有奖有罚原则　只奖不罚，不能使违规者和广大群众引以为戒，不能起到教育的目的；只罚不奖，势必出现安全管理者与职工对立的状态，对事故处罚越严重越会加剧对立情绪，影响安全管理者的威信。因此，应将奖励与惩罚结合起来，有奖有罚而且奖罚一定要合理，使职工感到无论是罚还是奖，都是为职工的安全健康着想，安全管理者是为员工服务的，这样才有利于员工和安全管理者合作，共同搞好安全工作。

（8）“三同时”原则　《中华人民共和国安全生产法》第24条规定：生产经营单位新建、改建、扩建工程项目的安全设施与主体工程要同时设计、同时施工、同时投入生产和使用。要充分保证安全设施与主体工程系统配套，满足生产的需要。

（9）“五同时”原则　在计划、布置、检查、总结、评比生产工作的同时，也要计划、布置、检查、总结、评比安全工作，管生产必须同时管安全，坚持一手抓生产，一手抓安全，两手抓两手都要硬的方针，在确保安全的前提下，使企业的生产工作得到提高与发展。

（10）“四不放过”原则　对事故的处理坚持四不放过原则，即事故原因未查清不放过；事故责任未追究不放过；事故责任者和广大群众未受到教育不放过；未采取有效防范措施不放过。不仅要处理好事故的善后工作，还要很好地利用事故对群众进行教育，敲响安全的警钟，更要对照事故中所暴露出来的问题进行全面检查与整改，将隐患消灭在萌芽状态。

三、典型物流设备的安全操作规程

1. 机械化运输设备通用操作规程

1）操作者必须经过考试合格，持有本设备的《设备操作证》方可操作本设备。

2）工作前认真做到：

① 仔细阅读交接班记录，了解上一班设备情况。

② 沿设备全长检查，处理：

a. 设备上及设备两侧如有妨碍设备运行的障碍物，须清除之。

b. 行走轮、导向轮、支承滚子、链节等须齐全，不得有严重磨损、掉轨、卡死现象。

c. 轨道、链节、链板、护板、刮板、料斗、传送带等须齐全，不得有妨碍正常运行的变形、剥落及松脱现象。

d. 传动装置，拉紧装置应坚固牢靠。传动V带或无级变速须齐全，松紧度符合要求。

e. 安全防护装置须齐全完好，事故开关必须合闸，电气接地良好。

f. 减速器及其他储油部位的油量须充足，按设备润滑图表规定加油。

g. 停机一个班以上的设备须“点动”作空运转试机，确认设备运转正常后，方可工作运行。

3）工作中认真做到：

① 操作者不得擅离工作岗位，要精心操作，不做与工作无关的事。

② 凡纳入联动的设备其开机停机须按照工艺流程的开机、停机顺序进行。开机或停机前须先鸣警铃或与上、下工序取得联系。

a. 先起动设备后下料，严禁在设备停止时下料。运送的工件、铸件、材料应符合工艺规定，不准超重、超宽运载。

b. 设备运行速度须符合工艺规定，不准擅自提高设备运行速度。

c. 非必要时不准使用事故开关急停设备；必须急停时要及时与上、下工序联系。

d. 保险销断裂后必须查明原因才准更换新销。新的保险销必须是标准的，严禁随便以螺栓，铁棒代替。

e. 密切注意设备运行情况，发现有润滑不良、零件松动，跑偏、爬行、减速、卡死、振动、轮子不转或脱落、掉轨、锁板丢失、护板损坏、夹持器卡爪不灵、链环堆积、噪声、电气失灵或混乱等异常现象须立即停机检查，排除故障后方可继续工作。

f. 设备发生事故后，须停机切断电源，保持事故现场，报告有关部门分析处理。

4）工作后认真做到：

① 停止设备运行，切断电源。

② 清扫设备及清理工作现场。

③ 认真将班中发现的设备问题填写到交接班记录本上，做好交班工作。

2. 起重机操作规程

（1）适用机型

1）双梁桥式起重机。

2）单梁桥式起重机。

3）电动葫芦。

4）电动跑车。

（2）操作规程

1）带有驾驶室的起重机械必须设有专人驾驶。严禁非驾驶人员操作。

2）起重机司机须持有特殊工种操作证，方能按指定机型独立操作。

3）起重机械凡有下列情况之一者，禁止使用。

① 钢丝绳达到报废标准。

② 吊钩、滑轮、卷筒达到报废标准。

③ 制动器的制动力矩刹不住额定载荷。

④ 限位开关失灵。

⑤ 主要受力件有裂纹、开焊。

⑥ 主梁弹性变形或永久变形超过修理界限。

⑦ 车轮裂纹、掉片、严重啃轨或“三条腿”。

⑧ 电气接零保护失去作用或绝缘达不到规定值。

⑨ 电动机温升超过规定值。

⑩ 转子、电阻一相开路。

⑪ 车上有人（检查、修理时指定的专任指挥者除外）。

⑫ 露天起重机当风力达六级及以上。

⑬ 新安装、改装、大修后未经验收合格。

⑭ 轨道行车梁松动、断裂、物件破碎、终点车挡失灵。

4）一般通用桥式起重机操作规程

① 工作前严禁饮酒。

② 不准带无关人员上机。

③ 开机前先检查机械、电气、安全装置是否良好；车上有无可碰、卡、挂现象；确认一切正常，打铃告警后，再送电试机。

④ 检查试机中发现有第3）规定情况之一时，应立即停机。

⑤ 操作时必须精力集中，与下面密切配合。操作时不准吸烟、吃东西和与他人谈话。

⑥ 操作中严格执行“十不吊”：

超过额定负荷不吊。

指挥信号不明、重量不明、光线暗淡不吊。

吊索和附件捆绑不牢、不符合安全要求不吊。

吊挂重物直接加工时不吊。

歪拉斜挂不吊。

工件上站人或浮放活动物不吊。

易燃易爆物品不吊。

带有棱角锐口物件未垫好不吊。

埋地物品不吊。

干部违章指挥不吊。

⑦ 操作中要始终做到稳起、稳行、稳落。在靠近邻机或接近人时必须及时打铃告警。

⑧ 吊运物品坚持“三不越过”

不从人头上越过。

不从汽车、火车头上越过。

不从设备上越过。

⑨ 运行时，任何人发出停机信号均应立即停机。

⑩ 操作带翻、游翻、兜翻时应在安全地方进行。

⑪ 起吊重物时，距地面距离不许超过0.5m。

⑫ 吊运接近额定负荷时，应升至100mm高度停机检查制动能力。

⑬ 吊运过程中，不允许同时操作三个机构（即大车、小车、卷扬不能同时动作）。

⑭ 正常情况下不准打反车。

⑮严禁使用两台起重量不同的起重机共吊一物。用两台起重能力相等的起重机共吊一物时，应采取使两台起重机均能保持垂直起重的措施，其吊物重量加吊具重量之和不准超过两台起重机起重能力总和的80%，且须总工程师或其指派的专人在场指挥，方能起吊。

⑯ 上下机时需由梯子平台通过，不准从一台起重机爬至另一台起重机。不准沿轨道行走。

⑰ 机上不准堆放活动物或其他物品，工具应加以固定。

⑱ 同一跨轨道上有两台以上起重机时，不准相互推机碰撞。

⑲ 吊钩无载荷运行时，应升至一人以上高度。

⑳ 露天起重机作业完毕后应加以固定。

㉑ 在处理故障或离机时，控制器必须放于“0”位，切断电源。不准悬挂重物离开起重机。下班时把小车停于驾驶室一端，吊钩升至规定高度。

㉒ 认真填写交接班记录，特别是不安全因素必须交代清楚。

5）电动梁式吊车、电动葫芦操作规程：

① 操作前必须做到：

向交班人询问或参阅交接班记录了解设备状况。

详细检查卷扬机限位开关、制动器力矩。

检查钢丝绳、吊钩、吊具和电器部分。

观察车上有无可能掉下来的东西，紧固件有否松动，并试验空车。

② 操作中做到：

必须保持钢丝绳卷绕正确，发生出槽乱卷现象应及时下降理正后再起吊。

吊物时禁止从人头、火车头、汽车驾驶室及设备上越过。

吊物操作要平稳，不准摆晃。

同一跨轨道有两台以上吊车时不准推拉碰撞。

发现有吊物不稳或摆晃时应停车。

③ 离开工作地时应将吊物放下，吊钩升到规定高度，切断电源。

6）带有驾驶室的电动跑车，除执行梁式吊车、电动葫芦操作规程外，还应执行下列规定：

① 开动行走机构时，应先看转辙器（叉道）是否接通。

② 在弯道上不能全速行驶。

7）特种天车除执行一般通用桥式起重机的操作规程外，还应执行下列规定。

① 操作吊运熔化金属、液体浮渣及浇铸天车的注意事项：

起吊前，须注意吊钩是否将包环吊牢。

将金属包吊至距地面100mm以内的高度试验制动器的可靠性。

包内液体距包上沿之距离不得小于100mm。

不得将天车停于浇铸位置。

不准利用天车扯拉“凝固金属”。

吊运金属包时不准从易燃易爆物品上方和冰、水面上方通过。

发现有漏包现象时，应打铃告警，找安全地方放下，运行中金属包距地面距离不得大于0.5m。

起吊时，应注意辅助吊钩的动作，不准钢丝绳与金属包相碰接触。

天车移动时，应注意避免吊钩及金属包挂住地面物品，不准从设备上越过。

倾倒液体金属或浮渣时应平衡均匀，以免迸溅到工作场地。如因有浮渣，液体金属倒不出时，不应再翻覆金属包。

② 操作电磁盘及抓斗天车的注意事项：

起重电磁盘工作时，只可在指定路线内移动重物。

起重电磁盘工作时，应经常注意电压变化情况，如有突然下降或超出规定值时，应停车检查。

起重钢丝绳及电缆应正确卷绕在卷筒上。

起重电磁盘不准超高退磁卸物，不吸物时不准通电。

电磁盘工作不准超“JC”制。

抓斗工作时，为避免物品掉出，应将抓斗闭合紧密，不许可摇晃。

当抓斗没有完全闭合前，抓斗需稍提起再闭合，以防止过载。

抓斗起升时，应使负荷均匀传至每支钢丝绳上。抓斗、磁盘与重物重量之和不得超过天车的额定起重量。

抓斗工作前，各机构需进行短时间空运转，查看是否正常。

电磁、抓斗不得吸、抓固定物品。不准升高卸物。形状不规则的硬质物品不准抓。不工作时磁盘、抓斗应落至地面。

③ 吊运毛坯天车的注意事项：

在起吊时须确信捆绑、夹持紧固。

将毛坯送进或取出炉子时不得碰击炉口及其他物品。

不准使夹持毛坯的夹钳或其他装置留在炉子中。

8）起重机驾驶人员交接班必须实行班检，详细记录每班检查及运转情况。班检内容包括：

① 有声信号，声音宏大。

② 控制器触头应接触良好，保证调速正常。

3. 装配输送机操作规程

（1）适用机型见表8-1

表8-1 装配输送机操作规程适用机型

159804 拖拉机装配输送机	7A3901 油泵试验输送机
161136 履带装配输送机	7A3903 油泵封存输送机
161020 后桥装配输送机	159495-C 起重机装配输送机
161065 变速箱装配输送机	159761-C 减速器装配输送机
15924 发动机装配输送机	SF7263 牵引补漆输送机
159574 发动机装配输送机	SF7228-704 装配输送机
94-7A1051 汽车装配输送机	129446 履带板装配输送机
6A3901 油泵装配输送机	

(2)认真执行《机械化运输设备通用操作规程》有关规定。

(3)认真执行下述有关补充规定

1)输送机的起动要有专人负责,其他人不得随意起动。

2)输送机在运行中除事故及特急的情况外,不得随意停止。

3)工具和零件不准放在输送机上,若发现有工具、零件掉入输送机时应停机取出,防止卡住。

4)本工位的工作须在本工位完成,不得跨越别的工位。

4. 铸型输送机操作规程

(1)适用机型

1)连续式铸型输送机:138732(Φ－1)，138676A(Φ－2)，1386774A(Φ－3)，1386774(Φ－4)，131133，131118，JJ02，JJ02A，101274。

2）步移式铸型输送机：QTZ15-00。

(2）认真执行《机械化运输设备通用操作规程》有关规定。

(3）认真执行下述有关铸型输送机的通用规定

1）工作前须将驱动装置台上的盖板盖好，防止铁渣、砂子等掉入坑内。

2）工作中认真做到：

① 砂箱须安置在小车平板的中间部位，使小车受力均匀。

② 小心浇注，不要将熔化金属溅落到小车平板和两端护板上，如有溅落须及时清除。

③ 不准往小车两端护板上堆放砂子和杂物。

3）工作后清除输送机上及周围的积砂、凝固金属块和杂物。

(4）认真执行下述步移式铸型输送机的特殊规定

1）工作前检查液压系统储油箱的油量是否充足。起动油泵后系统压力须符合规定（工作压力为$5N/cm^2$）。

2）空调电器信号和液压缸、插销、定位销等空载运行动作正常后方可工作。

5. 斗式提升机操作规程

(1）适用机型　料斗宽度为450mm，350mm，250mm，160mm，100mm的所有机型。

(2）认真执行《机械化运输设备通用操作规程》有关规定。

(3）认真执行下述有关补充规定

1）经常注意清除进料端的芯骨、冒口、飞边等杂物，不让它们进入料斗内。

2）每星期最后一个班要将提升机下部的积砂、硬块清理干净。

6. 带式输送机操作规程

(1）适用机型　输送带宽度为320mm，500mm，650mm，800mm，1000mm的所有机型。

(2）认真执行《机械化运输设备通用操作规程》有关规定。

(3）认真执行下述有关补充规定

1）工作前须认真做到：

① 对送、回箱输送带要检查刮板，不得有严重磨损和转轴卡死的现象。

② 回箱输送带要检查分箱装置不得有卡住输送带的地方。

2）工作中认真做到：

① 经常沿设备全长巡回检查：如滚筒、滚子粘砂严重要立即停机清理，滚子不转要在交班时提出修理或更换；输送带与滚筒、刮板间有芯骨、冒口、飞边等障碍物时要立即停机清除，严防刮坏输送带。

② 带式运输机上没有设置过道的地段不准跨越。

③ 每星期最后一个班工作后，必须要将送、回箱输送带上的砂子全部清除，将回箱输送带上的砂箱全部吊离，以便设备检修。

知识检验

一、选择题

1. 生产过程中，一定要杜绝“三违现象”：(　　)。

A. 违章作业　　B. 违章指挥　　C. 违反劳动纪律

2. “三同时”原则指生产经营单位新建、改建、扩建工程项目的安全设施与主体工程要（　　）。

A. 同时设计　　B. 同时施工　　C. 同时投入生产和使用

二、简答题

1. 安全检查遵循的原则是什么？
2. 简述机械运输设备的通用操作规程。
3. 企业安全管理的十大原则是什么？

课题四　技 能 训 练

任务描述

对本校物流实训室的设备管理状况做一个全面了解，结合本单元所学的相关知识，对物流设备管理过程中的责任人、保养、清洁、安全、操作规程、正常运行等管理要素做出相应评价。

任务准备

1）将学生每 6 ~ 10 人为一组，分为四组。

2）每人准备好笔和设备管理评价表（空表格）。

任务实施

步骤一：填写设备管理内容。每个学生将本校物流实训室的主要设备及有关管理内容分别列在下面的设备管理评价表上。

设备管理评价表　　　　日期

序号	设备名称	操作规程	清洁保养	润滑保养	安全保障	责任人	正常运行	综合评价	建议
1									
2									
3									
4									

（续）

序号	设备名称	操作规程	清洁保养	润滑保养	安全保障	责任人	正常运行	综合评价	建议
5									
6									
7									
8									
9									
10									
11									
12									
实训室设备管理总体评价分									

操作要点：

1）每个人独自完成记录。

2）根据主要设备上方是否张贴或挂设备安全操作规程，在操作规程栏填写“是”或“否”。

3）根据设备整体清洁保养现状，在清洁保养栏填写“优”“良”“差”。

4）根据设备的润滑保养现状，在润滑保养栏填写“优”“良”“差”。

5）根据实训室是否有安全消防措施及灭火器材等，在安全保障栏填写“是”或“否”。

6）根据主要设备上方是否张贴或挂设备管理责任人标志，在责任人栏填写“是”或“否”。

7）根据设备是否能正常运行，在正常运行栏填写“是”或“否”。

步骤二：填写实训室设备的评价与建议。学生以小组为单位分组议论，对学校实训室设备管理现状做出相关评价，并提出积极的改进措施。

操作要点：

1）按已经分好的小组进行工作，每个小组对每人记录下来的设备管理评价表进行完善处理，选择实训室10~12种主要设备进行管理现状评价。

2）通过小组讨论对实训室主要设备给出设备管理综合评价分。计分方法：在设备管理评价表的六项指标中，“是”或“优”给100分；“否”或“差”给0分；“良”给80分；然后计算出累计平均分。例如打包机：张贴有操作规程（是），100分；设备清洁干净（良），80分；采用润滑保养（优），100分；有安全保障措施（是），100分；无责任人标志（否），0分；设备能正常运行（是），100分；综合评价分为：(100分+80分+100分+100分+0分+100分)/6=80分。

3）根据实训室每一项主要设备的综合评分，计算出实训室设备管理总评分（每项设备综合评分累计数/设备项目数），最后评价出学校实训室设备管理水平。

4）小组讨论，对每项设备的管理缺陷给出建设性意见，如：无责任人标志，则建议增加设备管理责任人标志；设备不能正常运行，则请教老师是什么方面的原因，与老师共同探讨，给出小修、大修或更新设备的建议。

任务评价

任务编号		8	学时	6学时	学生姓名		总分	
类别	序号	评价项目	评价内容	配分	学生自评	学生互评	教师评价	得分
岗位技能评价	1	设备管理要素	是否正确掌握物流设备的管理要素	15				
	2	理解及运用知识能力	是否能运用所学知识对设备管理现状给出评价	15				
	3	分析及解决问题能力	是否能够运用教材知识结合互联网解决现实问题	15				
	4	完成时间	是否按时完成各项任务	5				
职业素养评价	5	文明安全意识	是否遵守实训室文明生产规章制度和设备安全操作规程；是否遵守纪律	10				
	6	任务执行	服从安排、积极参与、任务完成情况	10				
	7	工作态度	沟通交流、合作参与意识	10				
	8	团队合作	小组活动的组织、内容、成果展示情况	20				

注：按学生自评占20%、学生互评占30%、教师评价占50%计算总分。

任务小结

授课班级		授课时间		授课地点	
授课教师			任务名称		
学生表现					
存在问题及改进方法和措施					

参考文献

[1]陈修齐．物流设备与设施［M］．北京：人民邮电出版社，2011.
[2]赵庆祯，张斌．现代物流设施与设备［M］．北京：北京理工大学出版社，2012
[3]温兆麟，李玲俐，高志刚．物流设施与设备［M］．北京：清华大学出版社，2013.
[4]常红，孟初阳．物流机械［M］．北京：人民交通出版社，2003.
[5]魏国辰．物流机械设备的运用与管理［M］．北京：中国物资出版社，2002.
[6]邓爱民，张国方．物流工程［M］．北京：机械工业出版社，2002.
[7]孟初阳．物流设施与设备［M］．北京：机械工业出版社，2004.
[8]邓爱民，张喜军．物流设施设备与运用［M］．北京：人民交通出版社，2004.
[9]周全申．现代物流技术与装备实务［M］．北京：中国物资出版社，2001.
[10]崔介何．企业物流［M］．北京：中国物资出版社，2002.
[11]俞仲文，陈代芬．物流配送技术与实务［M］．北京：人民交通出版社，2001.
[12]王鹰．连续输送机械设计手册［M］．北京：中国铁道出版社，2001.
[13]储学俭．现代物流管理教程［M］．上海：上海三联书店，2002.
[14]陈宏勋．物流技术与装备［M］．北京：国防工业出版社，2005.
[15]江春雨．物流设施与设备［M］．北京：国防工业出版社，2008.